華 阿 姨

五行氣流
解人生

博客思出版社　　　　　鄭麗華　／　著

自 序

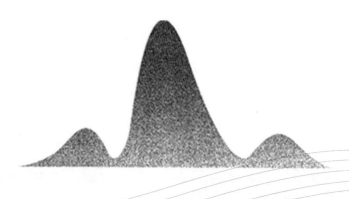

　　嗨！我是命理志工——華阿姨。〈華阿姨部落格〉是個完全免費學習〈五行八字〉和〈看算命盤〉的地方。所有文章全是本人著作，歡迎轉貼，問事留言，請到〈華姨心情茶樓〉。

　　本書〈華阿姨五行氣流解人生〉分第一部和第二部，是從〈華阿姨部落格〉的文章不分年度，集其精華分類推出，希望有助你對自己的認識，進而改變生活方式，俗稱勤能補拙，八字命盤和大運無論身旺身弱就是要一個「勤」字，勤於思考、勤於勞做、勤於求知……皆有助於命運的轉變。謹請朋友們細細參看，研究書中所言每一字每一句，你會跟我一樣白手起家，衣食不缺，坦然自樂。

　　第一部從〈五行氣流是甚麼？〉開始，全章分10小篇，總共有3萬多個字，對五行氣流，鉅細靡遺敘述，這一章全部貫通就等於學會整個八字命理。第二部的第一章為〈圖解五行〉意在詮釋基因和五行氣流，及其運轉的模式，全是華阿姨的構思，希望有助你一目了然明白其運作，而不是光背書。

　　第一部第二章談喜忌，男女有別在年在月在日都有詳實分析，連同命盤解說，聚集二十大篇。接著的〈茶樓問事—解盤解人生、華阿姨心語〉都是讀者最愛的貼心文章。第二部〈茶樓問事解盤解人生〉、〈睡不了的夜，夜闌人靜心事多！〉，篇篇都是往

心頭鑽的感性文章，希望你喜歡。

這些文章累積二十多年的新舊作，從初級入門開始到最後的人生解盤，無一不是為解開人生之謎，尤其是解開基因與命盤的實質關係。基因才是先天，出生八字是後天，先天是父母遺傳舉凡長相、性向、體質……都可能來自遺傳，從八字命盤是看不到；命盤可分析血緣相關的，父母、兄弟、配偶、子女，這些在預測上相當準確，好的運勢固然要珍惜，來者不善的運勢可提早預防，有備無患是也！

很多人對八字命盤、大運、流年流月，只知其名稱不知其實質運轉關係。八字是由八個小小氣團組合，分布在可生存的地球上，這是可看得到的動物及植物生命體。地球內氣通外氣形成不同的氣流不斷接近這些動植物，這些動植物卻都有著包圍全身的罩子，他是一種磁場有著自己生命體該有的軌道，有時是保護八字小氣團有時是跟著地層上的磁場一起對他不利，這就是「大運」。這些，在第二部的第一章〈圖解五行〉有著詳細圖片解說，歡迎仔細研讀。

〈茶樓問事─解盤解人生〉談論職業性向，你適合哪種工作？有10個例子的問答；男女性又該如何相處？在該篇節中也有詳細解說。

　　最後一章，〈睡不了的夜，夜闌人靜心事多！〉……不要將做愛當真愛……離婚的夢……如何做個佔優勢的女人……篇篇都讓你感同身受，要多看幾次。

　　聊聊我是如何「自學」。我從未跟任何什麼命理老師接觸過，完全是自己買書一步一腳印走過來。入門時已是38歲，正是事業最忙碌時期，但我學得很快，在2年間讀遍所有坊間可以買到的命理書，勤寫筆記，也幫朋友解憂。後來感覺古書過於反覆抄襲，開始自省檢討，朝科學的基因和宇宙磁場加強理念，才讓我真正找到潘朵拉的「希望」，一路不停息的追求新觀念突破舊思維。

　　終也到七十歲關頭，該是熄燈時候了，願有興趣的朋友們，跟隨我幾十年的精神，好好傳承下去，祝福大家身體健康！

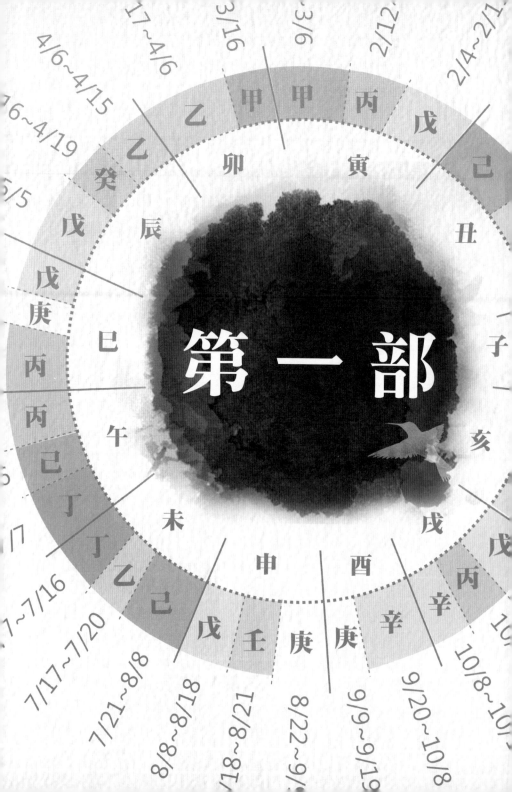

第一部

2/4

第一章　八字科學論命

1/15~1/18

1/5~1/14

第二章　華阿姨實戰教學——
論喜忌與十神小解

12/19~1/5

12/8~12/18

11/24~12/8

第三章　茶樓問事——
解盤解人生

11/18~11/23

11/8~11/17

/22~11/8

第四章　華阿姨心語

/21

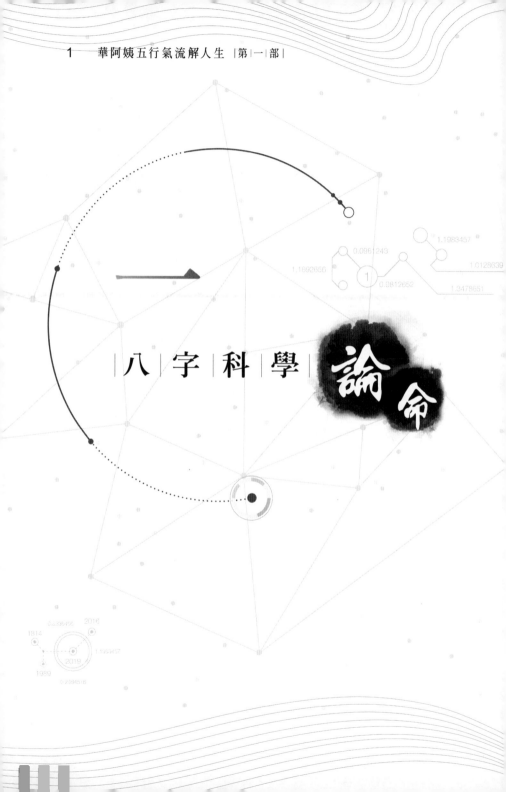

一

|八|字|科|學| 論命

 # 五行氣流是什麼？

　　聽專家在論別人的命運，聽得津津有味；聽老師在論斷自己的命運，真是心驚肉跳，說到好的沾沾自喜，講到該小心該注意的，如坐針氈，巴不得老師再說得仔細一點明確一點，最好就指明是哪件事哪個人哪時候。然而，五術推理論命學裡，往往只能意會只能禪悟，是說不上來的！因此，建議你自己來學，即時不能完全融通，懂得其中奧妙，亦能自得其樂。只要保持心思冷靜，有耐心，常做筆記多思考，總有學會的一天，總之，學來修心養性，一輩子享用不盡，用來與親友排解困事也是美德一樁，用去求財算命，千萬使不得也！

　　我個人完全自學，十年多來研讀不少古今八字書籍，發現很多自相矛盾，用一堆朗朗上口詩詞歌謠來概括的，穿鑿附會說不出道理的皆有之，有一陣子幾乎放棄了！經過一段期間深思後，試著從那些財官印等名目跳出，朝氣流和人體之間互動

關係鑽研，愈深入愈發覺其奇妙性，甚至有著濃濃科學原理，有趣極了！才有今天的五行氣流說。然而，我到底只是一個我，儘管我曾被邀請在多場茶會上談論，也排算過不計其數的命盤，但他們彷如過路客，幫助不大，今天擬藉此一角，將我多年筆記整理出十大篇幅，從認識五行氣流到個人八字排列、命盤分析、財官印食傷之用法及最後的實例等，雖有些精簡已算完整托出，歡迎喜愛八字論命朋友共同來研究。最後要聲明本人所有發表文章僅供自學者使用，公開發行或刊物轉載，皆須本人同意！

　　五行就是金、木、水、火、土等「五種氣流」在空氣中運行。每種氣流含陰性和陽性，陽代表陽剛和男性，陰代表柔和女性，五陰五陽合計十個，稱：「十天干」，這五行氣流，隨著地球運轉快速運行，有如一團團電子，看不見，卻與地心引力保持著微妙關係，產生無形契合及推擠力量，牽動地球上植物生物的生命週期。

　　天氣變化氣流不一定隨著變化，但是季節有了變化五行氣流就跟著變，早期天象學者研究氣流進退，供種植植物生長之用，逐漸發現人類也受氣流影響，感冒生病咳嗽，氣流退了病也逐漸好起來，更引伸到行運，發覺對自己有利的氣流將使

自己成名、陞官、發財，愈傳愈就神奇！

　　人類算是地球上龐然生物，由大量蛋白質礦物質造成，所以被氣流牽制的層面最大，從出生時五行氣流進入體內，之後只要有在呼吸，這氣流便運轉於體內各器官和大腦，代表著今天健康嗎？與，大腦替你決定了什麼？於是五行氣流由「氣象學」變成了典型的「算命學」！由古至今的演變應該是這樣的。不過，我們生為科技時代人物，可不能老是人家傳什麼就接受什麼，應該勇於突破，把感覺有道理的，找出實質理論，沒感覺的丟棄，去腐存菁，後繼者才有好的根。

　　這五種氣流所代表的自然界五種型態，有著單循環互生關係，由木氣生火氣、火氣生土氣、土氣生金氣、金氣生水氣、水氣生木氣、木氣生火氣……。一氣生一氣永不停息。既是單行循環，那氣流和氣流間不就沒有互動的機會了？ Yes！但是如果有三條單循環氣流在氣層間生存，那他們就會產生互動。這三條單循環氣流就是：流年氣流、流月氣流、流日氣流。每一股日氣流停留48小時（各24小時）、每股月氣流停留二個月（陰陽各一個月）、每股年氣流滯留二年（陰陽各一年），凡是存於氣層間的氣流都會同性相吸、異性相斥產生互動。

　　五種氣流團特性如何？又是如何互動呢？

　　木氣流──股很密集的綠色氣流，性質略似我們吸收的氧氣，流動力低，常滯留原地，遇火氣流會燃燒速度變快，逢土氣會將它緊緊吸住不放，逢金氣則自動散開去。得水氣、木氣如棉花團膨脹起來；逢同宗木氣流，結合為更強大氣團。

　　火氣流──股像火球般的紅色氣流，性質像原油，流動性高，爆發力也強，遇木氣流如虎添翼，遇土氣流氣勢會緩和轉弱，遇金氣流吸收成為閃閃發亮火燄，如一條火龍；逢水氣流，水火交戰，雖聲勢如雷，火氣團畏縮原地。逢相同的火氣流，火氣團坐大氣勢如虹。

　　土氣流──股有著渾厚感的灰黃色氣流，性質就是泥土，流動性更低，但不會停滯，遇火氣流整個土氣團則膨脹速度加快；遇金氣流，整坨氣流安靜和祥且不斷將自身氣流輸向金氣；見木氣流會被團團圍住動彈不得；見水氣流，吸收混合；見相同的土氣，厚實了，流動速度更緩慢。

　　金氣流──股活躍的銀白色氣團，性質就像風，流動迅速凌厲。遇土氣流會連結串成氣團，但土是土，金是金不會相渾；逢木氣流，毫不客氣迎前吸住，金木結合速度變慢；逢水氣流會結合隨水氣團流動；逢火氣團，開始自我溶解但不會散開，遇相同的金氣流會結成一團，氣團愈大速度愈緩慢。

　　水氣流——股漩渦型的藍黑氣團，性質就是水，流動急促，遇土氣流則緩慢甚至停止；逢火氣流則吸收使水氣團昇華聲勢具壯；逢木氣流，漩渦變小速度加快；見金氣流會與之結合使水氣團閃閃發亮；見相同的水氣團，結合之後造勢更大。

　　古人有幸發現這種「氣流是有規則的形成」，雖然他們用看似不怎麼科學的方式表達，但，仔細研究它的內涵可知已經是很成熟的理念了，我們今天要研究它，把看似迷信部份一一拆解出他的原理原則出來，恢復他的邏輯性，證明他的科學性，值得我們採信和運用。

　　當初古人發現氣流並非由天空開始，而是從地面的氣候。四季氣候有著四種不同氣流，加上四種氣流所寄居的土氣，就形成五種氣流，這五種氣流由地面釋出並攀升到空氣間，因此他們相信這五種氣流必定也聚集在上空，於是選定一個日子為出發點，訂定為第一道氣流的第一年的第一個月的第一天，也就是甲子年甲子月甲子日！如果說有爭議，應該是所制定的這一天是根據什麼而來？延用幾百年，究竟這「日子氣流」正不正確，我也很懷疑！根據我十多年來「臨命盤試驗」，根據命盤火旺者水年會收斂的特性，水旺者水年更囂張等印證，這流年流月流日之起始點似乎沒問題，應該算精確。

空氣中有氣流運轉。人出生時隨著第一口空氣,把空氣中氣流輸送到全身器官、骨骼、血液,這股最初體內氣流就成為一組基數,爾後,體外氣流會一直和它互動,造成人類身體成長、生病、老化、死亡,思想更是無時無刻在變動。思想是操縱我們的行動力,明白腦門深處暗藏的基數是什麼氣流,在求得氣流流動座標後,與之自己身體內氣流基數比對,解出答案,就可預知命運。

五行氣流論命之架構大約如此,後面將一一分析氣流之種類,習性,運行之方式,以及人類自身基數氣流(八字)又是如何與之交流,耐心看下去吧!

× × × × ×

 # 天干概說

天干由字面解釋:它所代表是一種流動於天際間的氣流,彷彿如一大團看不見的雲層籠罩上空,它們有五大團,分陰陽後有十種,古學家用十個文字來表示,並以「甲乙」一組、「丙丁」一組、「戊己」一組、「庚辛」一組、「壬癸」一組等五組文字

代表這五種氣流。其陰陽關係及五行氣流的特性為：

陽氣流	陰氣流	
甲	乙………	木氣流
丙	丁………	火氣流
戊	己………	土氣流
庚	辛………	金氣流
壬	癸………	水氣流

這「十天干」在這大自然景象裡象徵著什麼意義？且看下面分析。

1.「甲木」屬陽，其特性

如松柏等長壽高大樹木，色深綠，性耿直。分活木和旱木，有水滋養的就是活木，沒水滋養的就是旱木。像六十甲子中的甲子就是活木，因甲木底下的子代表十二月的冰雪氣流，雖然是冰仍是水，給高大的甲木長久性水份，壽命自然長枝葉亦茂盛，以一棵大樹來說自我滿足應該夠，可是駐於人體內時，尚

有其他氣流衝擊，促使人的慾望不只豐厚長壽而自滿，他必想成名、有財、陞官等等，這就要靠他種氣流——火（尤其是代表太陽的丙火）來相助。

　　太陽丙火一方面可以解地支子水之凍，又可使茂盛的枝葉蓬勃開來，這象徵一個成功的人的景象。也可推論活木者，學識豐富，心地仁厚，但亦顯露其不成功時自私成功後自大的心態。活木怕被砍（庚金如斧頭從根砍起哩！），如果樹枝過旺，讓小庚金修修枝葉是美事一椿，要是像甲申，地支申代表八月秋天那種白天赤熱晚上秋風掃落葉形氣流，對甲木來說有熱有冷（水），有被掃落葉的命運，再逢庚金那真是內外夾殺！當然不會這樣就死了，得水就解套，因為水能助木又能洩金氣，這留待後頭再分析。

　　旱木就是沒有水份那種，像甲戌，戌代表十月份那種夏天過後乾燥的土石，一棵大樹立在上面，無枝無葉，說死不死，根猶牢牢埋在深處，若要說樹是活的，像嗎？但是，旱木雖醜，用途卻大，只要有鋼斧（即代表礦石的庚金）就能化腐朽為神奇，能用來造屋製器皿貢獻良多。由此可推知，旱木者喜歡接受挑戰，奮戰精神好，與活木者的個性剛好相反。不過，旱木怕火，一把火燒得旱木成灰塵，再努力打拼也是一切成空。

在這種生命與生存的交戰中，若有強壯的體格總是較佔上風，什麼意思？春天木氣旺，出生日是甲木者，木氣流相疊合自然壯盛結實；夏天火氣旺，出生日是甲木，此木顯得外實內空（沒有水），全靠他人相助；秋天出生的甲木人，沒有安全感，最怕受欺侮；冬天水氣盛甲木人得到母愛較多，依賴性強。

2.「乙木」屬陰，其特性

如花草藤蘿色淡綠，有水則花團錦簇，沒水則乾草一堆，是相當柔弱的木氣流。這種陰性的氣流與陽性氣流最大不同點是：陽性逢強敵可以退讓萎縮甚至臥薪嘗膽伺機而出，陰性遇強敵則跟著強者走，託強者之福而福。例如乙木氣流遇火氣團，火氣團小，乙木取來保身，火氣團大，自己被燒了也就跟著火氣團走了！尤其是遇到庚金氣流團，乾脆嫁給他、跟他去了，所以有「乙庚合」之說。逢土氣，乙木根細抓不住戊土，己土則可抓得緊，意即乙木見土相當忙碌；見水氣如投進母親懷抱，有安全感極了！

出生在春天的乙木得春天木氣之助而蓬勃；出生夏季者，跟著火而行運，除非八字中有甲木有壬水支助；秋季出生的乙

木會跟著金氣走,而且是死心踏地跟人家姓金去!冬季乙木覆於冰雪中,雖凍生命力仍強,屬於安靜型。

3.「丙火」屬陽,其特性

有如一顆紅紅大太陽,色紅,性剛陽果敢。

丙火堪稱為五陽之最,意思是五個陽干中最有陽剛氣,是永不死去的。丙火屬陽光,是生物植物不能沒有的能源。樹木得陽光經光合作用後,會製造氧氣,枝葉更加蓬勃興奮;泥土有了陽光,熱氣流直灌內部,飛揚了起來!金氣得陽光更顯得閃亮生動;水有陽光普照,水底生物活躍水面更是燦爛美麗!所有地球上看得見看不見的東西全賴陽光而生存,陽光太重要,如果你的八字中沒有丙火、巳火,你的人生將是黑白的!可見有多重要。

出生在春天的丙火,不烈,可去除冬盡寒意,活躍生植物;夏天炎炎火燄,達火之最高點,性急躁,火過旺會引火自焚,夏火人要學會自治。秋天出生丙火,氣勢較弱,由於秋金的引誘,會不專心於事。冬天火氣全退,丙火人是很溫和且有愛心。

火代表名氣,愈旺名氣愈大,卻要有水來相(救)濟,方能

進退自如，名利雙收，而不至因太旺自焚。丙火人很重義氣。

4.「丁火」屬陰，其特性

有如一盞油燈，風一吹就滅，沒有能源也滅，生命脆弱。色深紅，性雖烈而柔。

丁火雖小卻可生火、燒木材、鍛鋼石，使之成有用的器具。丁火旺時比丙火還烈，弱時比乙木還短壽。逢甲木火氣旺，逢丙火也旺，見戊土則反被土氣吸收，遇庚金，就去欺他，逢壬水則與之相合化成木氣！

春天的丁火得木氣之助，頗旺；夏天丁火有丙火照耀，依丙火之光彩；秋天肅殺氣重（金旺），丁火力拼金氣，意即秋天生的丁火人，較勞心勞力；冬天丁火形同死去，隨水氣飄盪。

5.「戊土」屬陽，其特性

與巨大石頭相等，性頑固，得火而愈壯大，砌聚起來可以造城牆，堤防等。

戊土旺在每年四月和十月，四月氣候潮濕，石堆中儲滿水

氣，稱：水庫。十月火氣正幟稱：燥土。戊土屬土石，對甲木來說可以固根部，成長得有尊嚴；對乙木來說有些阻礙根部發展。戊土本身逢甲木可鬆動厚實土層，讓熱能、水氣流通。逢丙火熱活土石，增加生命力；逢庚金，尖銳速度增加，智慧大增；逢壬水，將它團團圍住，壬水得以自律，戊土得水而肥富；戊土太厚了如座山，五行用於人體時，要配合人性，要講究其心性，能有創造力又能自得其樂為上格，野心大又小心眼者為下格，不動不做的也屬下格。

　　出生在春季的土石有樹根疏動，氣流暢通自然思想靈光；夏季的戊土日人，土實火熱，神氣活現很有精神；出生秋季戊土，時值金氣出土，岩石質鬆氣虛；冬天戊土日人，吸取冬水安靜享受。

6.「己土」屬陰，其特性

　　己土是稼穡種植用的濕土，有如大地之溫床，任憑各種植物生物生存，可以納水容火，度量之大為五陰之首。最大敵人應該是甲木，甲木根鬚粗壯吸取土中大量養分水份，有使己土變成廢土之虞，如果己土變廢土甲木當然也活不了，所以己

土逢甲木與甲木相合化土氣；逢丙火將使己土土氣大振，精神奕奕；逢戊土隨陽土之氣張揚；逢庚金，有金氣加入思考能力加快，見水氣，己土成爛泥，水多隨水氣滑動，水少反而滯留不動。

　　春天出生己土被眾木吸取養分，體質虛；夏天出生有太陽補火氣，己土更厚實；秋天金氣出土，己土會較鬆散，所以秋天出生的己土人，聰明多智卻性情懶散。冬天己土如冰床，靜如山，須丙巳火等解凍，才有用途，否則死守財地沒啥作為。

7.「庚金」屬陽，其特性

　　是一種「鋼礦」，銀白色，堅硬無比，有提煉就成金屬品，沒提煉就是礦石。在現代社會中「金氣」代表電子電器機械等，是人類腦力進化的代表，所以庚金人不是聰明的像電腦就是老實固執的如石塊。庚金需火提煉又以「丁火」為最佳，丙火只能使庚金硬度變軟，變得閃亮，卻不能鑄其形狀，丁火就可以將庚金愛鑄成何型就變成何種形狀；也就說庚金人八字中有丙火者，必是個雖固執但合群者，隨和的人總是較散漫專長不易被發覺，若是有丁火，其專才愈來愈顯現，這種人當然是

固執且很有個性。庚金逢甲木，是連肉帶骨的吃，聽來有些聳動，去向庚金日出生的人打聽就知道──太沒金錢觀念，這和本身充滿金氣有關，前面不是介紹過了嗎，金代表風，快速度的氣流。即使會儲蓄，也是可以一次就把積蓄花光！

　　出生春季的庚金仍屬脆弱，對敵手甲木之旺氣有點招架不住，所以春季出生的庚金人，老窮忙拿不定主意；夏天庚金被大太陽照得軟軟的，失去鋼性；秋天金氣出土，庚金出生此季，生龍活虎，架勢十足，非愛強出頭不可；初冬水氾濫未寒，能沖去金之穢物及不規則菱角，使之又晶又銳婉如一顆「鑽石」；深冬之水凍結礦石待火來解凍方能出土。

8.「辛金」屬陰，其特性

　　辛金是類似黃金這類見熱就軟化的金礦石，色黃，性外剛內柔。出生春天之辛金性情固執，視財如命，跟著木（財）氣起舞；夏天火氣大，辛金幾乎是化成水狀，跟著熱氣走，夏季出生的辛金人個性隨和軟弱；秋天有庚金撐腰，辛金得以站得挺，很有個性；初冬辛金，聰慧俊秀外剛內柔，可造性極高，深冬之辛金雖被凍著，只要有丁火就亮眼無比，冬辛人冷漠多

智，外型俊美。辛氣一見丙火，兩相鍾情，結合後化成水氣。

9.「壬水」屬陽，其特性

　　陽光與水是綠色地球資產，壬水有如大海，色藍，性氾濫。對生物植物而言，水的功能比太陽更重要，沒太陽還可以當個怪人活下去，沒水氣的地方人類就沒辦法生存，所以水在身體內外都佔極重要地位。在和其他氣流搭配方面，首先，水是火的冷卻劑，是土的滋潤劑，是金的洗滌劑，是木的營養劑，沒有水，其他四氣通通不成器，一點都不誇張！而壬水本身遇到其他四氣又是怎樣？逢火，有火暖身，水中生物活躍，水面更加絢麗；逢土，土會擋水之流暢，所以最怕土旺，如果水很旺得土來規範，反而不氾濫，更為平靜美麗；金氣和水本是一家人，壬水逢之，更有信心往上努力；逢木氣，水木也是一家人，木氣使水日出生者更有智慧。

　　所以，在春天木季節出生的壬水人，聰明有智慧，而且善解人意；夏天屬水枯期，出生夏天，如被酷桎，若有其他水來相助，水火相濟是成名的命格；秋風瀟瀟從西方帶來水之母——雲層，難怪出生秋天壬水日者受父母照蔭最多；初冬，水勢竄

流，奔放無邊界；出生深冬凍水英雄無用武之地。常言：水火不容。這裡要說；水火相濟。水無陽光輝映一點都不美，陽光無水（湖海雲層）反照，也一點都不美！八字陪著你我渡過人生，美不美很重要！

10.「癸水」屬陰，其特性

癸水為五陰中最陰最短之氣流，有如雨露，一滴滴落入岩石間形成小澗流入溪河，再到湖海。癸水氣之短，幾乎其他任何任何氣流都能欺侮她。逢甲乙木，木需要長久水份會毫不留情汲取；逢丙火只能化成雲霧遮丙火光亮，對丁火倒有置其死地功能，見戊土，可化成火氣，見己土被強行接收；只有見庚辛金，意志力增強，整股氣流生動起來；逢壬水結合成黨，有持無恐。

出生於春季，花木喜水，癸水全被吸收走了，水的體質相當衰竭；出生初夏還好，水氣溫暖有情，仲夏太陽一曬，水又乾了，好渺小的生命！出生秋季，秋天太陽退氣，癸水不但得以生存，尚有秋風帶來雨水不斷補充水之生命力，和壬水一樣，秋癸受父母庇蔭多。冬天是水之旺季，能和壬水結黨壯威風，和

其之樂。

三　氣流之結合與推擠

　　前面提過氣流在地球上空形成分年月日三種，又分高、中、低三層，最低的日氣流團壽命有48小時，稍高的月氣流團形成後可駐留60天，最高的年氣流團最大則可維持二年壽命。

　　年氣團盤旋在最上空，當中層的月氣團形成後，會相互結合或排斥；再當日氣團形成後年月氣團又會相互結合或排擠，日氣團二天就換氣流，機動性來得快也去得快。空氣中的氣流推擠勾合我們當然看不見，卻就環繞在我們四週，形成一種氣象，牽動生物植物，造就成長或驅使萎縮死亡。

　　十天干所代表的十種氣流就像一條超級環帶平均分成十等分，假設每等分以一種色彩代表就是：深綠（甲木）→淺綠（乙木）→豔紅（丙火）→暗紅（丁火）→暗灰（戊土）→深咖啡（己土）→銀色（庚金）→金黃（辛金）→海水藍（壬水）→黑色（癸水）。參考下表：

甲木→乙木→丙火→丁火→戊土→己土→庚金→辛金→壬水→癸水→甲木→乙木……

1.氣流結合

　　這流日、流月、流年三種環帶。一個環帶比一個環帶大,有輪值到的才下降與地支互動,形成一組干支。

　　從環帶的連結關係可以發現,他們不是隨便排列,而是由「相生」,由甲乙木氣生丙丁火氣,丙丁火氣生的庚辛金氣等,排開來就是:

　　木生火→火生土→土生金→金生水→水生木→木生火……。在三條環帶中,流日環帶代表自身,就是你出生那天正好輪到甲,那你就是甲木日人;輪到丙,就是丙火日人,輪到壬,就是壬水日人。

而這三條氣流之間的互動就是:

假設1. 當假設年氣流圍繞在整個地球上空約100公尺高的地方停滯時,而月氣流的形成就是在50公尺高的地方,日氣流就在3公尺以內高度的話。

假設2. 年氣流是丙火;月氣流是甲木;日氣流是庚金。

　　則:當甲木月氣流形成之後,上頭的年氣流丙火下降與之

結合成木火氣團，而當日氣流庚金形成時，上頭的木火氣流又下降攻擊庚金，將金氣驅散，兩軍交戰必有損傷，這時環繞在上空的木火氣流比在50公尺高地方所形成的木火氣流約減弱1/3。隔日辛金氣流形成則辛想與丙相好，卻有甲木作梗，形成丙火在甲木之上活蹦亂跳，辛金在甲木之下像遊魂般被驅散，這個日子很不和諧；再接著壬日水氣流形成了，月氣流甲木立即和壬水結成水木氣團，年氣流丙火怕壬水不敢下來，總也算壁壘分明，從這裡可以看到當水火不能相容時木氣是最好調解人。又當日氣流輪到甲木時，月氣流甲木很快與之結合，丙火則陪襯式的照亮他們，形成一個風和日麗景象，這就是個好日子！

　　由這例子可看到四種現象：a.因相生而結合b.因黨群而結合c.因相好而結伴離去d.因相剋而推擠。a和b就不再解釋，且說c。

　　什麼是相好？這是我發明的名詞，它的原文是合化，即二氣流結合後而化成另一種氣流。我用相好比較易懂，就是男女二人看對眼了就結伴脫離團隊。氣流沒這麼浪漫，它們是很傳統，誰配誰有一定準則，看下圖，將甲至癸分兩排，它就是這樣陰陽配。

甲木（陽）　和　己土（陰）　合化　己土＝甲為夫己為妻

乙木（陰）　和　庚金（陽）　合化　庚金＝庚為夫乙為妻

丙火（陽）　和　辛金（陰）　合化　壬水＝丙為夫辛為妻

丁火（陰）　和　壬水（陽）　合化　甲木＝壬為夫丁為妻

戊土（陽）　和　癸水（陰）　合化　丙火＝戊為夫癸為妻

注意：上述的甲木和己土或乙木和庚金或丙火和辛金，他們一相見就會結合成為夫妻，但是否兩情相悅合化成己土，或化庚金或化壬水，則要看環境氣流，這以後在分析八字命盤時會詳述。如上面例子中的日氣流辛金和年氣流丙火雖相愛，隔著甲木，就是不能合，更不用說化。

2.氣流相剋

　　氣流相剋就是氣流與氣流間相互推擠，強勢推擠走弱勢，誰算強誰算弱呢？例如剪刀、石頭、布，剪刀是強者，布匹是弱者；布匹和石頭比，堅硬的石頭屬輸家，這只是遊戲規則。五行氣流也是以輸家和贏家來區分強弱，但必須是在相等份下

較量，一個手掌（布）也只能包一個拳（石）頭。五行的強弱如下：

甲木 剋 戊土；乙木 剋 己土；丙火 剋 庚金；丁火 剋 辛金；

戊土 剋 壬水；己土 剋 癸水；庚金 剋 甲木；辛金 剋 乙木；

壬水 剋 丙火；癸水 剋 丁火。

　　當甲木氣流和戊土氣流相遇時，戊土氣流將被推擠，更嚴重的會被擠出運轉圈，被推擠的氣流將失去其功能。

×　×　×　×　×

 地支詳說

1.關於地支

　　雲層由地面海面水氣蒸發而成，低氣壓來了形成雨水下降到河川；山川是板塊作用及熔岩冷卻後的傑作，有土石有水氣就有植物生物等等，都是由地層而起！可見地層就是孕育五行氣流之母。

　　古代學者給它取了個名稱，叫：地支。解釋為：地層中的一

支氣流。然而，地層中不只一支氣流，她以地層中厚厚泥土配合地水層、礦石層、地心熔岩等，不停的製造木氣、火氣、土氣、金氣、水氣，於其成熟季節時釋出地面與天干氣流互動。其製造過程大約是：當冬季大雪覆蓋大地，寸草不長時，她卻用夏天餘留下的暖土將種子悄悄蘊藏，春天來了，種子萌芽露出地面，逐漸釋出木的氣息，木氣就這樣形成。她有三個「子宮」，可以一方面釋（生）出木氣另方面又懷著火種，到夏天時又將火氣慢慢釋（生）出，另還孕育著金氣。待秋天到來釋（生）出金氣時；另一個水氣、木氣都在孕育中！當冬天釋出水氣，暗藏的木氣蠢蠢欲動，只等著春天來臨！就這樣一年四季永不停息。

　　一個支代表一個月，一年有12個月，地支因此就有「十二個」了！

　　中國文字用子丑寅卯辰巳午未申酉戌亥，來代表這十二個月，每個字所代表的意義可多，不但代表十二生肖，尚涵括著實質的五行氣流。

　　十二生肖與地支對照：鼠（子）、牛（丑）、虎（寅）、兔（卯）、龍（辰）、蛇（巳）、馬（午）、羊（未）、猴（申）、雞（酉）、狗（戌）、豬（亥）。

　　生肖屬民俗，眾所皆知沒什麼好特別解釋，代表十二個月

的五行氣流又是如何去得知？江湖一點訣說開來就懂，只不過是另類解剖而已！就是在每月頭和月尾各挖塊泥土分解來看看。

易言之，十二地支不過是地殼表面十二個月的成份分析。譬如，代表陽元月的丑，元月已是冬末，枯枝落葉早化成土，大地看來片片雪土，因此丑土中含65％土和27％凍水，另有看不見的細細礦石，即7~9％辛金。比率上土佔最多，就稱「丑土」月。當你看到丑字時務必聯想到：元月、丑土、有水、有土、少許金氣。

二月叫「寅」，代表春天微弱的陽光，發芽的綠綠大樹和陽光下的岩石，這些在泥層中皆可發現，其中以木佔最多，寅月也就是「寅木」月！

茲列一份簡表將十二地支概略說明，如果你對五行八字真有興趣，那麼，下面這個表請牢記一番。並請特別留意期間，其和一般陽曆起1日到30日不一樣。

支地	子	丑	寅	卯	辰	巳	午	未	申	酉	戌	亥
曆陽	十二	元月	二	三	四	五	六	七	八	九	十	十一
期間	12/8 大雪—12/22 冬至—1/8 小寒	1/8 小寒—1/21 大寒—2/4 立春	2/4 立春—2/20 雨水—3/5 驚蟄	3/5 驚蟄—3/21 春分—4/5 清明	4/5 清明—4/22 穀雨—5/5 立夏	5/5 立夏—5/22 小滿—6/6 芒種	6/6 芒種—6/22 夏至—7/7 小暑	7/7 小暑—7/23 大暑—8/8 立秋	8/8 立秋—8/23 處暑—9/8 白露	9/8 白露—9/23 秋分—10/8 寒露	10/8 寒露—10/23 霜降—11/8 立冬	11/8 立冬 - 11/22 小雪—12/8 大雪
成份 約9%	壬水	辛金	丙火	甲木	癸水	庚金	丙火	乙木	壬水	庚金	丁火	甲木
成份 約27%	壬水	癸水	戊土	乙木	乙木	戊土	己土	丁火	戊土	庚金	辛金	戊土
成份 約65%	癸水	己土	甲木	乙木	戊土	丙火	丁火	己土	庚金	辛金	戊土	壬水
簡稱	子水	丑土	寅木	卯木	辰土	巳火	午火	未土	申金	酉金	戌土	亥水
氣象說明	冰冷的凍水	斜坡濕土適種植	綠綠大森林透出陽光	翠綠灌木及花卉景象	帶石塊的濕土	紅紅大太陽	熊熊火燄	帶著木灰的燥土	鋼礦石水源地	黃金礦水之母	火紅燥土	清澈湖海可灌溉

從此表可看出每個地支皆含括2 - 3種天干,稱為「藏干」,這就前面說的「另類解剖」,也請特別體會「氣象說明」之字義。為何用「陽曆」?一般算命不都是用陰曆嗎?

2.用陽曆推算行運

　　農曆（陰曆）一直被認為是算命之基準，其實不然！先從有科學根據的節氣說起。科學家根據自轉軸與公轉軸，制定太陽離地球最高的那一日為「夏至」，大約是每年六月二十二日；當太陽離地球最遠那一日為「冬至」大約是十二月二十二日，「春分」在三月二十一日，「秋分」在九月二十三日。由此證明二十四個節氣不是只有中國人使用，西方科學家早有發現，他們使用的當然是陽曆啦！從上表更可發現「立春」都在陽曆四月四－五日間，查農（陰）曆從沒一年是相同一天，也可見是以陽曆換算農曆。

　　全中華民族地廣人稠，要印四萬萬份日曆給家家戶戶查閱今天是幾月幾日，誠屬不可能的任務！最方便的就是「抬頭望明月」，月圓嘛十五，上弦月是初一，幾乎人人能會意！然而，生命是跟著太陽走，日出而作日落而息，月亮只不過是顆夜間大燈籠，若說其影響力應該與海洋生物有關，它的潮汐作用也是一種氣流操縱海底生物。**人類應該跟著太陽走，推算行運當然要用陽曆！**

　　氣流有分旺氣季節和弱氣季節，如：每年春季綠意盎然，

釋出「木」的氣流，而又以「寅、卯」流年的「春季」為最旺。由
於人類體內原本充滿著「氣流」，對缺少「木」之氣流者是一大
福音，相反，若體內原本「木」氣過旺盛，再逢旺木之氣流，內
外勾結，木氣流推擠其他氣流，淹沒了理智，那倒霉事就要臨
頭！其他如火氣，旺在夏季，又逢丙丁火流年的夏火，將火氣流
推到最高點，同樣的火辣辣的倒楣事也將臨頭；土氣旺在每年
陽曆元、四、七、十月，逢戊己土流年，使土氣流更為加強；這些
「旺氣」都將推動個人及社會產生重大變動。

3.地支之方位與格局

地支有方與局之論。
方即方位，為：

寅卯辰……東方木
巳午未……南方火
申酉戌……西方金
亥子丑……北方水

於八字而言這方位可是非常重要，於論大運中會詳述。

局即格局，為：

寅午戌……火局

巳酉丑……金局

申子辰……水局

亥卯未……木局

　　這四局也是很重要，代表當寅，午，戌這三個地支結合時，就會形成一個大火團，對命盤影響至鉅。

　　注意到沒有，上兩組方與局組合中，排第一位都是寅、巳、申、亥，這四個字被稱為「四罡」，象徵四座威武神明，可見其震撼力，古書上說這四字全有的就是一人之下萬人之上的地位，我身旁就有一位，地支排列為：申亥寅巳，即申金生亥水，亥水生寅木，寅木生巳火，好厲害，他的日元又是庚金，金象徵數字等精密度思想，其本人對數字的反應是高人一等，再過10年我再通報各位，他的成就如何。

　　這四字也剛好是木火金水之長生之地，八字中有這四個字的其中一兩個就很棒了！往自己八字找找看。

✕ ✕ ✕ ✕ ✕

五 六十甲子

　　干支之組合就是十個天干和十二個地支，由第一組的「甲子」到最後一組的「癸亥」共是六十組，俗稱：六十甲子。

六十甲子為：

甲 乙 丙 丁 戊 己 庚 辛 壬 癸 甲 乙 丙 丁 戊 己 庚 辛 壬 癸
子 丑 寅 卯 辰 巳 午 未 申 酉 戌 亥 子 丑 寅 卯 辰 巳 午 未

甲 乙 丙 丁 戊 己 庚 辛 壬 癸 甲 乙 丙 丁 戊 己 庚 辛 壬 癸
申 酉 戌 亥 子 丑 寅 卯 辰 巳 午 未 申 酉 戌 亥 子 丑 寅 卯

甲 乙 丙 丁 戊 己 庚 辛 壬 癸 甲 乙 丙 丁 戊 己 庚 辛 壬 癸
辰 巳 午 未 申 酉 戌 亥 子 丑 寅 卯 辰 巳 午 未 申 酉 戌 亥

　　這六十組干支，用於代表「流年」、「流月」時，他們干是干支是支，只是十個天干，正好輪到這一個，十二個地支也正好輪這一個支。用於「推論命理」時，則應視他們為一種「氣象」，這是因為人體血脈串連著他們。

　　何謂「氣象」？譬如「甲子」＝甲木在上子水在下，簡稱「甲木坐子水」。想想，一棵像松柏這樣陽剛氣渾厚的甲木，屁股下有著一灘陰暗冰凍的子水，吸收水份來當養分足足有餘，卻會絆著甲木根鬚凍彈不得！可以解釋成這出生「甲子」日的人，學問大個性卻優柔寡斷，走不出圈圈，如果他是出生在夏天的巳或午火月，可解子水之凍，那就不得了，有學問又有動力，豪傑一個！

　　又如，「甲申」＝甲木在上申金在下，申金有如被水沖洗中的鋼刀又尖又銳，會割甲木的根鬚，甲木坐其上如同針氈！可解釋成：此「甲申」日出生者，聰明（申中壬水可生木），事業多波折（鋼石斷其後路），若是出生於六（午火）月，午火能鍛金，相互制衡又另有一番成就。

　　各組「氣象」可以結合成另一種較大較複雜的「氣象圖」，我們人類出生時就是結合流年、流月、流日、生辰而結合的「四柱氣象圖」，四柱即四組干支，留待後面專題解說。

× × × × ×

 流年流月

　　依流年環帶一年一種氣流來輪值，十種氣流正好每十年一輪轉。像西元年的尾字是4都是甲年，尾字是5的為乙年。又如1994年的干支是「甲戌」，2004年干支是「甲申」。由於干氣在上，通常就以天干為主稱：甲木流年或乙木流年、丙火流年。流月也一樣，十干照輪，值得注意的是，每年流月的十二地支是不變，只有天干變，剛好六十個月（五年）一輪轉，像：甲年的寅月都是「丙寅」，乙年的寅月都是「戊寅」，參看下表：

流月 流年	寅 2月	卯 3月	辰 4月	巳 5月	午 6月	未 7月	申 8月	酉 9月	戌 10月	亥 11月	子 12月	丑 元月
甲年 己年	丙寅	丁卯	戊辰	己巳	庚午	辛未	壬申	癸酉	甲戌	乙亥	丙子	丁丑
乙年 庚年	戊寅	己卯	庚辰	辛巳	壬午	癸未	甲申	乙酉	丙戌	丁亥	戊子	己丑
丙年 辛年	庚寅	辛卯	壬辰	癸巳	甲午	乙未	丙申	丁酉	戊戌	己亥	庚子	辛丑
丁年 壬年	壬寅	癸卯	甲辰	乙巳	丙午	丁未	戊申	己酉	庚戌	辛亥	壬子	癸丑
戊年 癸年	甲寅	乙卯	丙辰	丁巳	戊午	己未	庚申	辛酉	壬戌	癸亥	甲子	乙丑

　　以1994年「甲戌」流年，這個「甲戌」並不是如上所說的「甲木坐在戌土上」，流年流月的干與支都要分開看。就天干是甲木，地支是戌土，在這一年中哪幾月木氣最旺，土最旺。以1994年為例，其流月表如下：

1994年　流年：甲木戌土

月份	元月	二月	三月	四月	五月	六月	七月	八月	九月	十月	十一	十二
流月	乙丑	丙寅	丁卯	戊辰	己巳	庚午	辛未	壬申	癸酉	甲戌	乙亥	丙子

　　每年春天2-3月間，地支會釋出木氣流，自形成一小氣團，而在1994年天干甲木的流年裡，此木氣團又會比非甲木流年強約10%。一但到10月的甲戌月時，天干的「木」氣旺度可達到75度（以100度為最高點），地支的戌土也因流年地支是戌土也旺到65度，由於戌中藏丙火，此月丙火雖非當家（火在夏天當家）仍高達35度，使地支幾乎是塊「燙石」！因而這個甲戌月由於流年地支是寅木，這樣的結合，使大地間一片木灰塵土大肆飄揚，對八字怕躁土，躁木，躁熱的幾乎都遭殃，就連濕氣重的八字都熱滾動起來！

　　回頭看1984的甲寅流年，其流月與1994年是一樣的，但每月所形成的氣象份量則不一樣。1984春天地支寅木所釋出的木氣受流年地支也是寅木的影響，從一般的50%上升到75%，形成超強木氣，對八字地支少木氣者，彷彿灌進大量能源，對八字地支木氣旺盛者，就像大火上加汽油一樣！是福是禍等秋天木氣完全消失了，答案就出來了！至於天干甲木氣流，和1994年一樣，在十月的甲戌月達旺點，也屬乾燥性木氣流。不過由於流年地支是寅木，寅雖也帶有火氣木氣土氣，但說到底木氣是可以壓抑土氣的囂張的。

例說：

有一組八字是這樣：

時 :	日 :	月 :	年 :
丁(火)	庚(金)	甲(木)	癸(水)
亥(水)	寅(木)	寅(木)	丑(土)

　　以出生日天干為主人自己來看，庚金底下坐寅木，金是剋木，所以庚比寅強勢，好現象！再看離庚金最近的（月）甲木，

庚金也要去剋他，一看甲木底下坐的是寅木，哇！好強壯一棵大樹，怎剋得了！而且更糟的是甲木身旁有個癸水，水生木，這甲木的族群可真旺，把庚金團團圍住，還有更慘，唯一可以解救他的只有亥水，很好他就出生在亥時，慘的是天干值丁，鄰近的丁火不斷發出火燄燒他！像這樣的八字可以想像其生活間之艱苦，所擁有的（被自己剋的相當於擁有）卻不能掌握，反受其控制，一但逢甲寅年，真的不知如何過下去！逢甲戌年也不好，寅和戌都屬燥木燥土，徒增加火氣來鍛金，最好的就是庚申，辛酉，這種超強勢的旺金把八字中木氣威風掃一掃，並加強金氣威風，主人庚金才有立足之地！

　　流年流月及流日，結合越多氣勢就越大，如果年氣流，月氣流相互推擠或是月氣流與日氣流大打出手，就會造成亂流，在黃曆上是會被列為諸事不宜。

× × × × ×

 七 八字命盤計算公式

1. 八字命盤計算公式

格式：

出生時	出生日	出生月	出生年	天干
⑧	⑥	⑤	④	天干
③	⑦	②	①	地支

① 出生年地支：(陽曆)

由生肖對照 鼠＝子，牛＝丑，虎＝寅，兔＝卯，龍＝辰，蛇＝巳，

馬＝午，羊＝未，猴＝申，雞＝酉，狗＝戌，豬＝亥。

② 出生月地支：從出生日期對照

12月8日到1月5日為「子」

1月6日到2月3日為「丑」

2月4日到3月5日為「寅」

3月6日到4月5日為「卯」

4月6日到5月5日為「辰」

5月6日到6月6日為「巳」

6月7日到7月7日為「午」

7月8日到8月8日為「未」

8月9日到9月8日為「申」

9月9日到10月8日為「酉」

10月9日到11月8日為「戌」

11月9日到12月7日為「亥」

　　**出生日剛好是節氣日那天，請務必對照萬年曆，其最下方有一欄[農節]，寫著正月26日卯時及6時23分驚蟄等字樣，代表這農曆正月26日的6時23分交換節氣，因為是農曆，對照出國曆（陽曆）即可。假設對照出來是陽曆3月5日6時23分，那麼這時刻之前出生的為2月（寅），之後出生的就是3月（卯）了！

③ 出生時辰地支：從出生時間對照

0：00 ～ 1：00 ＝早子

1：00 ～ 3：00 ＝丑

3：00 ～ 5：00 ＝寅

5：00 ～ 7：00 ＝卯

7：00 ～ 9：00 ＝辰

9：00 ～ 11：00 ＝巳

11：00 ～ 13：00 ＝午

13：00 ~ 15：00 =未

15：00 ~ 17：00 =申

17：00 ~ 19：00 =酉

19：00 ~ 21：00 =戌

21：00 ~ 23：00 =亥

23：00 ~ 24：00 =夜子

④ 出生年天干：從出生年（西元）的末字對照，凡末字是
4的都為甲年，其餘類推。

1954…甲，1955…乙，1956…丙，1957…丁，1958…戊，

1959…己，1950…庚，1951…辛，1952…壬，1953…癸。

⑤ 出生月天干：將數字代入公式計算

a.甲=0 乙=2 丙=4 丁=6 戊=8

　己=0 庚=2 辛=4 壬=6 癸=8

b.子=1 丑=2 寅=3 卯=4 辰=5 巳=6

　午=7 未=8 申=9 酉=10 戌=11 亥=12

c.公式：表格4 + 2 =和數（得數1為甲，2為乙，11也是甲，12是
乙…類推）

　6、7出生日的天干和地支計算公式：以「民國」幾年為計算基
礎。

a.（民國年 + 1 ）x 5 =A

b.（民國年 + 10）x 0.25 =B…（小數不要）

c.從1月1日起算到出生日（含閏月），共 C天。

公式：A + B + C =D

⑥ **出生日天干…D 除以10=整數……餘數（取餘數1為甲，2為乙，3為丙……）**

⑦ **出生日地支…D 除以12=整數……餘數（取餘數1為子，2為丑，3為寅……）**

⑧ **出生時辰年天干計算公式：6 + 3 =和數（得數1為甲，2為乙，3為丙………）**

例：1976年是民國 65 年 5 月20 日中午12：15 出生（屬龍）

　a.生肖龍=辰…填到格式 1

　b.出生月5/20 =巳…填到格式 2

　c.出生時 12：15 =午…填到格式 3

　d.出生年1976，取末字6 =丙…填到格式 4

　e.格式 4 + 2 = 丙4 + 巳6 = 10…天干第十位為癸…

　　填到格式 5

　f.（65 + 1） x 5 =330

　　（65 + 10 ） x 1/4 =18.75 =18

31（1月） + 29 （2月潤）+31（3月）+30（4月）+20（5月）=141

330 + 18 + 141=489

488 / 10 =48…餘數9…天干第9位為壬…填到格式 6

488 / 12 =40…餘數9…地支第9位為申…填到格式 7

g.格式6 + 3 =壬6 + 午7 =13…取天干第3位為丙…

　填到格式 8

h.完成格式：

出生時	出生日	出生月	出生年	
8 丙	6 壬	5 癸	4 丙	**天干**
3 午	7 申	2 巳	1 辰	**地支**

　　八字命盤可形成一組氣流，由於有八個干支在竄動，所以有一層保護膜把他們罩在一起，那就是我們的身體。這組氣流團跟著地球公轉，本身也在自轉。這就俗稱的大運。

2.大運命盤計算公式

大運的計算公式如下：

　　區分正運和逆運：正運就是順時鐘走，逆運就是逆時鐘走。

以出生年為數,甲丙戊庚壬等五陽干,皆為正數;乙丁己辛癸等五陰干為負數。再以性別分男性為正數,女性為負數,求其正負值。

例:甲子年出生的男孩,甲年為正,男為正,相乘=正數……行正運

甲子年出生的女生,甲年為正,女為負,相乘=負數……行逆運

乙丑年出生的男孩,乙年為負,男為正,相乘=負數……行逆運

乙丑年出生的女孩,乙年為負,女為負,相乘=正數……行正運

正運之計算:以出生日為軸,正運者順算到下個節氣日交接是:?天?時辰。

逆運者則逆算到前個節氣交接日是?天?時辰。

例一:1996丙子年3月26日卯時出生,女性。丙為正數,女性為負數,正負得負,屬逆運,則由出生日逆數到3月5日申時節氣交接日,共21天5時辰。

公式: 21天除以3=7(年)……沒有餘數

5時辰1乘以10=50(天)=1個月又20天

結果:出生後7年1個月20天開始上大運。

計算正式上運日期：

出生日期：1996年03月26日（+）7年01月20日=2003年5月16日起運

例二：1996丙子年3月26日卯時出生，男性。丙為正數男性為正數，正正得正，屬正運，則由出生日順數到4月5日戌時午時節氣交接口，共10天7時辰。

公式：　10天除以3=3（年）…餘數1

餘數1乘以4=4個月

7時辰乘以10=70（天）=2個月又10天

結果：出生後3年6個月10天開始上大運。

計算正式上運日期：

出生日期：1996年03月26日（+）3年6月10日=1999年10月6日起運

大運命盤排列：以出生月為提綱。正運者順其干支而下約六大運，逆運者逆其干支而上約六大運。

例：1996年3月26日，出生月干支為辛卯，正運者順此干支而下為：壬辰，癸巳，甲午，乙未，丙申，丁酉。逆運者逆此干支而上為：庚寅，己丑，戊子，丁亥，丙戌，乙酉。上兩例排大運如下：

例一：順運

逢虛8歲的國曆5月16日交換大運

58–68	48–58	38–48	28–38	18–28	8–18	歲數
丁酉	丙申	乙未	甲午	癸巳	壬辰	干支

例二：逆運

逢虛4歲的國曆10月6日交換大運

54–64	44–54	34–44	24–34	14–24	4–14	歲數
乙酉	丙戌	丁亥	戊子	己丑	庚寅	干支

說明：逢虛4，14，24，34，44…歲的國曆10月6日交換大運。

至於什麼是大運呢？代表什麼？與八字關係如何？後面的生命的公轉和自轉有分解。

3.大運、命運和改運

生命的自轉和公轉

在沒有科學資訊以前，有人告訴你，你所站的地球正以每分鐘30公里的速度在前進，你不天旋地轉當場暈倒才怪！現在我說生命正和地球同速自轉和公轉，你做何感想？是嗎？哪兒在轉，不是站得挺挺的嗎？

哈！是體內氣流在轉，在自己體內流竄稱為：自轉。跟著流年流月的氣流走，稱公轉。自轉是有軌道的喔，稱為大運。每個人各有一條，它像地心引力般，牽引主人朝某一方向前進，而當八字與流年月日等氣流互動時，它僅是個旁觀者。

譬如一組出生日是丙寅的八字氣流，假設行運為庚寅，辛卯，壬辰，癸巳，甲午，乙未六大運，大運地支的寅卯辰為「東方木」運，巳午未為「南方火」運，意即走東南木火大運。大運有如地心引力，牽引著丙寅往東南方而去！這就是所謂的「自轉」。

流年流月是公轉，大運是自轉，他們又是如何交叉運行？

大運

大運是一條軌道，每十年一小節，以人類壽命可高達10-12小節。它在人類出生時就像一條彩虹連接著嬰兒，讓這出生兒一腳一腳踩過去，隨同生命體不在了而消失。這條彩虹軌道並不如色彩般使你的人生更亮麗，這彩虹軌道是有氣象、有寬

窄！像上例的第一運庚寅，上層一片銀色的庚金，下層是深綠色寅木，當出生日丙寅的主人走進隧道後，庚金有如一塊強力磁鐵，牽引丙火對和金相同氣流互動，如八字中天干有庚辛金或是流年流月有庚辛金，丙火將特別有興趣，不管對自己是好是壞。地支也一樣，當主人丙寅走進庚寅大運時，大運地支將牽引，日主八字裡地支是寅卯木，或流年月是寅卯木的互動。

　　也就是說，八字氣流和流年流月的互動隨著地球轉動，移動分分秒秒不停進行，而大運的引力從旁不斷拉攏，拉攏到你喜歡的氣流，讓你快樂，拉攏到壓迫你的氣流，讓你放棄自我跟著壓力走，就是這麼回事。

　　還有一個現象，不管每一節氣象如何，屬與主人同性質氣流，軌道將比較寬廣，讓你走起來很順利、很快樂、很有成就感。而相剋的氣流就比較窄，走過去時倍覺辛勞，甚至走不下去，但，重要的是結局，快樂的日子之後緊接著的，很可能是人財兩失，或家破人亡；而辛苦走過後也很可能否極泰來名利雙收，當然也可能更悽慘。

　　八字加大運就是「命運」，八字氣流是否均衡已經是很難掌握的事，加上大運的牽引，生命的自發性到底有多少？我常在這裡感到惶恐和悲哀！經常有人問我：那我該怎麼辦？能改

運嗎?生命的坎坷不像生病,醫生開個藥給你吃吃就會好,生命需要去營造——經營和創造,當你覺得有痛卻不覺得苦時,你的營造就成功了!痛是一種知覺,敏感的知覺是生活的動力,不能失去這種知覺;苦則是一種感受,當你在困境中努力而不覺得苦時,另一種反應是如何去決解問題,便一一相應而生;只有不斷的面對問題,勇敢的,樂觀的去決解問題,這就是最佳的改運方式。你同意這種觀點嗎?

　　人體內氣流有1/3是控制在基因手裡,那就是隱藏版的你自己,好好善用這30%本能意志力,來駕馭100%的生命體,那樣即使遇到困境,還是有改運的機率,不要放棄!

 # 八　論八字財官印食傷

　　說起這些在八字任何命盤上常見的正財偏財、正官偏官、正印偏印、食神傷官、比肩劫財等字眼,就好像走進另一扇人生大門,人類的七情六慾全在這裡面發洩。然而由於各人體質不一樣,發洩程度就不同,所以不可一個命盤逢財字說會怎樣

怎樣，就往所有命盤上套。我有一度由於掉進這財官印漩渦太深而迷失，後來有幸悟出「氣流運轉結果，高於這些財官印名稱」，才又重點燈火繼續向命盤挑戰。

因此，請學習者千萬不要被這些字眼引誘、誤導。這些名詞當然是有用，但必須事先以五行氣流判斷出好壞後，再拿出來參考。更不要看到財就好像看到鈔票一樣，硬去感覺，我行財運了，我要發財了！只要判斷氣流是對我有利，舉凡交友，娶妻，生財喜事連串；氣流是克制壓迫我喜歡的干支，即使是財是官是印，無一不是災禍。切記。

這些名稱的由來是：當日主氣流跟其他氣流互動時，產生多種關係，像日主是甲木，那當他碰上和自己相同的甲木時，稱對方為「比肩」有齊肩同輩之意，當碰上乙木時，因乙木屬陰，算是小一輩手足，就稱異性別的手足為「劫財」，彷彿來要錢的手足。當乙木碰上甲木時，甲木也是乙木的劫財。碰上癸水呢？水能生木，癸水屬陰，陰陽互生，生者就是為「正印」，如果是陰生陰，像癸水生乙木，或陽生陽，像壬水生甲木，就叫「偏印」。

又，日主甲木若碰上剋他的金呢？稱剋他的陽金庚為「偏官」，剋他的陰金辛為「正官」。正偏之分完全在於陰陽關係，

凡同性別間的相生相剋，或是剋對方，都是「偏」，異性別間的互動就是「正」。另一組較可愛名稱：食神和傷官。真的是很奇怪的名稱，對照使用後發覺非常有意義！當木生火時，火是木的子女，子女沒有正偏之分，因此古學者發明了，陽生陽，陰生陰，被生的為「食神」；陽生陰，陰生陽，被生的為「傷官」。顧名思義，食神代表食慾佳的溫和者，傷官代表傷害正官之叛逆者。

這十個名稱為「通變星」，簡稱十用神。

將十用神對照表列於下：

1.十用神對照表

出生日	甲	乙	丙	丁	戊	己	庚	辛	壬	癸
正印	癸	壬	乙	甲	丁	丙	己	戊	辛	庚
偏印	壬	癸	甲	乙	丙	丁	戊	己	庚	辛
正官	辛	庚	癸	壬	乙	甲	丁	丙	己	戊
偏官	庚	辛	壬	癸	甲	乙	丙	丁	戊	己
正財	己	戊	辛	庚	癸	壬	乙	甲	丁	丙
偏財	戊	己	庚	辛	壬	癸	甲	乙	丙	丁
劫財	乙	甲	丁	丙	己	戊	辛	庚	癸	壬
比肩	甲	乙	丙	丁	戊	己	庚	辛	壬	癸
傷官	丁	丙	己	戊	辛	庚	癸	壬	乙	甲
食神	丙	丁	戊	己	庚	辛	壬	癸	甲	乙

2.丈夫妻子與情人

現在要專題來談談男人女人間的戰爭。戰爭的起端是：我和他(她)戀愛了！

為何你會和她戀愛而不是別人？你們的媒人是誰？告訴你，就是那流年流月流日的氣流，它牽引你往那頭去，也牽引她往這裡來，碰！火花一閃，兩人之手就牽在一起了！短暫的，日氣流一過，幾個小時就 say good-bye，稍長的兩天，再長的二個月，也有二年才分手，如果屬適婚年齡通常在第一年就結婚。什麼情況下會「牽手」在一起呢？

在陰陽五行裡，以「日主所剋的異性」為妻，像甲木剋陰性的己土，己土就是甲木的妻子，就像「正財」一樣，屬不動產，要跟著一輩子。又以「日主所剋的同性」為妾，所謂妾就像偏財一樣，可以流動買賣。現在一夫一妻制下，無論你娶的是正財或偏財，只要戶籍名冊上有登記的，就是妻子，賣不得。在命理上的區分為，妻宮坐正財的，妻內向任勞任怨，坐丈夫的也無怨無悔，夫妻間戰爭較少。而妻宮坐偏財的，妻子活潑外向，丈夫又愛又妒，戰爭時起。那一種婚姻較穩固？我體驗過數個命盤，妻宮坐正財的，男人外遇多，可能是妻子較溫和，男人膽大

妄為。坐偏財的，雖常有口角抱怨等，由於妻子活潑愛漂亮，丈夫怕失去都來不及哪敢再去找別的女人。通常偏財象徵男人的情人，娶情人型女人為妻，自己度量要大一點，既然配偶宮坐財，不管哪種財都是你的，何必在意她和別的男人說說話呢！

最會吵架的莫過於配偶宮坐「比肩」「劫財」，比劫屬自己同輩分，如手足如朋友一生吵鬧分合，家常便飯。如果比劫是喜神，他們比那妻宮坐財字的，還要永久還要恩愛。

所以未婚男子逢大運地支屬財，代表這一運很有女人緣，在逢流年印或比劫的流年，姻緣就來了。若是大運走印運，印與財是相背的，代表沒什麼女人緣，即使流年有財氣來牽引，也是曇花一現，或斷斷續續就是沒結果。也有人問我，印是我的喜神，我樣樣得意，仍不能獲得好姻緣嗎？我想，緣就是緣，沒有緣你個人其他方面多得意，40歲還孑然一身的多的是；多少窮小子七早八早就娶妻生子！有人娶妻後生活幸福美滿，亦有人婚後後悔不已，這才是妻宮喜忌的關鍵。

補充說明，為何財運的印，比劫流年會有情緣，不是印與財相背嗎？

財運會讓你滿面春風，臉上浮現女人最喜歡的笑容，逢印流年長上會催促你：趕緊討老婆。逢比劫流年，喜歡交朋友，女

友就出現了，至於是否結婚，那又是另一種情況。

　　是否結婚和配偶宮有關，配偶宮被剋被他氣流合去不太可能結婚，只有配偶宮氣流強旺，才較有可能結成夫妻。

　　快來談女人，女人的配偶是：「剋日主的異性者」，也就是十用神裡的「正官」，象徵管我者為夫。像日主為陽甲木被陰性辛金剋，辛金就是甲木的「正官」也就是「丈夫」；日主為陰性，乙木被陽性庚金剋，庚金就是乙木的「丈夫」。如果陰陽同性，就是「偏官」，有情人的味道，記得偏官是單向性，這情人屬強制性喔！女人逢偏官運或流年，會遇上單戀又想擁有妳的男人，很是麻煩喔，如果提早知道，應小心避開。

　　男人的老婆是用「抓」來的，女人的丈夫是因自己被「制服」，好有意思。現在的女人都很能幹獨立，想像自己是被征服者一定很不服氣，事實如此，當男人「抓」（追）女人時，女人剛開始防衛心很重，慢慢的戒心消除，心就給了他，稱征服會太難聽嗎？被征服受疼愛是一件很享受的事，不是嗎？

　　女性的配偶宮坐正官，丈夫屬規規矩矩做事的大男人型，凡事妳都願意聽他的，夫妻關係和諧。配偶宮坐偏官的，老公屬於外向做事強悍型，因為強悍你們之間常有嫌隙，不妙的還會受氣，可是這類男人花招較多，對妳好的時候真是殷勤得不

得了！

如果女性的配偶宮坐的是與正官相反的「傷官」、「食神」呢？前面有介紹傷官食神代表思想代表子女，所以當配偶宮是食傷時，日主會將配偶像子女一樣照顧，顧他吃顧他穿，另方面則以敏銳的思想管理丈夫，如教育子女般，這很叫丈夫受不了，常為日主的自以為是而生氣，日主則自覺嫁一個如小孩般不懂事的丈夫，這種意氣之爭常相伴隨一輩子，也常成為女子為此提出離婚，在古代稱女子夫宮坐食傷的為鐵掃帚，意指違抗家庭的女人，現在，這類有思想的女人，幾乎成為名女人，她們看淡婚姻，喜獨立自足。

又如果，男命配偶宮坐「官」呢，嘿，代表你將有個妻管嚴的老婆；女命配偶宮坐「財」呢，妳們的關係如同他是妳老婆一樣，照顧妳聽你的話，棒吧。

且舉六十甲子其中幾組干支為例，說明日主與配偶關係，全盤的解說則另有專文介紹。

甲子─甲木坐子水，水生木，甲木一生享用。甲木好學重學識卻小氣多疑。配偶善家務真情奉獻。

戊辰─戊土坐辰土，干支都是土，戊土力量大，身強體壯，敦厚好交友，有財。配偶如友能蓄財。

庚午—庚金坐午火，金怕火，庚金如坐針氈，心善性急，急功近
　　　利，還算好學。配偶有威嚴性急。

癸酉—癸水坐酉金，酉屬西方水鄉，癸水體力佳，好學，孝順，
　　　就是小氣多疑心。配偶能幹多勞。

丁丑—丁火坐在丑土上，丁火雖懦弱毅力不減，勤勞謹慎守財，
　　　講情意。配偶安靜多藝。

壬午—壬水坐午火之上，地支火使壬水熱滾滾，壬水聰明熱情
　　　有幹勁。配偶性急達觀有幹勁。

甲午—甲木坐午火之上，甲木膽量氣勢皆旺，行事執行力強。
　　　配偶性急多勞，願相隨。

壬子—壬水坐子水，干支同氣，壬水豪邁好言，人緣佳多智。配
　　　偶內向溫穩稍嘮叨。

辛亥—辛金坐亥水，辛金聰明詰慧行事溫穩儒雅，帥哥美女
　　　型，愛面子。配偶大方多智喜相隨。

丙申—丙火坐申金之上，丙火做事謹慎，善理財。配偶格局比
　　　丙火大，能幹，胸懷寬潤，體貼識大體。

無論談情說愛，無論結婚生子，從認識開始就是一場無止盡的
戰爭，如何應付全靠雙方的智慧，命理上是會有顯示，但又有
幾人能自我「逢凶化吉」。

× × × × ×

 解說命盤

出生時		出生日		出生月		出生年		
戊	土	辛	金	辛	金	丁	火	**天干**
戌	土	卯	木	亥	水	酉	金	**地支**

　　出生年、出生月、出生日、出生時,梯階式由左至右排列,什麼是階梯式?就是:出生年干支氣流流向出生月干支,出生月再流向出生日,出生日氣流流到出生時干支止。而出生月干支之氣流若要回流出生年,必須月氣流強盛超過年氣流,其他如出生時幾乎沒本事倒回到月或年上。

　　論身體也是由左至右,出生年代表左手臂左腳,出生月代表左邊腦部左胸左腹部;出生日代表右腦右胸腔右腹部,出生時就是右手右腳、腎臟等!參考下表:

時		日		月		年		
戊	右手腳	辛	肝膽	辛	心臟	丁	左手腳	**天干**
戌	腎臟	卯	腸道	亥	胃脾	酉	食道	**地支**

　　以上是我根據古書上記載加以整理抄錄出來的，是否真代表這些部位仍存疑，以八字氣流來推論疾病，我有一些「病歷」，待最後再專文來談談。

八字分四柱排列，也簡稱「四柱」。
分別為：

第一柱(年)：父母宮…………………代表自己幼少年期約
　　　　　　0-15歲(受父母管教期間)

第二柱(月)：兄弟、事業宮……………代表自己青年期約
　　　　　　15-35歲(獨立生活及就業後)

第三柱(日)：天干自己，地支配偶宮……代表自己壯年期約
　　　　　　35-50歲(中年期)

第四柱(時)：子女宮…………………代表自己老年期約
　　　　　　50歲之後

柱時		主日		柱月		柱年		
戊	子	辛	自己	辛	朋友	丁	父宮	天干
戌	女	卯	配偶	亥	手足	酉	母宮	地支

父宮：天干為父宮，父宮和自己間隔著「朋友」，這就是父子間
　　　的代溝。

母宮：在父宮底下，代表受父宮覆蓋下、在離最遠的地方，默
　　　默地照顧日主。

朋友：古人語說：出外靠朋友，此朋友包含客戶、老闆、長官之
　　　互動，生意機會也就是客戶。

手足：代表自己兄弟姊妹及知己朋友，也象徵合夥人，自己個人
　　　的事業基礎等。

自己：為主人，八字如一棟房子，出生日天干就是主人，這主人
　　　要管理其他七個人，所以主人要有智慧、更要有強壯的
　　　體格，否則就會像病塌上的國王，被架空。

配偶：是日主的重要支撐者，包括身體和思想之結合。

子女：天干代表子女對外表現，地支代表子女在家狀況體質
　　　等。

1.論父母宮

　　父母宮可以說是一組八字的總源頭（是呀，他們不生我，
哪有這八字啊？）。從一個出生兒到長大成人，最重要的就是

　　母愛和父親提供的生活費,在古書上以:父宮坐偏財,母宮坐正印。為最佳,理由是偏財是我所剋者,代表父親財務狀況好可供應我生活讀書等,而母宮有印,母親真情照顧日主,日主好好成長。

　　我以前也是用這方法去論命,後來印證「錯誤百出」,像下例,就是父宮坐偏財母宮坐偏印的標準格式,然而由於日主辛金身弱,無從取財,父宮的財他根本享用不到,反而親眼看到父親為清寒的家境勞累。這母宮的丑印就來得真好,任上面甲木欺侮,又吸收子水寒氣,無怨無悔的好媽媽。所以,古書固然值得借鏡,身為科學時代人物要勇於突破框框,就事論事,不可和稀泥。

出生時		出生日		出生月		出生年		
偏官		主		正財		偏財		
丁	火	辛	金	甲	木	乙	木	天干
巳	火	卯	木	子	水	丑	土	地支
正官		偏財		食神		偏印		

2.論兄弟事業宮

　　出生月的看法，必須干支一起看。這長兄宮（事業客戶或老闆長官）最好是「喜神」，像上表中出生月是甲木偏財，放眼全局財有夠多，所以這甲木的正財不足為「喜」，全局木旺得金來驅趕木氣最好，何況本命盤中除了自己辛金外沒看到別的金氣，因此當庚金來臨時，會加強金氣流，另方面也會推擠出生月的甲木，結果造成：辛金原本一個人做一件艱巨工作做都做不動，由於做不動錢也拿不到，現在有庚金朋友來分擔，減輕辛金主人壓力也帶來收益。值得注意甲木坐子水，甲木很神勇的，雖被推擠，不會散太開，根部仍聯繫著。所以這兩個高掛的正偏財都不是辛金的錢財，而是代表勞碌的工作。

　　看出生月時也要注意年氣流，這甲木右邊是乙木，兩氣合一，乙木是靠甲木，甲木就更強勢，而且，庚金來了又有可能被乙木（庚金之妻）吸引去，不剋甲木了！五行最難就在氣流合化部份。看地支子水和年支丑土相混合，濕土生金，多棒！

　　較危險的是當流年或大運走甲木氣流時，木氣太壯，主人辛金根本承受不了，將因此被木氣擠壓，即為生活錢財搞得疲於奔命。

3.論自己和配偶

　　對整組八字而言，日主自己興旺與否是最最重要的事了。日主氣流旺盛，自然不怕他氣流之沖剋，就像一個強壯的人無視小小感冒一樣，而一組日主虛弱的八字，被其他氣流重重包圍，走不出去，代表這個人常被各種壓力架著，沒有自己的世界，生活總快樂不起來！

　　什麼是日主強旺，要從最接近日主的出生月起，上表辛金旁邊是甲木，木被金剋，弱勢的辛金如何去剋強壯的甲木？因此被甲木困住，再看甲木底下的地支是支持甲木呢？還是支持日主？結果是「子水」，很明顯水支持木去了，又是對甲木有利，主人辛金又輸了！倒楣的是，自己又坐卯木。唯一慶幸是時支的巳火，巳乃金的長生之地，辛金勉強有個窩可以靠，可是到底離自己是遠了一些，而最討厭莫過於巳火上面有丁火，火剋金，辛金可以說四面楚歌，只得倚賴木氣生存，木見火興旺，辛金也跟著享福，這種情況就像別人的妻妾一樣，仰賴他人鼻息，心理總是不痛快！至於地支配偶，原本是被主人辛金剋的，就是受辛金支使的，得月柱甲子影響，反而回頭來欺侮辛金，讓辛金更累。如果是辛酉，那就不一樣，酉助辛強，甲木對辛金即

使不從，也要退讓三分。所以地支是影響日主的第一人。

4.論子女

第四柱代表自己年老期及子女成長期。

大家最想知道是：我的孩了是男是女、孝順嗎、健康嗎？上表時柱地支巳火是有點喜神，生下子女活潑有個性足以讓日主欣喜，可惜時干是丁火，這個可愛活潑的小孩外向過了頭，一天到晚給自己找碴，自己已經為生活焦頭爛額又被這小兔崽子……。也象徵辛金晚年時期，雖有依靠（巳火）卻很無奈！

至於是男是女，在古書上有很好聽的詩歌，從無子到生七八子等，這完全不適用於現代兩胎制，倒是近幾年我以八字中，時柱干支氣流與日主間互動關係，有所發現，試了幾回相當有成就感，等我多試幾十個命盤無誤後，再公佈方法與大家共享。

這八個字原則上是互通氣息，仍以由年梯階式流向時屬正確。

整個陰陽五行全貌以及個人命盤大運的產生等等，到此要告一段落，下章節將展開命運之旅，繼續給我加油捧場啊！

× × × × ×

十　命運之旅

　　命運之旅，分「論命與運」和「實例分析」，前者的命盤是為配合文字講解，我取自手邊諸多命盤中適用的，後者則以在本網站朋友的命盤作實例探討，一面讓其本人有機會深入自己命理世界，另則，如果我推論錯了，當事人可以提出來討論，使預測更接近事實。

　　有些經驗要在此談談。

　　「命理」是一種探討推論的工作，每個推論點都要有基礎點，完全要以本命氣流和外來氣流的互動做基礎，再以自己對五行氣流的認識，做出正反兩面判斷，最後才作出結論。

　　何謂正反兩面判斷？譬如這命盤的主人身弱需要印呀比肩的來相扶助，當用在判斷體能方面，身體變好了是一定的，在求學上和求財上就大有差別，逢印適合求知求學，不適合求財，當比肩劫財出現時，就不利求知求學只利於交友生財。也就是說在理論上印對日主是喜神，在現實生活則需考量日主目前身分所需為何。

　　早期我曾預告一位剛被倒貨上百萬（那時很多錢呢）朋

友：明年春天起喜神來臨將有大發展。談這話時大家正興高彩烈喝某廠商雞尾酒，有點說來安慰他和娛樂大家的味道，他很當真，因為我向來很少主動開口談這種事。次年他被股東推派出國發展業務，原以為就是我說的「喜神從天降」，結果是，被當地人整的苦不堪言，出貨亂七八糟；不但原先的債務依舊，老婆又臥病在床託付娘家照顧，每次回來聚會時一臉苦相，老問我為何會這樣？我也只能苦笑以對，總不能告訴他：你快解脫了。

當年流年是壬申，40歲，他的八字是壬辰，己酉，庚午，丙子，大運起7歲為：庚戌，辛亥，壬子，癸丑（37-47），甲寅，乙卯。在年底子月時，流年申和命盤中年辰月子構成申子辰「水局」，重沖配偶宮午火，可見老婆病重幾乎沒氣息。次年為酉，夏天未月末，其妻病逝。

他痛苦難當，去上香時我私下告訴他：10月下半月起，就是你的天下了。他投以驚訝的眼神，我肯定的點點頭。果不其然，沒有包袱之後，他在印尼把事業搞成功了，在戌年初回來，清掉部份債務，夏天娶了個印尼華僑老婆自己也成為華僑，爾後在甲寅和乙卯運都將積財成富人。仔細推敲他的命盤，無論壬辰己酉丙火等對日主都好，就只壞在那個子字，當癸丑大運丑土

合住子水起，這子水就不再成壞人反成為生金的濕土。至於另一個在菲律賓發跡，最後被人燒死的某玩具業老闆（上電視頭條新聞），我們都是同業，出國前我就警告他：小人勿近。

　　他的八字財氣充斥，行偏官大運。出去那年是正官流年，接著次年是偏官流年，顯示以財養官，沒養到正官卻養肥了代表小人武官的偏官，禍端就來了！

　　有時我們在判斷是好是壞時，總覺什麼地方不對勁，有著顧此失彼的感覺，對！就是那股感覺讓事情變化有著雙向發展。因此我常說「算命」不要鐵口直斷，留得三分空間給當事人自己去臨場適應，事到臨頭自然會有更明確的顯現，他若有智慧，聽進我們給的警告，自己自然會小心，何況，我們都是學習者，總有判斷錯誤的時候，所以在此要求，所有與學者要很有耐心去推論每一個命盤，沒把握時，最好要求多給一些時間思考。

　　試想，人家一輩子幾十年的人生起伏，讓你兩三天內搞定，不簡單了！我是說兩三天喔，不是二三十分鐘就斷別人的來來去去，我們要有悲天憫人及像心理醫生的道德感喔，是哦！別忘了，這很重要的。

1.論命與運

　　總算來到正式推算八字和大運的部份，由於紙上談兵常會有理說不清，又，八字論命所牽扯的層面實在太廣，往往加入一個字，就全盤皆非，須仔細觀察提出解說，因此會有進展到某段落時，又另舉例加強說明，力求理念清楚！也因此本章節可能很長喔，我會逐部份貼出。有人趕時間嗎？沒有的話，我們這就帶著帳棚飲水，用騎驢找馬方式慢慢過去啦！

＜命盤＞46-11-15-戌（男）

出生時		出生日		出生月		出生年		
戊	土	辛	金	辛	金	丁	火	天干
戌	土	卯	木	亥	水	酉	金	地支

＜第一步＞

　　根據生辰年月日細排命盤時，先不管財官印。知道日主是辛金，生於亥水月，回想辛應該出生於申酉金氣等之月份，及丑辰等濕土之月份；本造出生於亥月，亥中大部分為壬水，壬水可以沖洗辛金使之如黃金般亮麗，代表辛金思路暢通。之外亥中還有甲木和戊土，甲木正好與日支的卯木成木氣團；年支酉中辛氣從月干日干透出，這邊金水亦自一金水氣團。丁火原本剋

金，在這裡一點用處都沒有。時柱的戊戌土也都是站在辛金這頭，整體看來，日主辛金算強旺。

＜第二步＞

看日主辛底下坐什麼，是卯木，屬日主所剋。卯木緊鄰亥水，亥水又緊鄰酉金，太棒了，由年支酉金而下，金生水，水生木，木再剋住戊土，劃上休止符。很好的地支順序，代表辛金的家務事長幼有序，幾無後顧之憂。

＜第三步＞

日主身旺，地支未見沖剋，再來就是判斷其喜忌神。

八字氣流總結：這是一組看來相當健全的八字，卻有著矛盾的人生，原因是本身五行氣流分配算是相當均勻，除本身辛金外，其餘二土一水一木一火，幾乎都傷不得，增加不得。像金氣流有三個，不能再多，多了比劫過重，會亂花錢投資。管比劫的是官——丙丁火，所以天干的丁火不可再被傷害，而火也不能再大，會傷辛助戊土，土呢，更不能多，尤其命盤中亥水決不可傷，否則思想堵塞，判斷錯誤，現在只能將天干地支一個個套上來分析其各種變化，這就是我選擇這個命盤作首例的緣故，這個人是我熟識的商友，他的一生充滿變數，卻怎麼樣都打不倒。

我們還是先來看看他大運走向，大運盤如下：

53 ‖ 63	43 ‖ 53	33 ‖ 43	23 ‖ 33	13 ‖ 23	3 ‖ 13	歲數
乙巳	丙午	丁未	戊申	己酉	庚戌	干支

大運先西後南。西方屬金將使日主金氣更旺，內外朋友一籮筐。後運南方火運，減少金的盛氣，朋友少了，權貴卻增加了，兩種意境從外表看都一樣風光，人生晃盪只有當事人自知。

記得：大運只是一種牽引力，它不會直接與八字沖剋結合，它是八字的軌道，和流年月日等氣團不發生互動。譬如庚戌大運，一看就知道庚和戌都對日主不好，尤其戌土很明顯剋著亥水，其實不然，從他出生流年數起，3—13歲間流年地支前段在北方水，表示當庚戌大運時，日主在這十年間，對外的活動與同氣流的金往來密切外，由於流年水氣的流通金氣，日主朋友一大票，卻聰明活潑，生活愉快，戌土反而象徵長輩呵護得當。而當流年進入東方木氣流後，木（財）引走水氣（思想），日主整天想著如何與朋友去花錢玩樂，這時的戌土長輩扮演寵愛角色——給錢者。

也因此，底下所要討論的日主與十干十二地支的互動，就

非常重要，真正的輸贏就在這裡，不管行官運，財運，印運，只要流年月對日主好，自然進財升遷高中皆順利，就算大運牽引的方向不利於日主，好的流年氣流，一樣帶給日主好結局。同樣的，不好的流年，即時你有好運在牽引，也是平平無作為。

要注意的是，所以天干地支分開來談，是因為流年月的氣流是，一從上，一由下，可結合就結合，不能結合的，呈現分開狀況，不能因「甲子年」甲木坐子水，甲木是濕木來看，其實甲子年的甲木月氣流在10月的甲戌，屬燥木哩！當你的八字喜歡木火的，彷彿喜從天降，但接著的子水年月氣流，很可能叫你空歡喜一場！

＜第四步＞

任何八字以外的干支接近八字時，都會優先找與他關係最密切的氣流結合，或是相剋的氣流打架，如果有配偶級人物出現，如甲見己，己見甲，乙見庚，庚見乙，丙見辛，辛見丙，丁壬互見，戊癸互見等，只要環境催情素夠，甲己就會相合化土，那時不管是八字中的甲辰或外來的己丑，甲被視為戊土，己仍是己土；即時是日主的丙辰見外來的辛亥，丙火自願化成壬水，辛金化成癸水。合化之後，陽干仍是陽氣，不是甲己合化甲木就變己土了，甲木化為戊土。

2. 命盤加上十用神的變化

現在先將命盤加上十用神，然後再將各天干和地支一個個套上去，看看對整體起什麼變化。

出生時		出生日		出生月		出生年		
正印		主		比肩		偏官		
戊	土	辛	金	辛	金	丁	火	天干
戊	土	卯	木	亥	水	酉	金	地支
正印		偏財		傷官		比肩		

逢甲乙木：

甲乙木是日主辛金的「財」。看八字中可有財字，喔，有配偶宮的卯木偏財，既然地支有財，現在逢天干財氣出現，正可將地支的財氣引出，干支相繫，才不會像半空中風箏，氣流散了就飄走了，財根要留在地支。有些人地支無財氣，即使身旺可受財，當財年來時，舒舒服服麥克麥克一陣後，比劫一來又是口袋空空。前面已分析過，本造日主屬身旺，可以受財，代表日主可好好享受一番了，又有賢妻（卯木）蓄財，好極了。

這裡還要再談談，有關流年流月的氣流強弱：通常甲流年

的天干，木氣集中在甲戌月，乙年則集中在乙酉月。所以整個流年得關鍵，就在甲年的「甲戌」月和乙年的「乙酉」月上，這兩月的木氣流，由年加月有一般的兩倍強，影響力很大。這時還要分析這甲或乙，是濕木還是旱木，甲戌就是甲木坐在戌土上，當然是旱木，用來生火；乙酉是濕木，可以剋土。

己土年也有甲戌月，該流年重心在己土，其甲戌月的甲木，只是一般能量的燥木而已。又像甲子月，分別在戊癸流年裡，戊年的重心在戊土，其甲子月的甲木也只是一般濕木，但癸水年的甲子月就不一樣，癸水氣流由庚月起到戊月止，甲乙木都在癸水氣流內，所以甲乙木都是很濕的濕木，不能生火，只能疏土導水。

依本例，日主辛金兩個結伴，又有戊戌當靠山，閒著沒事就是等著那好欺侮的木氣來讓他們剋；活的木有根不容易動它，旱木就好砍伐了，所以當甲年甲戌月的旱木氣流過來時，兩辛金將它抓住，並傳送到地支卯木那兒，代表甲（財）進帳了！若是只有日主一個辛金，恐怕就沒那麼大力氣，去抓住這麼大尾的木氣流，只能抓著尾巴被它甩來甩去，最後還被摔倒在地，表示日主花十分力，卻只得到三分利益，這就是受財與不受財之分。

　　由於本例的年干有個丁火，當燥木氣流來時，這丁火也會受到影響轉旺些，丁火旺自然就會去傷月辛，就是說當朋友一面和你合力賺錢時，另一個武官（在父宮必是那威嚴的老爸），不斷在旁邊阻止另一個你（月辛）亂花錢，進帳和不準花錢控制下，果然有錢了！

　　再談甲子月的甲木，是濕濕的沒有根的活木，本命盤逢之，首先地支子水必與命盤亥水串連，使得命盤水氣澎湃，水是辛金的思想口舌，即當辛金要謀取這些錢財和朋友交際應酬絞盡腦汁，又要忍受家庭事務的風風雨雨，一點都不暢快。濕木不生火，丁火死在那兒，乾瞪眼看著你自顧自地亂花錢。這就是癸年的甲子乙亥月的無奈。

　　我常在命盤上說明，喜在甲乙丙丁巳午寅卯，忌在庚辛壬癸亥子申酉等，就是讓日主自己去搭配，像甲子，甲是好，子是不好，代表表面工作順利，私下則霉事一票，綜合起來就是甘苦皆有。

逢丙丁火：

　　丙年的丙火氣流，集中在丙申月；丁火年集中在丁未月，影響所及可參考甲乙木。這段要特別來談談五行相結合，怎樣情

況才能合，何種狀況下不能合？五行氣流的互動，就是這部份最難以分辨，我也曾被搞得頭昏腦脹，把它事物化後就容易多了。

　　就舉本例逢丙火來說：在五行互動裡，丙火是辛金的丈夫，也就是說丙男人與辛女人相見，就會一見鍾情談起戀愛來。是否會心甘情願結婚化成比翼鳥（水）？命盤中有辛卯和辛亥兩組，你說丙火會和哪一組一見鍾情呢？從丙辛合化水來看，當然是辛亥這一組，如果丙火這邊是丙子，那就丙子與辛亥合化，丙子變成壬子，辛亥變成癸亥。如果丙火這邊是丙申，就化成壬申。是丙寅呢？寅是火土長生之地，不會支持丙火變身，所以當丙寅見辛亥時，丙火仍就是丙火，辛金因地支亥水和寅木并為木氣流，無所依靠，成為丙火的俘虜（辛為丙火正財，正財本有妻子的意義，在此則純為財務）。這是較難識別部份，又如丙辰見辛亥，丙和辛都化水，因為辰較接近水庫型態。至於丙午見辛亥或是辛巳見丙子，丙辛都不化，只要有一方不化，兩者都維持丙是丙，辛是辛。

　　再說，流年若為丙子年，並不代表這一年丙火變壬水了，這要看流月，丙年的流月在丙申（國曆八月），這丙申可非一般丙申，丙火旺盛得很，不可見八字中與辛亥而化成壬水，但是一

般分丙年的丙申月就可以，也就是說合化除其本身地支支持與否外，是否等量也要注意。合化的情況通常發生在八字本身較多，因此逢流年大運時，不必去考量其是否合化。

本命盤較特殊，因有兩個辛金爭著和丙火相好，當丙年丙申月時，部份丙火的確和辛亥合化，部份則剋住日主辛金，也就是說，丙火原本是日主辛金的「正官」，代表辛的工作責任加大，在生活上象徵辛人陞高官負更大責任，就因旁邊的辛亥搶走部份丙火化成水，水是日主的「傷官」代表自由思想，致使日主所得到的官位只有應得的一半。這樣好嗎，對日主來說它自覺很好，有陞就好，何必負那麼重責任！外人看來則很奇怪：明明該陞經理，怎麼只……？

丁火就不一樣，一見辛金就是剋住（綁住）他，給他壓力給他煩惱。

以本例，逢丁火年，命盤中的丁火旺盛起來，首先對月辛下手，使日主失去朋友、客戶、育樂等，壞的方面是，日主不快樂了，好的方面是，他沒有朋友牽掛，用功了，努力存錢了等等。

另有一個我剛收集到命盤是：

時	日	月	年
甲	庚	乙	癸

| 申 | 申 | 丑 | 亥 |

這裡的乙丑一定和庚申合，而且化成辛丑，所以這組八字要以

時	日	月	年
甲	庚	辛	癸
申	申	丑	亥

　　辛金來看，全局頓變成四金、一土、二水、一木，金氣旺極了！本來某種氣流過旺，得以洩氣的方式來調整其旺度，金的話就是用水，本造則不行用水，因為他只有一個丑土，丑土固然生金使金更旺，但丑土到底是代表金的成長能源，不能去之，用水會糊爛了丑土，只能用火攻，一方鍛金，一方強化土氣。

　　然而他的初運8—18為甲子，大運軌道內充滿天干木氣地支子水，因此8歲前行的乙丑運，讓日主朋友多，父母細心照顧下，非常快樂幸福。8歲行甲子運後，月柱又恢復乙木，木氣也一下子變旺，木是庚金的財物，日主從原來的聰明伶俐聽話，轉變成好玩（甲乙木關係），鬼頭鬼腦（子水加本命亥水，丑申中壬癸水）。

　　後面的18—28癸亥和28—38壬戌運，月支仍維持乙丑，到38—48辛酉及48—58庚申運，月柱就又變成辛丑。

逢庚辛金：

本造八字天干有一土雙金，再加一金，金氣過旺，庚是辛的劫財，形成一份工作原本二人作，相輔相成，多了一個人，就變成「三個和尚沒水喝」現象，反正有他們作，我逍遙去了！庚金一出現，代表愛花錢愛與友享樂。

記得，錢財一定是被花掉，不是自己就是別人，誰花去了錢？看比肩劫財在哪就是他！在流年流月，就是外來朋友，像本造在母宮有比肩，代表日主會常給母親錢財，由於母宮離自己最遠，即時分財也是少數，這母宮得到錢之後又傳給月支，月支又給日支，所以這些錢就算到母親口袋，最終獲利者還是配偶呢。最要不得的花錢都來自外面，所以流年月逢庚辛時就要小心了！

逢辛金的話，八字中已有兩個辛金，再加一個，這叫結黨營私，那個黨存在於心中，老想著給自己買這買那，喜歡花錢在自己身上以滿足自己的空虛，包括賭博等。

逢壬癸水：

時　日　月　年

戊 辛 辛 丁

土 金 金 火

戌 卯 亥 酉

土 木 水 金

　　壬水一來，命盤中的兩辛，爭著生壬水去傷害丁火，丁火身弱猶如死去，也就是說，丁火消失去了，如果幼年逢壬水運，有可能父親暫時不在身邊，要搭配流年看。當然也不能忘了時干的戊土有擋水效果，通常時干會出面，都是日主面臨直接互動時，像：只來一個壬水，會先和丁火糾纏，丁火是管辛金的，使日主思想靈活應用不受拘束，若再來一個壬水？那就非善類，此時戊土才會發揮功能去抵擋。

　　逢癸水則不太一樣，癸水屬陰，對一樣屬陰的丁火採直接攻擊，逢癸，丁火被推擠開去，以前述父親一例則不只父親少在身邊，也許離開人世間，這種事不可鐵口直言，應向當事人求證。

　　另有一種情況，當事人若已40歲以上，重心來到日柱和時柱，則要考慮：當癸水來時，被戊土合去了，代表當日主有出意見時，那個頑固的孩子立即反駁，為何是反駁？因為戊癸合而化火，火來剋日主金。孩子的反駁是好還是壞呢？又是一關鍵

問題，命盤中已有一個丁火，再來個丙火，日主恐怕會吃不消，這可以判斷為：不太好；還不到很不好階段。

如果是癸亥，命盤中丁火準死無疑，月干辛金沒牽制，和日主結合成一氣。回歸生活面就是，日主的朋友客戶，不但下定單還合夥。但癸水至陰，也使辛金失去火的動力，做事有點懶散。

從這一連串的分析，大致規劃出由最好到最壞的應該是癸，壬，己，戊，乙，甲，庚，辛，丙，丁。但也不能這樣就斷定其一定好或一定壞，天干所代表的是對外事務，最重的動力應該是地支，代表你個人快不快樂，家庭幸福與否等等。所以，後面的地支分析更為重要。*（改見p.78）

逢亥子水：

時 日 月 年

戊 辛 辛 丁

戌 卯 亥 酉

須先看清楚命盤上，四個地支互動的關係。

酉金生亥水，亥水與卯木合成木局。

卯戌合化火。

關鍵在卯木是合木局，還是合化火？地支的合化不如天干的難以分辨，像本例的亥和卯，就是水木一家親，合不合不重要，卯和戌會合，是因為卯中甲乙木和戌中丙火戊土等，火土一家親，可以視同日和時柱木火氣較旺。由於亥水的牽制，卯是不能全心全意合過去。

這組八字的地支很順，所以任何來破壞順勢的都不好。逢亥水，加強本命亥水強旺，卯就更濕更不可能和戌合，戌中丙火也受威脅，地支火弱了，水是日主的思想，思想氾濫代表我行我素，不聽規勸，孩童期代表鬼頭鬼腦不認真行事，青年期代表騷包愛作怪，中年期則為喜歡自己當老闆，不想受約束，老年期則要留意嘮叨不合群，口舌爭論等。

逢子水又比亥水要冷些，地支酉亥和子等幾乎形成水局，嚴重傷到火苗（戌中丙火），八字變得水氾濫，代表作事不果斷拖泥帶水，動力不足懶兮兮，只想不做等等。

逢丑土辰土：

地支中有四庫，丑土為金庫，辰土為水庫，未土為木庫，戌土為火庫。丑土既是金庫，有助酉金力量，金又生水，水又生木，地支更暢順，可見對日主是有益。丑中有己土，帶給辛金智

慧，有癸水，加強亥水力量，有辛金又是金庫，給日主帶來親情快樂。好的就是這樣，萬一丑土對日主不好，那就反向：給日主增加壓力，又奪去動力，就好像丟一部沒汽油的車給他，叫他開去做事一樣，無力感頹廢又無奈！

　　辰中有乙木有戊土有癸水，又是木庫，原則上辰並未對四地支造成沖剋，和丑土一樣只是加減日主生活中某些事務，讓你來動動腦吧！

逢寅卯木：

　　很明顯就是使地支卯木旺盛，亥卯寅就是木局，木是辛的財，配偶宮財氣強旺，代表娶妻又生財，當然必須日主是身旺，才能生財，否則就是為娶這個老婆勞心勞力，有苦難言。寅木可使戊化火，譬如寅年的午月，戊土就變成火紅石塊，對本照辛金而言，恍如右邊屁股著火一樣，被那孩子整得暴跳起來。如果火對日主好，就是那孩子給日主帶來無上榮耀，日主喜雀不已！

逢巳午火：

　　前面論天干時，已經知道火對日主不太友善，因此這巳午

火地支要特別注意。首先巳火，第一影響是和酉合金局，第二是亥水主動去沖巳火。亥水的牽制巳火不敢接近酉金，在巳和亥是怎麼相沖？亥中有壬水，有甲木，有戊土，巳中有丙火，辛金，戊土。兩兵交接壬剋丙，戊回剋壬；甲剋戊，辛回剋甲。造成壬，丙，甲，辛，戊等大打群架，這叫「沖」。結果是：水火俱消失，剩下巳中戊土。

　　如子午沖，就是子水中壬癸水和午火中丙丁火相剋，又回剋等，使水火俱消失，只剩午中己土。

寅申沖：寅中甲丙戊和申中庚壬戊互剋，庚剋甲，甲剋戊，戊剋壬，壬回剋丙，最後剩下申中戊土。

卯酉沖：卯是純木（只甲乙木），酉是純金（辛金庚金），兩者一沖，什麼都沒了。

至於丑未土相沖，丑中己癸辛和未中己丁乙互剋，只剩己土。

＊

　　辰戌相沖，辰中癸乙戊與戌中丙辛戊，也是一樣只剩戊土。

　　對本照而言，逢巳火，亥水必去迎戰，此時亥水這位置只剩戊土，對八字來說水氣頓失，日主辛金沒水，一個腦袋熱烘烘，決定起事情相當情緒化，錯誤的判斷屢出現。

　　午火和巳火雖同是火，仍有些不同，至少午火不會與亥水打架，午火的目標在酉金，午火剋酉金，午中丁丙己和酉中辛庚相會，丙剋庚丁剋辛，沒有回剋，就像兩個壯漢趕走兩個弱者一樣，弱者走開，壯漢等人佔據位子。現在有亥水護酉，午火不敢逼近，去和卯戌合成火局，雖沒寅午戌火力那麼強大，七八成總有，辛金日時支成火局，代表配偶與子女聯合起來，從背後火攻辛金，給辛金壓力，什麼壓力呢？就要看配合的天干是什麼，是丙午，那就工作壓力使日主日夜勞苦，日主的配偶子女也一樣和日主吵鬧不休，如果是壬午，壬水是日主辛金的思想，代表日主動腦筋應付吵鬧不休的配偶和子女。

　　前面有提到「四罡」寅申巳亥是五行氣流四個長生之地，這四個都是陽支，代表好的有朝氣、生生不息。而子午卯酉四個地支是五行氣流「四敗」之地，這四個地支全是陰性。為什麼這樣四敗？

　　因為火氣流走到「子」形同死亡；水氣流走到「午」形同死亡；金氣流走到「卯」形同死亡；木氣流走到「酉」形同死亡。所以這四地支成為「四敗」之地，象徵墮落淫蕩失敗，其實四罡沒那麼好，四敗也沒那麼敗，只要八字欠缺的，是八字喜神的才是真正好。

　　也許你會發現四罡中的寅申沖，巳亥也相沖；四敗中子午沖，卯酉也沖。所以八字地支即使寅巳申亥都有，如果四罡排列順序不好，生活一樣亂糟糟。例如由年排列為申年寅月巳日亥時，年月申寅沖，日時巳亥沖，四個長生沖在一起，好像家裡擺了四尊大佛，一對對的相互指責，這廟再大，諸神惡臉相向，哪來香客信徒？代表四罡的主人，本領雖大，家中父母兄弟，妻子子女吵成一堆！

　　子午卯酉雖四敗，排列得當，一樣成就驚人，像酉→子→卯→午，從酉金生子水，再生卯木、再生午火，多好的地支！當然也有不一樣，否則長生是幹什麼。按酉子卯午排列，如果日主是乙木那就很好，出生子月，得水滋養，年支酉金代表母親管教嚴，日支卯木，配偶如手足相互照應，時支午火，孩子活潑好動，唯一的缺點就是四柱全陰，男人命格得之，失去雄風，女命得之，虛偽之人。在社會上地位最大也只是副座或幕僚，正位難取。

逢未戌：

　時　日　月　年
　戊　辛　辛　丁

戌 卯 亥 酉

逢未時，第一個直覺就是「亥卯未」成木局，好了又是另一局面。注意組合的成員在哪裡，亥（思想）屬事業朋友兄弟，卯（財）是配偶，未（印）是外來，這集合自己思想，配偶錢財，外來一個計劃案，組合成一個「木局」也就是日主的「財團」。代表逢未運或流年，會有這樣的組合事業來。

逢戌，戌土的第一個動作就是與卯合，將亥水堵死，意思是，一個頑固的企劃案（戌土）直接和配偶達成合作關係（與卯合），不管日主意見（亥水）如何，死硬的作下去（本命已有戌戌兩個硬土，在加這外來戌土，三個形成強硬派）。最後結果當然是失敗，因以本照而言燥土對日主不利。即使來的是壬戌，壬水對日主是好的，也就是說有讓日主說話空間，到底戌土太強旺，日主還是不敵！

逢申酉：

前面有分析，本照辛金還算不弱，現在再逢申酉金是好是壞呢？仍先看有無沖剋結合。逢申，申與卯有合之意，有個戌在，申本來也可與戌合金局，也因有個卯在，只好退而求其次，去和酉金結黨，強金生亥水，水生木，木剋土，這時卯不會和戌

再眉來眼去，她完全在水這一方，注意，戌沒卯合，又被卯剋，戌中戊土丙火被遙遠的亥水稍稍沖到，也就是說，地支的火勢削減了，對日主辛金而言，底下火力降低，金水氣加重，就是不但沒人管，昔日躲躲閃閃的酒肉朋友陸續來往，日主可逍遙。代表配偶不反對下（申未傷卯），交起一堆朋友吃喝玩樂，一起共享。

逢酉就有差別，因為酉一出現不是去和酉合，而是直接攻擊卯木，就算卯旁邊有亥水屑酉金之氣，仍攻擊酉，當然威力稍減。代表配偶（卯財）受外來事件生病或出走（卯被酉趕走，酉佔其位），讓辛金得以朋友滿室，大花錢財。卯為日主之財，財被酉剋去，相等於被朋友佔用錢財。所以逢酉有傷配偶損錢財之跡象。

命盤分析解說，也在此稍告一段落，接著將以專題方式，陸續以實際命盤解說各種命格。

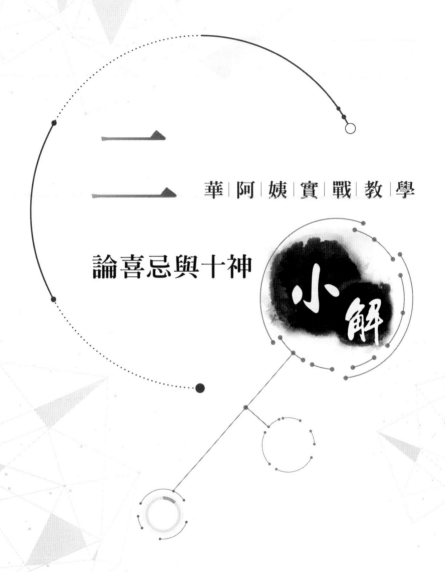

二

華|阿|姨|實|戰|教|學

論喜忌與十神　小解

× × × × ×

論喜忌

「喜忌」這議題真的很複雜，在課程中先試辦，如果效果不彰，就不再繼續，因為這需要事前準備議題，再接受提問。最怕是因藏干複雜，雖然我非常熟練，但你們是初學，大部份都認識不深……互動上我將很吃力，就姑且先試辦一次吧！

經常看我論述命理文章的人，差不知道有兩個重點：

1. 干支要分開，地支是天干的後盾，天干是單純地支的藏干，但內容卻是複雜的。

2. 喜忌也要因「事」而分開，並非說喜就都是喜，舉凡學業、事業、人際…其喜忌都不盡相同，但是，命盤裡的「喜忌」則是固定的，喜在月支就是事業宮好，忌在父母宮就是自幼就沒把根基打好。

我把議題改為「論喜忌」就是藉此讓大家明白一個原則：喜忌因事、因運等不同而一直在變化。

× × × × ×

 庚午女深度解

　　以下這位女性朋友的命盤不特殊，但暗藏「威力」。寅申亥為三個「長生」，氣勢強旺不容忽視。

例一：命盤 女，25歲，未婚。

時日月年

丁庚壬壬

亥午寅申

26己亥 36戊戌 46丁酉

我的**問題**是

1. 天干雙壬水（食神），算喜算忌？ 來到戊戌運剋壬和亥水，是喜是憂？ 要如何調適？

2. 地支寅申沖剋，一為母宮申，一為事業宮寅，會發生甚麼狀況？ 逢甚麼可以化解？

3. 午火與寅木暗合「火局」，這配偶的角色如何？

4. 子息丁亥，丁剋庚，亥剋午又是怎樣局面？

5. 壬會剋丁嗎？亥水會透出壬水嗎？

6　26—36己亥運，正值就職，從事何種行業較好？

我的解答

1. 雙壬水算好但不算喜，因有申在底下支持氣勢旺，造成日主庚金被水沖洗得很亮麗乾淨，代表日主清秀知禮數卻相當自戀，學習能力高，人緣則一般。在戊戌運時，印來剋傷，也可說是食傷帶印，學習上更強，卻因戊戌吸水，把金蒙上一層土，不再是亮麗，轉清高為汙濁，看似喜卻不喜。調適是流年加重金氣，讓這層土稀薄，所謂加重金氣就是見庚辛比劫等為佳，這期間宜多交朋友對本身有益。

2. 原本是申剋寅，但午火合寅成火局，申討不到便宜，就是母親和日主關係會因工作和配偶因素而疏遠。倒是亥可以化解這層尷尬，就是說有孩子後日主與母親就親近了。

3. 配偶似乎與日主工作上頗密切，這股氣勢讓母親卻步。而子息是亥水會控制午火，雖說午火非忌，有亥制衡一家反而和樂幸福，但戊戌運，戊土控制亥水，寅午戌強勢火局將使日主私下壓迫力強到難以接受，需大運中的金水來救濟。

4. 子息丁剋庚,代表日主對孩子得負更多責任,還好亥制衡午,至少配偶態度好多了。

5. 壬水隔庚不剋丁,亥水在子息就算有透壬,幫助也不大,究竟工作和娘家與子女間算是疏離的。

6. 己亥運為濕土,亥又與銀和木氣,這一運工作以文書編輯等最佳,己土為正印很得上司信任和賞識。

歡迎廣表看法,發表意見時不必全部都回,隨意挑其中1,2個就好。

　　以上討論這組八字純以她的命盤和大運對照。現來談談她的內心深處,古人語:知己知彼百戰百勝,我論命盤首先一定看個性深觸她的「想法」再來論「結果」。

同例:命盤女,25歲,未婚。

時日月年

丁庚壬壬

亥午寅申

26己亥　36戊戌　46丁酉

我的問題是

---

1. 日主為庚,自坐午火,心性如何?遇到好事之反應、遇到壞

事之反應？

2. 八字中除丁午為陰外都是陽，丁午可以算陽嗎？

3. 申寅沖，申中藏干庚戊壬，寅藏甲戊丙。這六個藏干，哪些衝突會造成日主的困擾？

4. 八字丁午夾殺庚金，其現象如何？

5. 己亥運，加強亥水，也降低午火更讓寅加強木氣，洩了申之威力，天干己土生庚金，這一運日主心中的規畫如何？

我的解答

1. 庚坐午火，本性性急卻又膽怯，遇到好的事一下就露出狂喜，遇到壞的事會龜縮會隱藏躲開。

2. 因為寅是火土長生之地又在月令，這丁和午威力強，已他們的位置，一是配偶一是子息，因此日主對配偶和子女總是盡心盡力去承擔。這種狀況下年支申反而是日主依靠之處，所以母親私下雖不太敢去干涉日主行為，卻是日主傾訴對象，這中間自有其矛盾點，日主得以智慧（水）來平衡。

3. 這六個藏干的交戰，有火官煞被理智水抵制，有甲木財被庚所剋，造成金錢上的不愉快，這些問題一生都存在，而大運來到，如亥水有調節之功，戊土則助火土欺金水，日主的處

境就是進退維谷老是出錯。

4. 丁火剋庚，前面有說明，這丁若在月干對庚威脅大，在子息就是多擔當孩子責任而已。

5. 這己亥運由於己土力挺庚金也有制衡壬水效果，這一運日主在心態上屬於「善求知、少傲氣」，地支的水讓火氣降低，這對正往職場前進的日主幫助很大，這一運將把一生規劃有秩序地建立起來，算是成長後之喜，這對後面的挫折將更有能力應付，不失為「美運」。

╳　╳　╳　╳　╳

 八字無官煞如何解？

很多人看命盤時大多先看「哪個多」？身旺身弱？我看命盤當然也會注意這些，但你們在意的是「身旺身弱」，我卻是放在「人性」。

人性的強與弱才是真正命運的關鍵，這「強」就是優點，「弱」就是缺點，優缺點都了然於心才能幫對方做出建議，這些建議也才能讓對方真正受惠而不是空談。

例三：命盤男 69

時 日 月 年

乙 甲 癸 丁

亥 辰 卯 亥

5壬寅，15辛丑，25庚子，35己亥，45戊戌，55丁酉，65丙申。

　　這命盤一看就知道水多木旺，也就是身旺，那他的「強」呢？強在水多好學善於文學數字，食傷弱不善理科算計。「弱」呢？注意看食傷雖在年干也是有，獨獨「缺金」，也就是沒有官煞，印多沒官煞屬於膽識大心智高，沒「官煞」管理自己，也當然不善管理別人，因此，弱點就是「自我感覺做事很小心」，做錯了也不太會檢討自己。

　　於是大運的辛丑、庚子是學業事業的高峰，己亥又恢復到自大獨裁，那戊戌呢？

　　問題：官煞在地支的丁酉和丙申好不好呢？

　　這就是要請朋友們來討論，歡迎討論！今天先不給答案，看過大家討論後，再給予正確結果。

（這是我先生命造，所以答案也必定是事實非推論）

× × × × ×

 ## 四　命盤大運精論

例四：命盤1976-12-02-亥，女。

時日月年

癸戊己丙

亥子亥辰

30 丙申，40乙未，50甲午，60癸巳，70 壬辰。

A、分析天干：

1. 「戊子」日，戊土坐冰冷子水，戊土不燥熱。

2. 年干丙火往下生己土和戊土，日主戊土不寂寞，有年干父母和手足朋友己土相陪。

3. 所以從年到日，戊土由外而看是有情有義的，屬身強者。

4. 時干癸水坐的是亥水，本身氣勢強不會和戊土合，因此癸水財是獨立卻受戊土管制，代表戊土年老會擁有財富。

B、分析地支：

1. 戊子地支子水，兩側都是亥水，年支是辰土，一子兩亥一辰

地支可以說是水庫，對日主來說水屬財也是勞力，A小姐很明顯是非常勤快的小富婆。

2. 地支若都是水，要看戊土身強到何種程度，是否能任財。以這組八字是可以的，因為兩個亥和辰都藏有戊土，就是日主不但天干有丙己助身，地支中的辰亥也都有藏干戊土助身。

3. 地支裡遺憾的是沒有火，沒火水不暖，加上子水很冷，當大運午火來，必攻之，當巳火來暖身双亥也會排斥，也就是A小姐本身屬於不主動者，當他結婚後，配偶也是頗冷感型，對外來的火（別人的建議、求知）相當排斥，這是日主的遺憾，這會將自己固定在某種模式的框框裡努力、掙扎。

4. 水多最好有木來疏通，八字看似無木，其實亥中藏干皆有甲木，辰中也少許乙木，這些木就是此八字命盤的喜神。

5. 前面有解說戊土之身強來自丙和己之相助。地支喜神為木，就是寅卯皆佳，天干就要小心，木可助丙火來生戊己，也同時會剋到戊土，這對戊土來說是好事，是一種小小剎車板，不讓火土過旺而延伸許多困擾。

6. 五行裡，這組命盤完全沒有「金」。金是戊土的「食傷」，在這科技發達時代，沒有食傷＝沒有邏輯思考能力。所以前面才會說日主會勤奮的生活在某一框框裡，一分一毫掙錢。

7. 那若遇「食傷」是好是壞呢？食傷也象徵一種「獨立自主」心態，天干遇庚辛是好，火土旺見金可以洩秀，所以對外更顯出聰明能幹。對地支就不見得好，地支食傷為申酉金，申酉金會去木氣又生水，一旦見申酉，日主會加重心裡負擔，諸事總難自我擺平。這就是論喜忌之難。

C、與大運流年、月等之互動

30丙申，40乙未，50甲午，60癸巳，70 壬辰。

1. 「30丙申」，按上面分析，丙火對戊土還算好，算是助身，只是有點太過，所以這一運裡的丙丁戊己年，喜歡朋友卻損友多於好友，對自己幫助不大。地支是酉，和配偶宮子水算是相輔相成，由於加重水氣，就算遇食傷，本身再通情理依然會被周遭事物拖著走，難以打開心解，逢流年地支寅卯辰戌疏通水氣和金氣，會好過很多。

2. 「40乙未」，乙木可以疏天干的土又能補充丙火能源，這一運對外事務積極又謹慎，好現象，此運的庚辛流年會跟乙木作對，產生諸多節外生枝加重壓力，其實這種考驗本應算好，只是大運乙木扣月干己土，事業考驗大難好好發展。未土算是日主的劫財（朋友），會減少水財的壓力，多聽聽朋友的

意見，在這一運算是較好。

3. 「50甲午」，甲木比乙木更能發揮剋戊土力道，還好月干己土可以合所以這一運戊土來的壓力屬於一種自我訓練，在團體裡可以更上一層樓卻很辛苦。尤其逢甲乙流年木氣重，處處壓力大到吃不消。流年裡的庚辛壬癸可以調解，只於地支午火必受日支子水攻擊，整整10年忽好忽壞，難謂好運，單純的命盤被攪和得頗不安寧。

4. 「60癸巳」，這一運很有意思，癸水很弱，一下就被日主吸收，水是財，得錢財的運，但戊己不弱，這錢財恐怕留不住，要看流年有沒有庚辛食傷生財。地支巳火可以暖身而且不怕子水，只是地支有雙亥水，是否得到暖身還看日主如何處理水火兩位文武大將。可以掌握住就名利雙收，不能，只能回歸自己圈圈備受煎熬，只是巳火比其他火氣溫和多了，好的機率提高很多。

5. 「70壬辰」，這算是水運，天干壬水為日主的財，地支雙亥透出壬水，財之旺讓年老的日主忙得疲憊不堪，提早做好退休準備不要淪為老管家婆。

6. 女生子息宮「財旺」，生女兒機率高。

× × × × ×

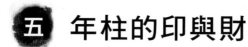 年柱的印與財

　　一般會問事的大都感情和事業，我是怎麼去判斷你交往的對象？你職業的高低？這可是天大的秘密卻也是天大的「超小事」。

　　話說無論事感情或事業，就說一生的生活「素質」，定位在哪？很簡單，就是看「年柱」，年柱就是一個人起運後到完成國中學業階段。這階段決定你課業的好壞，家庭父母的教養，這兩者就是人生的基礎點，更是未來判斷事務及執行能力的動源。

　　直接切入「命盤」。命盤年柱「天干是印」的人，愛面子對課業很在意；但也要看地支，年支是食傷，則選擇自己擅長的課業來努力，其餘的，得過且過；若是相反？天干是食傷、地支是印呢？ 那又有差別；這種人在朋友間非常愛表現，這表現得地支印的支撐，屬於班長、領導層次，每樣課業都有其出色處。

　　既然印是善書本，那干支都印不是更好？譬如戊日生丁

未？庚日生己丑，都是「正印」喔，沒錯都愛書本，卻是書呆子，前面這兩例子又告訴你，丁生戊算是書呆子中的最劣，己丑生庚卻是書呆子中的最優。原理是：戊土為躁土，有火就是由外把石頭加熱變靈活可塑而已，己土生庚金卻是在金氣外，不斷補充金的元氣使之智慧源源不斷。

　　與印相反的就是「財」，財代表活動力，好處是「勤」壞處是萬一過勤就是原地踏步。出生「財」年的人，幼年好動好玩不專心，對書本是興趣缺缺，只想跟著一堆朋友去玩。而且年柱是財的父母管教經常不當，只會說「不能出去，好好寫功課！！」然後只要你乖乖的，他們就去忙自己的事，不善引導和教導，以致錯失童年的智能開發，基礎不好，就算大運好，課業最多也是在好學校的車尾，即時家境好勉強讀到博士，也大都屬上不了大企業、做不了大事業的人，憑運氣有貴則貴，無貴則潰。

　　這就是我看盤時第一入眼的「基本觀念」，這觀念讓我判斷人的事業高低，結交的異性層次。

　　這堂課就先談這些，還有很重要的月柱再詳細分析。

× × × × ×

 時代背景造就不同喜忌說

　　本文可改變你從「古書」獲得的觀念，說開了，就是：風水輪流轉。

　　大部分命理書都來自清末民初，他們所體驗到的時代背景就是「當官」，有了官位自然就顯門楣壯家風，進而「得財」，十神裡的「官能護財」就是這樣來的。

　　到民初也是一樣，就算當個公家機構「老工友」，都有人上門來送禮拜託說項。

　　以上這些隨著時代演化，「萬般皆下品，唯有讀書高」的風氣逐漸轉向了！！

　　這年頭好學歷固然有好工作，當文膽、律師、醫師、會計師……唯有就是上頭還有一個發號施令「老闆」，真正會當大老闆的，又都必須「食傷帶印」者，世界首富比爾蓋茲等都是。

　　食傷是邏輯觀念強，記憶力特好，而且敢衝不怕死，但必須帶印，印者好學吸取知識，兩者結合自可掌控全局。所以，如果你八字屬食傷帶印就是當老闆的命，可是老闆又分窮老闆和富老闆，於是「財庫」是上述食傷+印後的第三者，有財庫才有

「官架」，才會受員工尊敬，也才能招攬賢能者，「官」像被排到最後。這麼一說，古時最被詬病的「傷官」，一輩子當不了大官的，到這時代反成了「成才成器」的先鋒；而做事一板一言調理有致的「官」，反成了「最佳幫手」，只能提公事包跟在食傷者的後面。

當然，以上說的都是關於事業的，在這時代一個人要搞好這個又要搞好那個，就是既要是食傷佼佼者，又要過有官煞格調的平靜生活，難呀！才會結婚離婚如兒戲，食傷越強離婚率越高，倒反官煞強的家庭生活平淡幸福。現代人不計一切的追求所愛，又任性的未達目的就拋棄所愛，導致精神疾病者不斷增加。

當命盤的導向是食傷生財為喜的人，一旦逢官煞，要前進或剎車？而命盤官印的人，他的志向是高創業還是否？命局比劫旺的人，甚麼事都找一堆人來「共謀」大事，成敗又是怎樣？

因此，我最怕被問及喜忌，這麼多的「場景」，這麼多的可能，怎會說一個「喜木、喜水、喜土」……就可以定奪的呢？你說是吧！

以後問我喜忌，一定要先得「命盤＋大運＋現狀」，那給的建議才會更精準貼切，然而，一次要仔細去推敲上述三種狀況，

就得多費神和時間，所以還是希望來者少問喜忌，光問事就好；問事，我眼睛一掃描，腦筋自動會去找該算計的來做組合判斷，「想的容易說的難」，正是老阿姨最行的啦！！

× × × × ×

 ## 七　日支不同影響全局

底下我還是用我的八字分析起來較充實。

1.本命日柱丙辰

時	日	月	年
己	丙	丁	己
亥	辰	丑	丑

　　丙辰之辰有木，時支的亥又是木之長生地，月干又是丁火，可說有印相生有火相助，對兩個丑土中的辛金（財）可以掌握，發財在早年，印貴在晚年。

　　本造地支稍嫌濕潤，因此不怕戌土來沖辰，辰土變躁了反顯得日主更有魄力和主見。

倒是怕未，不是丑未沖造成的家庭糾葛，而是丑未沖錢變少了。而因傷官變得更旺，造成事主個性懶散不積極，因此癸未運時，癸傷丁，過得有點寂寞且放不開。

2.假設日柱由丙辰變丙申

時　日　月　年

己　丙　丁　己

亥　申　丑　丑

丙申，也因上述的有木有火相助，日主比丙辰更有力。地支雙丑，一身標準食傷生財格，做事更努力錢財更豐厚。倒是怕戌土，戌會吸走水氣，水是丙火的官煞（丈夫），口角鬧異見難免。

逢癸未運傷丁丑，在這裡傷丁火丑位也必相沖，雖無傷錢財，但家裡的糾葛就不斷發生，癸未運的未年夫妻情感堪慮。

3.日柱由丙辰變丙子

時　日　月　年

己　丙　丁　己

亥　子　丑　丑

這裡的丙火就沒上述丙辰和丙申日柱強，因子水很寒，日主在個性有丁還算有朋友，在家就孤僻寡言，配偶宮子水對日主處處限制，夫妻間水火不容易意見相左，再逢癸未大運，傷官坐遂難持久。

這組也喜歡戊土，可以制止子水氾濫，維持較好關係。

4.日柱由丙辰變丙午

時 日 月 年

己 丙 丁 己

亥 午 丑 丑

丙午日是有名的桃花日，日主本能的旺，朋友是左右逢源，很是快樂的個性，配偶宮是比劫，原本是來得快去得也快，但子息有亥，年月也有丑洩午火，這日主算是有朋友錢財，年老家庭頗幸福型。

說說逢癸未運，雖說沖丁丑，表面朋友少錢財也較留得住，倒是地支未土跟配偶宮合化火局，與配偶私下都很會花錢，這要小心，家上丑未沖，會是四組裡最不踏實的。

至於逢戊土那就更不用說，配偶宮午火合火局，比劫食傷都旺，情感婚姻方面非常不樂觀。

× × × × ×

 八　喜忌就是好壞人

　　往往最困難的「詞彙」用普通話詮釋後就簡單多了。標題「喜忌就是好壞人」夠白話吧，問題是好壞人身邊到處都有又如何去辨識？

舉例：　42歲　男　未婚

時　日　月　年

子　日　事　父

息　主　業　母

壬　癸　甲　乙

子　巳　申　卯

33庚辰　43己卯　53戊寅

2015-2017庚辰運。

　　大運庚金生癸水，是日主好人。庚金可以剋甲卻被乙合，意思這個印想踢走甲木，卻有父宮乙木拉去合婚，庚金雖還是庚卻不踢走甲，這扮演對日主是好人的卻想破壞事業，最後因乙

木而作罷。

　　整體分析就是庚辰運裡，日主有貴人印相助力求上進，這得來的知識取代傷官甲木，讓傷官思想更有支助，事業蒸蒸日上。

　　再來43進入「己卯」。己土會阻礙癸水算壞人，但月干甲木卻把己土剋住，甲己合而不化（己坐卯，若己未就會化甲木為戊土）。壞人被甲木剋住了，但到底是官煞，依然對日主有所威脅，日柱在這一運處事會較小心，而甲申面對己卯，甲己合卯申合，雖都不化，但都成為自己人，沒敵對狀況。

　　至於來到「戊寅」，戊土一定剋住日主癸，戊寅的戊土氣勢大，甲申是抵擋不住，所以這個大壞人將讓日主承受很大壓力，記得，壓力不一定不好，升官掌權者都是壓力高的象徵，所以這戊寅運會是很忙碌的。

　　以上的分析簡單說就是好壞人要看放在甚麼地方，一個成功的人必定是黑白通吃，所以不要害怕被剋，越能承受壓力的成就必越大。

× × × × ×

九　十神小解

―――――　並例簡化十用神　―――――

正偏印……吸收知識

食　傷……付出知識

正偏財……抓住東西

正偏官……控制行動

比　劫……付出錢財

× × × × ×

十　男生官煞女人財

　　女人的官煞說是情緣來了，男人呢？也是情緣來了，會去暗戀某位女生，卻不敢去追。女生被追是理所當然，男生喜歡女生若是被官煞纏身，就只能暗戀，或是女生主動來找你。時代不一樣了，女生也可以追男生的。只是女生是善變的，必須是可以掌握住她的才會長久，所以，如果男人官煞女人是財，這情感

很快會變質，變心的是女人。

 # 時支巳火年老氣盛

我身邊有三位日主分別甲丙庚，其年支都是巳火親友，差不多可預知其年老之輝煌騰達。

分析如下：

甲女，以巳火為食傷，氣勢旺在隨夫登塔，扶搖直上。

丙男，以巳火為比劫，氣勢旺到遇水搭橋，逢山開路。

庚男，以巳火為官煞，氣勢旺於名氣遠播，財無不利。

 # 配偶宮為印是離異第二殺手

「印」為生我者，也就是教導、照顧我。因此年紀是可以大一些。他（她）會嘮叨要能忍受，他也常自以為是，這是最容易

爭執的地方。只能先忍下來，你做你的，等他來抗議再跟他理論。因此，話說配偶宮劫財的人，容易因理財理念不同而分手；是「印」的人，在這年代會分手僅次於劫財。每個人都討厭長久被支配，即使他有多麼愛你。再者，以八字論，日柱地支是印的人，本身個性也很固執，溝通固然是解決之途，但相互忍耐更重要。

× × × × ×

十三　最忌月柱剋我

「月柱」被定位為事業宮，掌20—40歲，課業末事業初期，是影響一輩子事業重要干支。這月柱若是印，就是扶持我；若是食傷，就是我要用心去照顧；若是我剋的財，就要用力抓住它，也就是要多付出勞力；若是比劫，特別有剋乎緣；最擔心就是剋我的官煞。除非本身比劫旺，尤其是年干也是比劫，有官煞可以隔開，這隔開大多是好，就是父母不會過於干涉日主。然而日柱被月干剋住是相當不利於日主的現象，日主會受限，難以放開腳步，做事都會特別小心，膽小怕惹事。所以，凡有月

干剋日主狀況的，得食傷化解是最佳，也就是自己要動腦筋去排除「怕事」的障礙。有印更好，可以洩官煞又可幫助日主。

× × × × ×

談生我的印

　　凡是「生我」的都被定位為「印」，其實真正生五行的「生母」如下：

1.「癸水」生甲、乙木。

2.「乙木」生丙、丁火。

3.「丁火」生戊、己土。

4.「己土」生庚、辛金。

5.「辛金」生壬、癸水。

　　正印最大功能就是讓身體跟著基因成長，讓腦部延伸更多智能；「偏印」的功用也不小，可以加強能量，增長吸收知識能力，兩者很難區隔，還是有不同。最簡單的說法就是，太陽出來屬偏印，太陽下山屬正印。

　　由於很難區隔，提問者最好八字都列出，說不清的請體

諒，正偏印要問事才說得清楚。

× × × × ×

圭 如何看自己八字強弱

1・八個字「一定要」分開來看。

年：父親（干）、母親（支）。

月：上司（干）、同事（支）。

日：自己（干）、配偶（支）。

時：長子（干）、次子（支）。**單一個看一整組。**

2・從自己去跟其他七個字做對比，看誰強誰弱。

3・大運的干、支和四個干、支分開對照，看誰強誰弱。

4・大運與其大運的流年對照，哪幾年強哪幾年弱。

　　假設「甲子」運從甲子年到癸酉年，強的就是甲乙丙丁年，弱的就是戊己庚辛，壬癸也是助甲。喜歡這甲木運的，在此運的甲乙丙丁和壬癸流年都好，不愛甲木運的就相反。

　　以上四樣都搞清楚，就算不會分別好或壞，至少知道強或弱，寧願強勢也不願弱勢落人後。

× × × × ×

 認識戊戌年強勢的甲乙木流月

戊戌年變化大的原因，在於它的流月「強勢的翻轉」。2—3甲寅、乙卯木月，火多的這下旺到衝破天頂，水旺的，更是食傷生財，活動力超強；本身木日的，狐群狗黨全都集中上身，不管好壞，就是熱鬧。唯，土弱的，是壓力很大，但因寅是火土長生之地，寅月敗中求勝，小心偷雞不著蝕把米，卯月就很慘，像被撕裂一樣。庚辛的逢這樣大的木氣，想去管都沒那份力氣，只能放任，站一旁當流日金氣旺時就去偷襲，讓木氣跌落，哪也僅僅幾天而已。

後面的丙辰丁流月，跟戊戌就有關了，下回再談。

× × × × ×

 戊戌年的幸運者

　　如果你是戊己日生子丑月出生屬身弱的，這一戊戌就很好，溫暖八字，朋友多了，花花錢開開心不必心疼。

　　但一開始的甲寅乙卯月還是壓力大，4月起的丙辰丁巳就非常好，既是好月，求學升職都會順。

　　若是事業宮弱，突然變強了，固然要享受榮耀，但不可大意，到底是事業宮，是看別人吃飯的，到10月後就要恢復謹慎狀態，11月的癸亥水很旺，會讓弱勢的戊己勞碌不已，所以4—9月享受中也要提防不要熱過頭。

十六　哪種人最容易離婚

　　離婚？為的是哪樁？表面看來講就是一個「財」字。男女初相識每天想的就是如何討她歡心，身邊再多的錢財都願意分享給對方。相處個一年半載，情愛變膚淺了，內心的愛惡開始有了分歧，錢財的使用就是第一個分岔點。

　　十用神裡最會計較錢財的，就是「印」多的，本身主見極深，一但對方花在她（他）不喜歡的事務上，就會口出惡言，反

目成仇，但不會想離婚。其次是「比劫」旺，當一方不分輕重愛花就花時，就會讓另一方沒安全感。

　　至於其他食傷旺，瞧不起對方的笨拙，這都算尊卑的界線而已。反而命中「財」多的，婚姻最細水長流，財多的都較勤快，喜歡碎碎唸，唸過就算了，但若對方是「食傷格」的人，就會因受不了而快刀斬亂麻，比成仇的還心狠。總而言之，食傷格的人，是離婚率上排首位；最拖拖拉拉的，倒是印格的。

配偶和子女的互動

　　日支是「配偶」與時支「子息宮」的互動，是八字命盤裡最「矛盾」的，因為僅僅差一時辰，就可能影響到一輩子，甚至僅相差幾分鐘，就被定位在下一時辰，我這「科學人」就很不願意去相信這是事實，唯，古人發現八字就是如此運作，還真找不出反駁的理論，姑且「隨波逐流」來討論！

不廢話，直接舉例：

（甲）

時 日

X 甲

戌 辰，

（乙）

時 日

X 甲

亥 辰，

　　二人的配偶宮和子息只相差一時辰，甲例的配偶和子息有如仇人（辰戌相沖）；乙例的辰亥相親相愛（辰亥氣息相同）。

　　怎辦呢？有請老師看時辰的，都在產房外，上帝呀……佛祖啊……阿拉啊；亥時亥時……亥時了，生啊，孫孫阿快出來……阿公阿嬤在等你！反觀年輕一代較「淡然處之」，該來都會來，你怎麼來，我們就順著運勢怎麼扶養。若真在亥時也會半信半疑，用同樣心態去接受。

　　這裡只談到地支，「時干」不重要嗎？天干和地支是相互依賴，當然重要。記住下面這簡單公式，可立即算出時干是甚麼。

甲、己……數字為「2」。

乙、庚……數字為「4」。

丙、辛……數字為「6」。

丁、壬……數字為「8」。

戊、癸……數字為「10」。

子數字為「1」。丑數字為「2」。寅數字為「3」。卯數字為「4」。
辰數字為「5」。巳數字為「6」。午數字為「7」。未數字為「8」。
申數字為「9」。酉數字為「10」。戌數字為「11」。亥數字為
「12」。

計算「時干」公式：「日干」數字（+）「時支」數字 =「時干」。

其總合就是10個天干，1，11，21……都是「甲」；2，12，22
……都是「乙」；3，13，23……都是「丙」。以此類推。

舉例：

（甲）

時　日

X 甲

戌 辰，

甲（2）＋ 戌（11）＝丙（13）。為「丙戌」時。

（乙）

時　日

X　甲

亥　辰，

甲（2）＋ 亥（12）＝丁（14）。　為「丁亥」時。

　　有了天干，就知道「時柱」，丙戌躁氣很重，辰土自然更受欺侮。而「丁亥」屬光鮮亮麗，讓甲辰雍容華貴，差一個時辰竟有如此大差異，於是晚年的「歲運」就更重要了，年老這部分下次再專題討論。

╳　╳　╳　╳　╳

 實例說解

　　以下將重新檢查過，仔細去討論日支（配偶）和時支（子息）的互動。

《L001》

男， 27歲，未婚

時 日 月 年

癸 甲 癸 壬

酉 午 卯 申

大運：26丙午36丁未46戊申56己酉66庚戌76辛亥86壬子

　　甲午日個性較急，幸好父母宮是壬申，父母很用心教導。但大運初運起都是木火，所以父母是極為辛苦地把日主給拉拔起來。

　　天干有雙印，用心研讀可以到博士學位，但看擋得住大運火土的阻力與否。

　　由於大運一路是火土，讓日主甲木在求學上不專心，可找喜歡的領域步步往前，希望46歲後走官煞運得以發揮；真的要加油，八字本身相當不錯，只是大運=外來玩樂的誘惑力太大。

《L002》

女，43歲，未婚

時 日 月 年

壬 癸 壬 丙

子 丑 辰 辰

30己丑40戊子50丁亥60丙戌70乙酉

　　癸丑日壬子時，八字水好旺，擅長交友，幸好大運30歲後有10年很能控制自己，40歲後又會開始入不敷出喔；朋友多氣勢強，可以當公關，但不能碰觸跟金錢有關事務。一定要計劃好理財，不然到頭來搞得入不敷出，只會讓自己外表風光，私下一屁股債。老年丙戌火土運會控制自己，這一運勢不錯的，雖歲數不小，但不應只想風光一面，要讓70歲後不錯才好。

　　目前43歲前面生活有規律，應繼續保持下去。而看運程似乎不好的即將來臨，不要野心太大，否則會虧錢，記得喔～

《L003》

女，42歲，未婚

時　日　月　年

丙　甲　己　丁

寅　戌　酉　巳

大運：39癸丑49甲寅59乙卯69丙辰79丁巳

　　出生在甲戌日，躁氣重，沒耐性，幸好是己酉月，做事頗認真，私下行事會節制其特性。甲日大都喜歡水氣，以增進本身之的氣質，無奈此八字水氣少大運的水氣也不多，生活就不免粗俗一些。

　　好的大運在39—49，這是水運，若想讓人生更上一層樓，這一運為最好。49—69劫財旺大都會創業，最後結果是損財；投資得算好自己承擔能力，不要超出，否則會損財又損友。69後則稍好，但衝剋夫宮，相處上爭端多；年老更不好，所以養老金等都要提早準備足夠，79歲後是頗為困苦。

《L004》

女，49，已婚

時　日　月　年

庚　辛　癸　己

寅　亥　酉　酉

33丁丑43戊寅53己卯63庚辰73辛巳

　　這組命盤看過多次了，每回第一句話總是：辛亥日有智慧氣勢旺盛。出生癸酉更有助聚氣於金水，整組八字都結合得很緊湊，非常好，有學識有魄力，就是《水火氣》較缺，個性上剛硬不柔和，比較傲慢。

　　來看大運，33—43水火都具備，隨著流年自有其進展，總之是好的一面。43—53戊寅算是火土旺的運，會讓日主較忙碌，更有權勢也更有擔當。接下來都屬較溫和的運，越老越好，這或許是智者當有的回報。

《L005》

男，31歲，已婚

時 日 月 年

辛 癸 壬 戊

酉 亥 戌 辰

大運：22乙丑32丙寅42丁卯52戊辰62己巳72庚午

A 癸亥生辛酉，已婚，自己組成的家庭非常和諧，有其幸福的一面。但生長家庭卻是頗糾葛壓力大，不容易相處，所以婚後應自己獨立成家，與原生家庭保持距離。

32歲後丙寅火土年，壓力大，事業雖好卻頗難應付，大運一路木火土，都有它辛苦的一面。記得趁年輕時規劃好晚年生計，62歲後都有名無實，私下生活頗為困窘，壓力甚大。

Q 有名無實是指什麼？他的身邊有妻子跟兒女，還有手足能幫助他！

A 表面上有身分和地位，私下糾纏的事務繁多。

二

茶|樓|問|事

解盤解人生

× × × × ×

 一　如何白頭偕老─ 看配偶宮解析

　　每個人都期望有浪漫的愛情，幸福的婚姻，美滿的家庭。當初情投意合讀您千遍也不厭倦的愛情，怎麼會後來兵戎相見或相見如冰呢？八字配偶宮裡看看實例的分析。

<例一>女1961

時日月年

甲乙丙辛

申未申丑

53壬寅大運

配偶1971

時日月年

己丙己辛

丑午亥亥

44甲午大運

Q 我跟我先生交往18年（沒有登記結婚），我們可以走到手
牽手，看夕陽，白頭偕老嗎？謝謝華姨。

分析：

　　妳是乙未日，配偶宮為財，對女生來說情感上較辛苦，總
是得主動些。整組八字凡辛、申都屬金，就是夫緣的意思，所以
妳本身頗有男生緣，相當忠心於感情。

　　看男友屬丙午日，配偶宮是坐比劫，他個性較急，配偶宮
比劫屬比較不專情（分心到朋友去）。但他出生亥年亥月，都是
長生之地代表他本性非常上進富同情心，這股力道遠勝於配偶
宮的午火，所以他是善良的，只是水火總是不太相容，你就不要
對他太計較。相信他那個「赤子之心」……用這4個字我自己都
想笑出來，男人就是男人，丙午就是丙午，表現出來總是口是心
非，你就開一耳閉一耳得聽且聽少點多疑心，一定可以長久走
下去，尤其這甲午大運。

＜例二＞女1977

時日月年

壬甲辛丙

戌丑辰

33歲丁酉運

配偶1978

時日月年

戊戊丁戊

午子巳午

33歲辛酉運

Q **想問夫妻相處會白頭偕老？和家運。**

分析：

　　又一個「甲戌」日生的女人，又要重覆上面的話，叮嚀你要少嘮叨少動氣。地支土旺代表財多，財不一定是錢但一定是「勞力」，用勞力就會少用「智力」，所以生活上盡量少說少做，多用腦力，更要多休息。跟前面那甲戌的一樣，子息宮是壬申，子女孝順自己年老也改變很多，越老越完美。

　　老公嘛，戊子日，表面看來一條龍，私下經常一條蟲，其實那只是因他怕你，他事業宮「丁巳」貴氣重也很拼的人，現行「辛酉」干支都是財，認真於事的好運，彼此好好加油。應該有一男一女。子息有子午沖水火不合現象，你知道了就放心中，時常提醒自己別老是小小子水要去沖三個巳午火喔，最後你還是敵不過的！！

回應：阿姨，我是18，若以老公命盤，老公是單親，和婆婆住在一起，婆媳該怎麼相處？

覆：他媽媽好似很有潔癖很愛忙來忙去，你就把自己和老公照顧好就好，她愛做什麼你少理。因為老公「辛巳」日罩得住的，你有事就跟他私下說說，但最好少說不好的，雖不是媽寶，說他媽媽壞話他也會不高興。

回應：阿姨，我懂了，謝謝阿姨！！

回應：阿姨，可再問一下，老公人緣好，外面朋友超多，會不會亂來或外遇？

覆：奇怪呢？我自己結婚40年最不擔心的就是「老公外遇」，男人會外遇一定是自己不夠女人味，以及男人太花心喜歡跟女生哈啦！所以，自己不要是「黃臉婆」，其次，他若外遇，馬上「趕出門」換家裡鑰匙，不然自己「款款好」走人，我比你們老一大輩都這種思想，你們這一代有啥好擔心！！

再覆你說：是不是燥木又走壬戌運，就意味著配偶會出問題？」不是，他的過世是他本身環境和自身基因遺傳問題，你命盤躁再逢戌土，無論跟誰都會很辛苦，但是壬戌，天干是壬水，衝到事業宮丁火，其實對你日主甲木還是不錯，走到哪都有貴人相扶。

＜例三＞1964女	配偶1967
時日月年	時日月年
庚壬甲甲	甲丙乙丁
戌辰戌辰	午戌巳未
2015戊辰	2012庚子。

Q 結婚20年了，一直吵鬧不休，想問夫妻相處之道。

分析：

　　是呀，結婚20年了吵不累？！我小嬸跟她老公是同學也是吵吵吵……快30年，我小嬸說，「我已經把他當空氣」，香香的就靠近一點，臭臭的就離遠一點，這是她的經驗也是一種「宿命論」，我都快被她感染。

　　回歸你的命盤，四柱皆陽，天干食傷地支官煞，食神是思考能力很好的官煞嘛，屬於相當自我約束的人，問題就是四柱皆陽像個大男人，忍忍忍，忍不住就痛快大罵一場！！現在走戊辰官煞運，已經是極度在容忍。提醒你的是，如果不是四柱皆陽（地支辰戌辰戌雙沖），你會跟古時女子一樣忍聲吞氣，心情不好就是嘆嘆氣該做還是做。意思就是把內心不平之氣壓下

去一些，盡量讓自己放鬆，那地支辰戌辰戌雙沖跟誰共同生活都是日夜不寧呀！

你老公丙戌日巳月生，巳火是他事業上的貴人，丙戌日脾氣暴躁沒耐性，加上他父母宮未土真是銅板沒兩個拍不響。

你多少還有小財氣，多多蓄財，他是存不住錢的人要扣緊一些。你自己天性使然有工作就把精神放事業，純家庭主婦就參加一些公益分散夫妻間注意力，大概就是這樣。

＜例四＞1979女

時日月年

乙戊乙己

卯子亥未

27戊寅 37己卯

1976男

時日月年

丙丙丙丙

申申申辰

39庚子

Q 兩人的相處模式？平時相處很容易有口角……婚姻能否持續下去？謝謝！

分析：

　　你是戊子日生性內向，目前走「戊寅」生活圈子大很多，也因此開始明白很多理念和自我的生存之道，因為你的老公是個滿……怎麼講，不小氣，但花大錢都花在自己身上，他地支都是財，做人方面是很勤勞，就是經常無厘頭的忙，也不聽勸導。你們的口角應該就是這狀況。

　　他目前走「庚子」運，勸你忍耐，因為這一運明年開始他就會收斂，地支子水就是官，會引導他少花錢，少無厘頭的忙。這運才剛開始，下一運辛丑是不錯的運。只是從流年看，2015乙未一直到2018戊戌還好不起來，2019後盡如北方水地才算是庚子運的起點。你37後走己卯，地支型成木局（官煞）很是吃苦耐勞，彼此能相扶相成等待幸福的來臨，相信是每一對夫妻的願望，祝福妳喔～～

回應： 華姨……妳說的很準！我先生完全不聽勸導，非常以自我為中心。我們之間的口角幾乎都是由此而來，常常這樣吵下來，我心裡很懷疑，我們的婚姻真的可以一直走下去嗎？

華阿姨很厲害。知道我老公脾氣很燥。

覆：走不走下去，要細心去體會，他的個性就是這樣，再好的運只會稍降低其躁氣而已，看著辦吧，不想在一起就趁早，不然這幾年木火年，你會發瘋……哈！說太重～～

＜例五＞1980女

時日月年

丁辛丁庚

酉卯亥申

33癸未 43壬午

1983男

時日月年

庚丙壬癸

子戌戌亥

26己未 36戊午

Q 請問相處方式？如何維持婚姻良好關係？哪一年會有小孩？

分析：

妳是頗會理家，雖然對外很保守卻是做事很有條理的好女人。配偶宮坐財的總是較辛苦，你智慧高應該可以應付你那比

較「躁氣」的老公。

其實他日主丙火旁有壬水官，已經盡量控制一切，可是地支兩個戌土，老讓他會衝動，但還是有亥和子水，也算是很控制自己的男人，你就得過且過，別太唸他，像他這樣有責任感男人快滅絕了！！

你這一運癸未，財較旺，會較愛操勞不是好現象，應該多用智慧少勞力。老公走己未，屬食傷，很用心去賺錢，算是運用智慧賺錢的運，下一運戊午就不太好，火土旺，會白操勞，提醒他一下，因命盤中水氣不弱，還不至於損失太大。

回應：華阿姨，我想請問一下子女宮？

覆：孩子給你壓力不小，代表你非常細心照顧他們。

回應：我配偶宮坐偏財表示什麼？他工作上容易與異性接觸，我沒安全感，該怎麼辦？因為這樣會不信任。我們兩個今年有機會有小孩嗎？

覆：（26）女生配偶宮坐「財」，除了代表本人的勤奮外，對配偶的要求和需要會比較多，跟錢財一樣守著不放。一般都是男生坐財才會疼老婆，女生坐財就會緊緊守著老公。這就是你覺得沒安全感的緣由，心理作用。

子息宮明年比較旺，今年機率較低。

＜例六＞1967男49

時日月年

癸戊戊丁

丑申申未

42癸卯，52壬寅

1969女47

時日月年

辛甲癸己

未寅酉酉

42戊寅 52己卯

Q 想問夫妻相處之道及婚姻是否會白頭偕老，謝謝您

分析：

　　你有2組「戊申」，年柱丁未算是火土，火土生戊申，土金可以說從父母起到手足朋友，甚至同事、客戶形成一條鞭，非常大器，有人情得家人朋友讚賞，就是躁了些。子息宮卻來個「癸丑」算是水土，滋潤前三柱躁氣，因此會有很貼心的子女，他們才是你的寶，有他們你的晚年過得很幸福。

　　癸卯壬寅兩個水木運都很好，缺點是寅卯和2個申有互剋

現象，剋就是考驗，在左好右好、左差右差間，做出正確的選擇才是智者的表現，所以不要退縮。這地支的摩擦，也是你和配偶間的拉鋸戰！

　　談談配偶命盤，甲寅日，膽識大敢承擔，尤其甲木旁邊就是癸，這癸水坐的是酉金，充分支援癸水再生甲木，所以說她是膽識夠、愛求知的女性，事業上相當穩固，只是酉金和夫宮的寅木，金木常摩擦，這和你命盤狀況不是挺相似嗎？夫妻共命就是這樣。她這運走戊寅，氣勢更大，尤其夫宮旺度大到可以跟2個酉相抗衡，這可不是好現象喔！那2個酉金是太太的官，她孝敬父母、對工作認真，一旦夫宮寅木過強，壓過官煞氣，她的自制力會減弱且會更霸氣。所以，你務必也要虛心相待，不要借勢擴勢，結果兩敗俱傷。

　　貴兩組命盤氣勢都很強，是很相稱的夫妻盤，要相知相惜，好好過一生是幸！！

回應：華姐，如果真的吵起來，是誰的氣勢較強呢？我和老婆的異性緣都不錯，也常為此有過爭吵，想請問我的天干有兩個戊癸合，應作何解？是其中一人會有私情嗎？謝謝華姐～

覆：你的命盤財多，異性緣很好，但可別假戲真做。老婆是甲寅日，屬朋友緣很好，但非異性緣喔！甲寅日的人一生氣起來，連

七字經都敢出口，你最好把持好別惹她。

　　兩個人的命盤如兩台車子各自有引擎，沒有甚麼戊癸合的。

＜例七＞1984女

時日月年

己乙乙癸

卯卯丑亥

24-戊辰　34-己巳

配偶　1980

時日月年

癸丙乙庚

巳午酉申

33-己丑

Q 與公婆同住，但很害怕公婆，且難以融入婆家⋯⋯為甚麼？先生很在意這點，該如何應對。

分析：

　　你是「乙卯」木日出生在癸亥水年的人，自幼就是家裡寶貝，而且非常優秀，朋友間更是人緣佳。這樣條件長大的女生，突然要融入一個幾乎全家都是勞動者的家庭（也許非常的潔

癖），樣樣都要求完美的公婆（其實他們的完美都建立在自己標準裡），你真的很難做人。就像我是隨意的人，媳婦卻是在潔癖的家中長大，我跟她的界線就是她的房間，在他們回家前用掃地機清一清，書桌、衣櫃、浴室⋯⋯等都不碰它，就算她書桌上亂七八糟也不關我的事。我的廚房家裡一切她也從不敢過問（不曾讓她煮菜，最近孫子大一些了，才讓她洗碗），當然我是婆婆。

　　建議你把心放工作上，回來吃飽飯把碗筷洗洗就去忙自己的事。你老公是丙午日又是巳火時，當真正起衝突會站在你這邊，所以你別在意他高不高興，你自己別在他耳邊說他家人如何如何就好，雖說他是火爆性子，但畢竟在那環境長大，你要懂得自保就好。

回應：感謝華阿姨，的確婆家的人都是「行動派」，凡事都是很快就完成，相較之下，媳婦就變成慢郎中。另外請教華姨，太太跟先生何時可以經濟自主？因為現在有2個小孩，經濟窘迫，現況都還是公婆掌經濟大權，相對在家中的地位就矮一截。

覆：老公這運屬食傷能生財，明年丙申、後年丁酉，都是很好的進財年，是不是要試著自己買房獨立居住，讓老公和公婆分開，這樣才不會兩頭空。

<例八>1978女

時日月年

癸戊丙戊

亥午辰午

37壬子

配偶1966

時日月年

甲甲丁丙

戌申酉午

49壬寅

Q 相處之道。感覺他不太關心我,及經常批評我做什麼都沒做好,他總覺得自己什麼都很好,自大得很,該如何是好?

分析:

　　他是「甲申」日,配偶宮是官煞,怕你怕得要命,甚麼都聽你的。你自己事務五日配偶宮坐火印,要求好又快,要溫柔些多幫他做做事,他現在走「壬寅」大運助力很大,會對你反抗。而且大運的寅和配偶宮的申是相沖,你主動沖它,吃虧的卻是你

自己！

　　而且你的八字火土旺，自視很高朋友多，這都不是共同生活該有的現象，應該改變自己，尤其在這壬子運，子水沖配偶宮對你非常不利，識時務者為豪傑，應從現在就擬個「新兩性關係」美好計畫，加油～。

回應：謝謝阿姨分析，但真的不覺得先生怕我怕得要命，平時要討論話題，總是只有他發表高見，根本我連說一句話的機會都沒有，此外，我是有點自視過高，但朋友不多呢！阿姨能多分析他的性格嗎？只覺得他很情緒化及大男人主義。能看到他是會愛老婆嗎？只覺得他愛狗多過愛我……

覆：他配偶宮和月支都是官煞，若是他家人和孩子給他壯膽，他是屬「懼內」。再說「壬寅」運對他而言是氣勢更旺，所以你感覺不到他怕你。我想誰怕誰都沒啥意義，重點是如何接受另一方的無厘頭或是太強勢。你不相信他怕你，哪天突然大吼他兩聲鄭重警告他怎樣怎樣……你看著吧，你說一他私下不敢做二。

回應：謝謝阿姨！先生現在走的運那麼強勢，其實我都儘量避開不跟他討論，反正我就是閉嘴，但有時候心裡不舒服、很委屈又說不出吧～

阿姨跟你說個例子,現我身在美國,還在等待拿綠卡,天天在家沒事做,有一天先生板著臉跟我說:「覺得悶就回去香港等啊,如果我們能懷上孩子,你也可以回去香港帶,反正我對孩子沒有興趣⋯⋯」阿姨你說吧!我們現在還為懷上寶寶努力中,但他一氣之下可以說這些不負責任的話,該怎麼辦?

覆: 你先生大運49「壬寅」,這日主甲木兩旁丙丁火,出生年丙午,火多旺。甲申屬於旱木不是濕木,尤其當木火旺時金是喜神,時支月支都是金,都是他的喜神。他現在是仗著你身分未確定很需要他,才會吃定你。俗稱「形勢比人強」,你居下方又能怎樣?!

<例九>1982女

時日月年

戊壬辛壬

申戌亥戌

31 戊申

配偶男1979

時日月年

癸乙庚己

未丑午未

28丁卯

Q 他多年前喪偶，已有一兒子，想問問相處之道，自從上年十月搬家後，溝通不良，怎樣可以讓關係回到從前？我們會有小孩嗎？怎樣做才可以白頭偕老，永久相愛？我要怎樣改善，才會有完美婚姻，關係和諧？

分析：

你日主「壬戌」，上水下土，配偶宮戌為躁土為官煞，是得夫緣的。雖個性難免有些急性，但出生在亥月，得亥水滋潤非常好，這裡有一關鍵就是你的母宮也是戌土，她會干擾你的思想和行動嗎？這2014、2015的甲午、乙未都是減弱水氣的流年，你們之間不再像朋友一樣互動，這跟流年都有關。今年你一定要好好控制自己行為，少發脾氣更要「少買東西」，你不買則矣，一出手就相當闊氣，這樣節儉的老公會心疼錢財。

而他，乙丑日的人，是個性很溫和的男人，但他子息宮的「癸未」跟配偶宮「丑土」相沖，孩子會對他爸爸很好，對你卻很抗拒，你只能一步一步來。而且今年未年你怎麼努力，都徒勞無功，對待他的孩子，要當成自己家的小朋友一樣，和他們相處要開開心心，笑一笑，現在孩子表面不接受，入秋後一定

會逐漸改變。

　　老公在丁卯運屬於好運，你別太擔心和多心，做好妻子本份和孩子交朋友，一定可以和諧的。你的子息宮很好，很有小孩的緣，不要喪氣喔！！

＜例十＞1973男43	1976女40
時日月年	時日月年
己丁戊癸	己戊庚丙
酉亥午丑	未戌子辰
35甲寅，45癸丑	33丙申， 43乙未

Q 　想問夫妻相處之道，及婚姻是否會白頭偕老，謝謝您。

分析：

　　「丁亥」日出生的男生，除了象徵自己本身很有文人氣質外，情感方面是比較「懼內」，對配偶很尊重和體貼，人各有命，這也不是壞現象。你之所以感到委屈，是因為25乙卯、35甲寅，這2運生龍活虎，再加上2014-5為木火土流年，這些都是加強你氣勢和自尊心的。然而，45癸丑、55壬子，屬陰森的水運，你的事業、人生都將陷入低潮。既然現在都知道一切都是命，

不如趁這幾年火土助身時，培養一些將來中晚年的養生（人生）之道。

　　孩子和你關係密切，可以相依為命，至於老婆，出生戊戌日的人，總是脾氣較固執，但她事業宮是庚子，頗能生財，就……你管好自己錢財，她43歲後走乙未，金錢上會受損，事業也受影響，要勸她好自為之，以守為進。她對孩子的需索無度見怪不怪。總之，能聽的聽、能看的看，其他的……姑且睜一眼閉一隻眼吧，當在不好的運時，跟誰都不好過，這時最好的就是自己老窩……安安靜靜的窩著就好。

回應：謝謝華阿姨！請問：

1. 她何時會重視我們這個家，比她娘家還多呢？

2. 她43歲金錢事業受損時，會拖累我們這個家嗎？

3. 我從現在起到老，工作事業是不是會繼續走下坡，有無機會東山再起呢？謝謝！

覆：

1. 她跟娘家走得近，你應該高興才對，她是他們家養大的，男人家要更有肚量，才會得女人尊敬，何況，丈母娘向來對女婿都很愛護的，看你如何善用而已。我大兒子都快40了，她太太跟娘家也走得很近，我都鼓勵他，當個好女婿好處多多！

2. 這就要看你如何和她溝通，提早知道一些狀況，可以提早準備，到底怎麼著手進行預防？要看你們自己，這阿姨就「無法度」了！

3. 人各有運，運又有流年牽制和互動，恕我無法回答太多未知數。

<例十一> 1982女33

時日月年

甲甲丁壬

戌寅未戌

28甲辰38癸卯

配偶1983　32

時日月年

丙己丙癸

寅巳辰亥

壬子32 辛亥42

Q 想問夫妻相處之道，及婚姻是否會白頭偕老，謝謝！

分析：

女生「甲寅」和男的「己巳」，出生日氣勢都很旺，而且甲寅女生地支財多，己巳男地支辰和癸亥也是財旺。只是女生陽氣重，做起事來好似天崩地裂，男的癸亥辰就較安靜。

總之，命都很相近，意見卻經常相左，有時就為一口氣，其實都殊途同歸，所以少意氣用事，討論事情多一些平心靜氣吧！

女生的28「甲辰」運，會很想大手筆開銷；男生在「壬子」運，是只願花勞力，花錢免談，這就是難溝通之處。

命和運經常就是這樣捉弄我們人生，明明是很相稱一對，走不同大運牽引出不同思想，多少兄弟姊妹、夫妻，甚至父母都因這樣而情仇難分。

希望大家看到這對夫妻的分析，要心有所感，對方頑固不冥，懂事的，自己務必謙讓，因為運就是這樣，命不相稱可以再去尋找來搭配，運，就是一條隧道，沒得逃！！

回應：華姨～您的意思是我們適合嗎？是要彼此多禮讓嗎？！那華姨可以問他會不會亂搞？！我對自己沒信心……

覆：我的意思就是你們要好好溝通，都是聰明人，誰沒醒醒的運？ 他真的是個很有氣魄男人，彼此要珍惜。我老公2010和2011個動2次手術（癌症），這4年我真是被他憂鬱症快嚇跑了，

但我知道他很快會調整自己，就忍阿忍～～

你要自我調適，他無厘頭時，只要不太嚴重就多讓一些，你自己氣勢強，也避免強過頭。Ok？！

 ## 夾心男兩頭甜，還是兩邊傷──
從男盤看婆媳互動

　　自古以來一山難容二虎，尤其是兩隻母老虎同在一個屋簷下。乖乖男順從了母親怨怒了老婆，疼了老婆大人傷了娘心。這是很無聊長久難解的課題，然而實際生活卻不斷上演的劇碼，兩個女人的千日戰爭，幫忙哪一邊都是錯，有男人乾脆掩耳不聽，有的放棄討好任何一方，到底男人他該怎麼辦？

　　多數的男人苦惱力撐當夾心餅乾，不斷在兩邊的溝通安撫，無奈兩邊都不滿意，他不曉得該幫誰，只能聽聽苦水，再轉抱怨給另一邊，希望兩邊都收斂。男人自己也在忍耐，不想在兩個愛人間爭吵，想保護自己的家，又想孝順老媽，難道一定要

選邊嗎？沒有人知道當一個夾心男人的苦，夾心男是兩頭甜還是傷──看華阿姨從男盤細細分析婆媳互動。

<例一>　　日　年

　　　　　　戊　丁

　　　　　　午　巳

A 母宮的巳火很強旺和妻宮午火，都是日主戊土的印，也都想擁有日主，所以日主很幸福，兩邊都接受嗎？唉! 苦啊！

<例二>　　日　年

　　　　　　辛　乙

　　　　　　巳　卯

A 妻子是智慧型能幹，母親是勞碌型能幹，各有其優點，日主有福氣。

<例三>　　日　年

　　　　　　甲　辛

　　　　　　辰　酉

A 配偶溫和，母親管得多，對母親要稍為遠離，別給她碎碎念而惹煩了配偶。

<例四>　日　年

　　　　己　甲

　　　　酉　子

A 母宮子水旁有亥水，配偶又是金，金生水，將是一家和樂

<例五>　日　年

　　　　辛　辛

　　　　卯　亥

A 母宮亥水，屬食傷，很能幹，對日主疼愛有加。配偶卯木屬財，很乖巧、認真，是好組合。

<例六>　日　月　年

　　　　癸　辛　乙

　　　　丑　巳　丑

A 母宮配偶宮都是丑土，是日主的七煞，都很管日主，幸好日主有一組辛巳在事業宮，事業得意，雙方都獲利，算好的。

<例七>　日　年

　　　　乙　甲

　　　　卯　寅

A　母宮和妻宮都是比劫，錢財方面要處理好，免生糾葛。

<例八>　日　年

　　　　戊　丙

　　　　子　寅

A　母宮丙寅很強勢，而配偶宮子水較虛弱，分開住可以保護
　　配偶。

<例九>　時　日　月　年

　　　　壬　庚　癸　丙

　　　　午　午　巳　辰

A　母宮辰土，配偶宮午火，火生土，配偶對母親孝敬。

<例十>　日　月　年

　　　　丁　乙　甲

　　　　卯　亥　子

A　配偶宮丁卯，卯是印，母宮甲子，子水旁有亥，水可生木，
　　會幫助配偶，不過子水是日主的七煞，很會管日主。

<例十一> 日 年

　　　　庚 壬

　　　　午 申

A 配偶宮午火，母宮申金，火剋金，申中水剋火，意見上常不合，分開住，有事日主自己處理。

<例十二> 時 日 月 年

　　　　辛 庚 丁 庚

　　　　巳 寅 亥 申

A 配偶宮寅木氣勢強，母宮申金氣勢更強，會讓配偶屈服。

<例十三> 時 日 月 年

　　　　巳 丁 甲 丁

　　　　酉 亥 辰 卯

A 配偶宮亥水，母宮卯木，中間又有辰，會相處得很好，日主丁火有著很強旺，很好的一家人。

<例十四> 日 年

　　　　癸 庚

　　　　未 申

A▸ 母宮是申金，氣勢很強，對日主癸水有絕對主導權，對配偶宮未土，雖說比申金弱，到底是土生金，很配合母親的。

<例十五> 時 日 月 年

　　　　丙 庚 己 丙

　　　　子 午 亥 辰

A▸ 配偶宮的午火會幫助母宮的辰土，只是中間有亥，幫助有限；日主水旺食傷豐厚很佔優勢，不怕午火的。

<例十六> 時 日 月 年

　　　　丙 庚 壬 乙

　　　　子 寅 午 丑

A▸ 配偶宮寅木旁有午火，火氣強會幫這母宮丑土，母親可受照顧。

<例十七> 日 年

　　　　丁 丁

　　　　丑 卯

A▸ 卯木搭配丑土，會是很漂亮的花園，相信她們會相處很好。

<例十八> 日 月 年

　　　丙 甲 辛

　　　寅 午 酉

A▸ 配偶寅木頗強勢，又有午火，母宮酉金較吃虧，但母親勤勞卻又雜念，當日主的要多擔當。

<例十九> 時 日 月 年

　　　己 丙 丁 己

　　　丑 子 卯 未

A▸ 配偶宮子水較沉默寡言，母宮未土較強勢，要多保護子水。

<例二十> 日 月 年

　　　壬 戊 庚

　　　戌 寅 申

A▸ 配偶宮戌土，個性較強悍，母宮申金頗為強勢但有智慧，

日主壬水會較辛苦。

　　　　　　　　　　　✕　✕　✕　✕　✕

 報恩還是欠債？
配偶和子女互動的命例分析

　　父母與子女之間的關係：在現實生活中，有的小孩生來就乖巧聰明、體貼孝順、不需父母煩勞，有的子女生來難帶難養、或體弱多病、或忤逆不孝、給父母帶來種種辛勞煩惱。人家說夫妻是緣，皆因宿世宿債之情緣，可概括為善緣、惡緣，無緣不聚。子女是債，皆因宿世債務之關係，可概括為討債、還債、無債不來。

　　華阿姨從八字命盤裡告訴您，是報恩還是欠債，配偶與子女互動的命例分析。

　　＜例一＞　　時　日
　　　　　　　　丙　癸
　　　　　　　　辰　巳

A 　日主癸巳，巳是金長生之地，因配偶而旺，時支辰有丙，

這兩組各有其威力，相輔相成，子息辰受惠較多。

<例二>

父		母	
時	日	時	日
戊	乙	辛	丙
寅	巳	卯	寅

A 母親的夫宮「寅」，強勢有名望，給子息卯木光彩。父親配偶「巳」，火實力強，子息寅木很能幹。兩者日主都強，時柱也不弱，會互補互助。

<例三>

時	日
庚	癸
申	丑

大運：41庚午 51己巳 61戊辰 71丁卯

A 日主溫和有實力，子女氣勢更大，作風太過份時，日主會安撫，一家是和樂的。

<例四>　　老婆　　　　　　老公

	日	時		日	時
	甲	癸		己	辛
	辰	酉		丑	未

A 老婆與子女性格相近，相處很好。老公父子個性都很溫和，但私下意見是不合的，丑未相沖。

<例五>　　時　日

乙　丁

巳　卯

A 日主丁卯火力氣勢強，有權威，子女習性與父母接近，彼此互動很好，就是都屬急性型。

<例六>　　時　日

辛　庚

巳　申

A 日主庚申，氣勢大又剛強，時支辛巳，巳是長生之地，子女很有成就，名氣旺，給日主和配偶莫大光彩。

<例七>　　時 日 月 年

　　　　　壬 壬 癸 庚

　　　　　寅 辰 未 申

Ａ▶ 日主氣勢強卻溫文儒雅，子女壬寅不但氣勢強且脾氣也大，不過日主如手足很講義氣，配偶和子息也情同手足。

<例八>　　時 日 月 年

　　　　　丙 戊 乙 己

　　　　　辰 子 亥 未

大運：37 己卯47庚辰57辛巳67壬午77癸未

Ａ▶ 子辰合化為水庫(財)，一家都很勤勞，子息丙辰會孝敬日主，與配偶習性相近。

<例九>　　時 日

　　　　　丙 庚

　　　　　申 子

Ａ▶ 日主的配偶沉默有智慧，子息較活潑，對配偶很孝敬。對日主就經常頂嘴。

<例十>　父　　　　　　　母

　　　　　時　日　　　　　時　日

　　　　　乙　壬　　　　　丙　戊

　　　　　巳　寅　　　　　辰　戌

A 父親有氣魄，子女給父親光彩。母親個性強勢會壓制子女，子女表面孝順私下害怕。

<例十一>　時　日　月　年

　　　　　　乙　丙　辛　壬

　　　　　　未　申　亥　戌

A 這組的兒女心地善良，動作稍嫌粗糙而已；日主能幹又勤快，又得子女回饋，真是難得。

<例十二>　時　日　月　年

　　　　　　己　癸　壬　戊

　　　　　　未　丑　戌　午

大運：38丙寅48丁卯58戊辰68己巳

A 這組的子女宮己未，未土對日主癸丑不太友善，日主雖頭痛，想想也不是甚麼壞孩子，會比較忍聲吞氣，地支丑未

相沖，私下配偶會與子女常鬧口角。

<例十三> 男

　　　　時　日　月　年

　　　　癸　己　丁　壬

　　　　酉　巳　未　辰

大運：65甲寅77乙卯

A▶ 男日主是很幸福的，配偶很會教管子女，子女也很順從，
很有子息福份。女主人雖個性強硬，卻常受丈夫和子女霸
凌，說白了就是丈夫寵孩子，女主人得更用心培養孩子。

<例十四> 時　日

　　　　　己　己

　　　　　巳　丑

A▶ 自己很得孩子緣，老公卻與子女相處不是很和諧，但亦無
仇恨猶如一般朋友，有時吵有時好。

<例十五>　時　日

　　　　　壬　庚

　　　　　午　午

Ⓐ　日主配偶午火，子息也是午火，配偶與子女都屬急性，有

　　話直說。日主庚壬水，孩子還是很聽日主的話。

<例十六>　日　時

　　　　　甲　戊

　　　　　辰　辰

Ⓐ　日主配偶宮和子息都是辰土，所以他們個性很相近，溫和

　　勤勞。子息甲木剋日主戊土，孩子對日主是有壓力，卻是

　　善意。

<例十七>　時　日

　　　　　乙　甲

　　　　　丑　申

大運：丁巳　戊午

Ⓐ　配偶申和子息丑都是金水土，是一氣的，相處甚佳。天干

　　甲乙都是木，子女對日主如手足，丑土又是財，對日主很

勤快，一家人互動愉快。

<例十八>　時　日

　　　　　癸　壬

　　　　　卯　子

A ▶ 配偶宮子水對子息卯木特別疼愛，天干子息癸水和日主壬水相處如手足，多注意金錢的互動。

<例十九>　時　日　月　年

　　　　　己　壬　壬　丁

　　　　　酉　辰　子　卯

A ▶ 配偶辰和子息酉是相生的，他們相處很好。子息的己土多少會給日主壬水壓力，代表日主對子女很用心。

<例廿>　　時　日　月　年

　　　　　癸　庚　癸　乙

　　　　　未　寅　未　未

A ▶ 配偶寅木氣勢算強旺，子息未土算較懦弱，會依賴配偶。子息天干癸水很會給日主庚金出意見，一家和睦。

<例廿一> 時　日

　　　　戊　壬

　　　　申　子

Ⓐ▶ 配偶子水和子息申是半合水庫，彼此相處親蜜。時柱戊申，氣勢頗頑強會給日主壬水一點壓力，而整體看來一家是和樂的。

<例廿二> 母

　　　　時　日

　　　　甲　乙

　　　　午　亥

Ⓐ▶ 母親配偶宮是亥，氣勢很強旺，子息是午火，會受亥水剋住。

<例廿三> 父

　　　　時　日

　　　　甲　甲

　　　　戌　戌

Ⓐ▶ 父親配偶宮戌土，子息也是戌土，脾氣都很大，相處都不

懷好意。

Q 所以我們帶小孩都很辛苦嗎？

A 媽媽對孩子兇，是為了引導他，辛苦是必然。父親性情陰晴不定，才是與孩子間相處的大問題。

Q 真的……所以還是要媽媽帶……

<例廿四>　時 日

　　　　　戊 己

　　　　　申 酉

A 配偶酉算是溫和的，和子息未土並不親近，但也不爭吵，關係不熱絡就是。

<例廿五> 時日

　　　　 ＊ 甲

　　　　 酉子

A 配偶子水屬於內斂型，子息的酉對配偶很有情，跟日主甲木可能較依賴性。

<例廿六>　時日

　　　　甲辛

　　　　午巳　――――――――――――　大運：壬戌

A▶　配偶宮巳，火氣勢強，會和子息的午火結盟，讓日主辛金
　　備感壓力。在壬戌大運，表面是和諧的，私下躁氣太重，
　　日主像空殼。

<例廿七>　時　日

　　　　癸　庚

　　　　未　戌

A▶　配偶宮戌土，和子息宮未，土都很躁，兩人難相處，或是難
　　有子女，幸好有癸水，癸是智慧，多傷點腦筋。

<例廿八>　時　日

　　　　辛　丁

　　　　丑　酉

A▶　配偶宮酉金和子息丑土是相生關係，相處非常親近。天干
　　辛是日主財，對日主很孝敬，真是幸福的一家！

<例廿九> 時 日 月 年

　　　　己 丁 甲 丁

　　　　酉 亥 辰 卯

A 丁亥和子息己酉，干支都相生，關係很親蜜，很棒的一家。

<例三十> 時 日

　　　　乙 己

　　　　亥 巳

A 日柱己巳氣勢強旺，子息乙亥也是氣勢強，都很能幹，但子息亥水還是會剋巳火，配偶在孩子面前自會節制一些。

<例三十一> 時 日

　　　　　辛 壬

　　　　　丑 子

A 日柱水氣很強，但配偶屬沉默寡言，子息是丑，兩人非常親近，時干又是辛金，象徵子女的孝親之心濃烈。

(39) 1976女

時日月年

辛壬乙丙

亥午未辰

39辛卯 49庚寅

配偶 1974男

時日年月

辛癸丙甲

酉未寅寅

38 庚午48辛未 58壬申

A 子女教育問題，女方時常和男方溝通，但男方無法聽勸，要用甚麼方法可以讓男方改變呢？或是用甚麼樣的方式溝通？

Q 女方的子息宮很好，不必過於擔心，只要是好孩子，長大會跟她非常親近，請她放心。男方的大運38-48庚午，跟子息宮的酉金是火剋金，很快就進入＜辛未＞，那時配偶宮很旺，老婆會比較強勢，他們父子間的「相剋」，也會隨之慢慢消失。

天命難違，智者會選擇好的方式來度過。

× × × × ×

四 難推算的老年期

1.難推算的老年期前言

　　四柱裡出生「年柱」，代表起運期，到20歲。一個人小時候家教如何，就看這一段了。月柱約20～40歲可以推算學業後段的進修，以及初入社會的學習。日柱約40～60歲，60歲退休以後，就是時柱。我們一般在「看盤」，都集中在40～60歲的成家立業期。60歲後到90歲比較少討論，問題出在不知「從何說起」。

　　若本身非老闆級的，退休了領一點養老金過生活；有積蓄的就到處旅遊，沒積蓄的就是吃老本。早期老人家都依賴子女，供應所需和照料生活，現在的「老人家」，可不一樣，子女不來伸手請求幫忙就很慶幸，一切都是靠年輕時預繳的養老金讓自己終老。

　　我38歲就學會五行八字，推算得知自己會忙些甚麼？賺多賺少？然而對退休生活卻一直都抓不住方向，舉我命盤來說明。

女，68歲，喪偶。

時 日 月 年

己 丙 丁 己

亥 辰 丑 丑

大運：35辛巳，45壬午，55癸未，65甲申，75乙酉。

　　喜神在丙丁辰巳午，所以辛巳壬午中年期事業相當好，有留積蓄到癸未後的退休期。也知道甲申乙酉都過得不錯，最大問號在命盤上「時柱」的「己亥」。己土是傷官，象徵獨立、努力，地支亥是木長生地，因濕土多要以「印」來推算。我很樂觀地認為，就是退休了出幾本書，逍遙過著食傷帶印的生活。

　　一年半前我家老爺在突然心肌梗塞，半小時就走了，那時還以為以後無牽無掛可以做我想做的事。

　　非也，辦完喪事大家都各自歸位，茫茫四顧才知道：我的「伴」就是一張椅子。椅子前就是電腦接電視，日子一晃就是一年半過去了，我還是一張椅子和電腦電視。孤獨、打文章以及「吃藥」，就是我的每一天，焦慮症、憂鬱症、不運動，越來越走不動，餐餐7—11，唉，這就是「己亥」的現實面。

　　我想幫朋友看「時柱」，推斷年老生活，可以推算精神體力好不好，生活會困難否？其他的還能推算出甚麼來？

　　人非神仙，能抓幾分就試看看，所以您po出的八字看退休

後生活，參考參考就好，別太認真，我還真沒多少把握。

<例一> 女，62歲，♂婚

　　　　時 日 月 年

　　　　壬 辛 庚 丙

　　　　辰 亥 寅 申

大運：54甲申，64癸未，74壬午。

A 日辛亥時壬辰，水氣旺盛，從這裡看是年老傷官帶印，氣
勢強但很穩定。大運癸未壬午，顯示食傷更旺，私下生活
未午顯示不是很安靜，水火土難調和，還是有些不如意事
會發生。

<例二> 女，35歲，已婚

　　　　時 日 月 年

　　　　辛 丙 辛 癸

　　　　卯 寅 酉 亥

　　　　32甲子、41乙丑、51丙寅、61丁卯、71戊辰

A 51歲之後的丙寅丁卯(51～71)，木火旺，行動力還是很強
勢，生活很活躍，71歲之後才會靜下來。時柱的辛卯代表

忙碌，跟大運是一致的。

<例三>　女，44歲，已婚

　　　　　　時　日　月　年

　　　　　　庚　癸　乙　甲

　　　　　　申　丑　亥　寅

大運：41庚午　51己巳　61 戊辰　71丁卯

A 時柱庚申金的氣勢很強旺，日主幾乎都要聽他們(孩子)，而大運51～61己巳還很風光，61～71的戊辰較忙碌，可能幫忙孫子，71之後的丁卯就吐一大口氣，其實都還不錯，別太擔心。

<例四>　女，41歲，已婚

　　　　　　時　日　月　年

　　　　　　戊　乙　壬　戊

　　　　　　寅　巳　戌　午

大運:32戊午，42丁巳，52丙辰，62乙卯，72甲寅

A 時柱戊寅氣勢強，孩子跟自己一樣能幹。大運62歲起的乙卯甲寅運，運勢都還算很強，看來沒那麼早退休，可以名

利雙收到很老。

<例五> 女，48，巳 （沒有子女）

時 日 月 年

庚 辛 癸 己

寅 亥 酉 酉

33丁丑，43戊寅，53己卯，63庚辰，73辛巳

A▶ 日時辛亥庚寅，金氣很強，大運63歲後還頗忙碌，73歲後
的辛巳運很好，注意金錢越老花費會越大，多保留一些。

<例六> 女，42歲，未婚

時 日 月 年

丙 甲 己 丁

寅 戌 酉 巳

大運：39癸丑，49甲寅，59乙卯，69丙辰，79丁巳，89戊午

A▶ 日主甲戌性躁，沒耐性，時柱丙寅火木也是躁氣很重。再
看大運49起甲寅乙卯劫財旺，入不敷出，丙辰運稍好，丁
巳得留意沒錢養老，宜提早為養老做準備。

<例七>　男，30歲，未婚

　　　　時　日　月　年

　　　　辛　戊　庚　己

　　　　酉　申　午　巳

大運：24　丁卯，34丙寅，44乙丑，54甲子，64癸亥，74壬戌

　　日主戊申，時柱辛酉食傷重，生活較孤獨，幸好大運中年起就是北方水運，越年老水越多，水是財是勞碌，看來並沒閒著。

Q 　請問時柱有傷官，是否子息易有傷？或要搭配大運？另外，走北方水運，會勞碌，對我是好的嗎？

A 　傷官代表子女較獨立，命盤是固定，得搭配大運。

　　知道會勞碌就要閃，退休了清閒一點好。

<例八>　男，32歲，未婚

　　　　時　日　月　年

　　　　丙　丁　壬　丁

　　　　午　酉　子　卯

大運：54丙午64乙巳76甲辰

A 　時柱丙午，火氣勢強，火為劫財，善交親友，老運又是丙

午乙巳，開銷大，要提醒自己節儉一點，否則年老會很辛苦。

　　<例九>　男，未婚

　　　　　時　日　月　年

　　　　　己　丁　甲　丁

　　　　　酉　亥　辰　卯

大運：32庚子　42己亥　52戊戌62丁酉72丙申

A 日丁亥時己酉，金水氣相通，日主火較辛苦，老年戊戌非好運，丁酉丙申，丙丁來助，親朋齊聚，地支為財頗忙碌。

Q 所以老年還是會想賺取錢財，是因缺財嗎？還是只是一個念頭？

A 是缺財喔，所以年輕要養成蓄財，以降低困窘。

　　<例十>　男，45歲，單身

　　　　　時　日　月　年

　　　　　丁　辛　庚　癸

　　　　　酉　丑　申　丑

大運：40丙辰，50乙卯，60甲寅，70癸丑

A 命盤算是金較旺，但濕土多好現象。50～70乙卯甲寅屬財運，特別忙，要有心理準備。70的癸丑就很好。

Q 請問華姨，乙卯、甲寅屬財運，是否能賺進財，還是會財來財去呢？老了還會再忙著追錢嗎？

A 財就是忙碌，也許想要更多錢…種種狀況都有，反正很忙碌就是。

　　＜例十一＞　　男，38，已婚

　　　　　　　　時日月年

　　　　　　　　戊乙癸庚

　　　　　　　　寅巳未申

34丙戌43丁亥53戊子63己丑73庚寅

A 日主乙巳很有個性和氣魄，時柱戊寅代表剛硬，子女脾氣較強勢，喜歡水氣，中年在北方水很好，老年63己丑還退休不了，財的運頗勞碌，但過得不錯。

　　＜例十二＞　　女，39歲，已婚

　　　　　　　　時日月年

　　　　　　　　壬己辛己

　　　　　　　　申亥未未

34乙亥 44丙子 54丁丑

A 命盤日主己亥，時柱壬申，水氣濃厚，水是財，子女和自己年老都很勤勞，氣勢又旺，很有精神。54歲後丁丑、戊寅、己卯，老運都不錯，呈現幸福一面。

<例十三> 女，62歲，已婚

時	日	月	年
戊	庚	辛	丁
寅	子	亥	酉

大運：56丁巳，66戊午，76己未，86庚申

A 很會思考的日主，時柱戊寅屬剛強，氣勢強旺。而大運56～66雖壓力大但名氣好，戊午運較辛苦，76後較閒置生活相當好卻不怎麼快樂，多培養戶外活動吧！

<例十四> 男，35歲，未婚

時	日	月	年
辛	己	丁	壬
未	酉	未	戌

大運：35 辛亥 45 壬子，55 癸丑，65 甲寅，75乙卯

A　日己酉本身勤勞，時柱辛未也顯示老年期是忙碌的，好的是時支為未劫財，不寂寞，只是顯示會多花錢；還好大運65歲後甲寅乙卯都屬官煞，會控制荷包，命盤大運相輔相成。

<例十五>　女，26歲，未婚

　　　　　　己 丁 乙 壬

　　　　　　酉 酉 巳 申

大運：6甲辰16癸卯26壬寅36辛丑46庚子56己亥

A　丁酉日又是己酉，都是勞碌的財，46歲的庚子多注意身體，太忙了，多用腦少動手。66的戊戌不是好晚運，趁年輕養成果斷個性，不要反反覆覆徒勞而無功。

<例十六>　女 50歲

　　　　　　時 日 月 年

　　　　　　癸 壬 己 己

　　　　　　卯 辰 巳 酉

48甲戌 58乙亥 68丙子78丁丑

A　日柱壬辰和時柱癸卯都屬水木土，溫和相處的一家人。大

運48～58甲戌運夫妻要互相多忍耐，58歲後走北方水運，人氣好，會很快了的，只有68～78的丙子運，水過多，生活較孤寂無趣，錢財則要多小心，避免投資不當的慘事。丁丑久很不錯了。

<例十七>　男，38歲，未婚

時　日　月　年

壬　壬　壬　壬

寅　午　寅　戌

大運：53戊申63己酉76庚戌

A 天干都是比劫水，地支則是寅午戌火，人生多采多姿，錢財有時豐厚有時窮。53歲後戊己官煞，生活會較收斂，76庚戌這麼大年紀表面有受照顧，私下頗困頓。

<例十八>　女，36歲，未婚

時　日　月　年

乙　丙　辛　壬

未　申　亥　戌

大運：32丁未，42丙午，52乙巳，62甲辰，72癸卯

丙申日乙未時，家庭錢財不缺，而子女的孝係略帶虛假，還是得靠自己。62歲前人氣好，頗風光，之後甲辰運過得很不錯，人情味足，72歲後安靜養身，算美好。

<例十九> 男，33歲，未婚

時	日	月	年
甲	庚	癸	甲
申	申	酉	子

大運：56己卯66庚辰76辛巳

A▶ 庚申日甲申時，本身個性強硬，年老運庚辰會回剋甲申，由於申金旺，讓甲木財頗為辛苦，而子女得不到父母幫助。日主本身在庚辰和辛巳運都很好，名利雙收。

<例二十> 女，39歲，未婚

時	日	月	年
丙	戊	乙	己
辰	子	亥	未

大運：37己卯47 庚辰57 辛巳67 壬午77癸未

A▶ 戊子日丙辰時，地支半合水庫，日主做事勤快認真。57辛

巳大運最佳，名利皆佳。壬午運，就因有子午沖，許多家
務事並不和諧，而且頗勞累，癸未也一樣，要及早規劃好
養老養身。

<例廿一>　女，35歲，未婚

　　　　　時　日　月　年

　　　　　壬　丙　壬　戊

　　　　　辰　寅　戌　辰

大運：30己未，40戊午，50丁巳，60丙辰，70乙卯

A 四柱全陽，個性很強勢又開朗。好動的個性一輩子都難
退休，水火通吃的，喜忌都有，想想人生還是不要太囂
張，溫文過日子比較不會惹麻煩。60歲後的丙辰，表面風
光，私下並不算好日子喔，70歲後的丁卯就頗獲尊敬和推
崇。

<例廿二>　女，63歲，離婚

　　　　　時　日　月　年

　　　　　壬　庚　丁　甲

　　　　　午　寅　丑　午

大運：57 辛未 47 庚午，57 己巳

A 日主庚寅很有個性，又是壬午時，表面溫文，私底下火旺日主辛苦，要處理很多事，幸好壬水是食傷智慧高。57後走南方火運，注意身體血壓問題，生活也要提早規劃好，火土對妳是太旺並不是很好過，雜事很多。77後好老運。

＜例廿三＞　女，56歲，喪偶

	時	日	月	年
	壬	甲	丁	癸
	申	戌	巳	卯

大運：52癸亥，62甲子，72乙丑

A 甲戌日算是躁性高，幸好壬申時對日主有幫助。大運52歲後走北方水運，對日主甲木是好的，祝福你！

＜例廿四＞　男，35歲，未婚

	時	日	月	年
	辛	丁	己	癸
	丑	酉	未	亥

大運：31乙卯41甲寅51癸丑61壬子71辛亥

A 丁酉日辛丑時，很勤勞也是很辛苦。中年31～51都屬印，很有成就，51後進入北方水就逐漸壓力加大，尤其61～71壓力大到喘不過氣，所以中年期要規劃好老年，最重要不要做不熟悉的投資，以免浪費自己心血。71歲後也不怎麼好，要注意。

＜例廿五＞　男，35歲，未婚

　　　　　時　日　月　年

　　　　　丙　辛　丁　甲

　　　　　申　丑　卯　子

大運：30庚午，40辛未，50壬申，60癸酉

A 辛丑日丙申時，可以合化水，就是年老金生水，智慧更身如，來看大運50～70的壬申癸酉都是金水，又是相輔相成，很平穩又有成就的老運。

＜例廿六＞　女，61歲，已婚

　　　　　時　日　月　年

　　　　　庚　庚　乙　戊

　　　　　辰　寅　丑　戌

大運：52己未，62戊午，72丁巳，82丙辰

A 八字裡土多水少，讓日主生活壓力大，還好濕土不少。52後走南方火土運，很明顯對自己不立，現已61，只好請孩子多幫忙，自己更要節省。

<例廿七>　男，49歲，已婚

```
時 日 月 年
丙 甲 壬 己
寅 子 申 酉
```

大運：44丁卯，54丙寅，64乙丑，74甲子

A 甲子日丙寅時，年老應該是風光的。且看大運44～54丁卯丙寅很風光，要保好錢財，54～64丙寅洋洋得意，但不可亂投資，或是投資要預留後路。64好走北方水運屬印，自然會春風得意過得好。

<例廿八>　女，23歲，未婚，我女兒

```
時 日 月 年
庚 甲 丙 乙
午 申 戌 亥
```

大運：17戊子，27己丑，37庚寅，47辛卯，57壬辰，67癸巳，77
　　　甲午

A 日甲申，時庚午，庚午是沖剋甲申的，又有月柱丙戌，會不
上進，要多多引導。大運只有27～37較懂事，多鼓勵打好
基礎，到年老57～67還算好，接下來都很辛苦，多規劃壽
險可以養自己到終老，才是上策。

男，47歲，已婚

<例廿九>　時　日　月　年
　　　　　　甲　庚　己　辛
　　　　　　申　子　亥　亥

大運：41甲午 51癸巳 61 壬辰 71辛卯

A 八字地支水很旺，喜神在土時柱甲申，財官皆得。來看大
運51歲前忙碌碌名氣響，之後天干都是金水，代表親友來往
密切，地支濕土和目，都算很好。這跟命盤雙亥水為喜打
好中年運有很大幫助。

<例三十>　　男，38歲，已婚

　　　　　　時　日　月　年

　　　　　　丙　癸　癸　庚

　　　　　　辰　未　未　申

　　　　　　丙戌　　丁亥

A▶　癸未日，天干金水旺，讓時干的丙財大大有用，年老正財
　　　(房產)豐。來看大運51歲走官煞，相當節儉，地支也在寅
　　　卯食傷，頗會裡財，用「老來富」最恰當。

<例三十一>　男，48歲，本人，離婚

　　　　　　時　日　月　年

　　　　　　壬　戊　甲　庚

　　　　　　子　辰　申　戌

38戊子，48己丑，58庚寅，68辛卯，78壬辰。

A▶　戊土日主地支水多，很勤勞，48歲後人際關係好，可以再
　　　婚。58歲後靠技術賺錢，雖壓力大，但是可存錢，會工作
　　　到晚年，78歲後才安穩過最後晚年。

<例三十二> 女，38歲，已婚

　　　　　時　日　月　年

　　　　　甲　己　癸　辛

　　　　　戌　丑　巳　酉

大運：29丙申39丁酉49戊戌59己亥69庚子79辛丑

A▶ 己丑日在金水氣息中很好，甲戌時稍嫌乾躁。49～59戊戌
　　屬乾躁，工作較辛苦，59歲走北方金水，比較勞碌，但也
　　是比較安穩的日子。

<例三十三> 男，38歲，已婚

　　　　　時　日　月　年

　　　　　己　丁　戊　庚

　　　　　酉　丑　子　申

大運：33壬辰43癸巳53甲午63乙未73丙戌

A▶ 丁丑日己酉時，子息是勤勞的。再看中晚年，癸巳是最好
　　的，甲午乙未較不好，表面氣勢好，私下金錢不利又辛苦；
　　還好73歲丙申起，濕氣十足晚年生活好多了，只是較辛
　　苦。

<例三十四>　男，41歲，先生，已婚

　　　　　　時日月年

　　　　　　辛己壬戊

　　　　　　未酉戌午

丙寅39 丁卯49 戊辰59 己巳69 庚午79

A 己酉日很溫和有智慧的人，辛未時，子女親近但很獨立。老運要59歲起，名利皆有，69歲起生活較孤獨不如意，提早給自己做準備讓老年過穩定的生活。

<例三十五>　女 46歲 未婚

　　　　　　時 日 月 年

　　　　　　戊 壬 辛 壬

　　　　　　申 子 亥 子

44丙午 54乙巳 64甲辰 74癸卯 84壬寅

A 壬子日戊申時，八字水多，劫財旺，四海皆友，錢財會困頓，個性也會較不積極。大運很好，中年火土，生活雖較忙碌，卻是好的。老年的水木運也是很好的。妳的對象要找活潑一點的男士，個性過於孤寂的就不要。

<例三十六> 男，37歲，未婚

時 日 月 年

辛 辛 乙 辛

卯 亥 未 酉

49庚寅59己丑69戊子79丁亥

A 辛亥口聰明非常，辛卯時，辛金多了些，天干水較佳，地支木局，可火可水，各有不同境遇。中年辛卯庚寅，氣勢不弱，卻非好運。59己丑運最佳，戊子丁亥都不錯。

<例三十七> 男，41歲，已婚

時 日 月 年

乙 庚 乙 戊

酉 子 丑 午

大運：41庚午51辛未61壬申71癸酉

A 乙丑合化庚金，讓日主今氣勢較強，地支金水火比率恰當，但是庚午辛未不佳，諸事較辛苦。61起壬申癸酉運都很好。

<例三十八>　男，45歲，已婚

　　　　　　時　日　月　年

　　　　　　己　辛　壬　癸

　　　　　　丑　卯　戌　丑

大運：45丁巳，5丙辰65乙卯75甲寅

A 辛卯日，時柱己丑，子女非常孝順，看大運65起乙卯甲寅都屬財運，比較勞碌，綜合起來就是子女孝順，父母忙碌，相當和樂。

<例三十九>　女，30歲，已婚

　　　　　　時　日　月　年

　　　　　　辛　壬　丙　戊

　　　　　　丑　辰　辰　辰

大運：40辛亥50庚戌60己酉70戊申

A 地支三辰一丑都是濕土，智慧高，自制力強，也因如此個性，比較忙碌，能者多勞。50庚戌，這地支戌算是好的，就是這個來找麻煩的是為自己好。60己酉70戊申，生活會較收斂和悠閒。

<例四十>　男，60歲，已婚

　　　　　時　日　月　年

　　　　　己　丙　丙　己

　　　　　丑　子　寅　亥

大運：57庚申67己未77戊午

Ａ▶　丙子日與配偶相處較多事，子息己丑則很好，很幫助日
　　主，就是孤傲自大一些。57庚申運很好，67起會較困頓，
　　希望來得及做好自我的養老準備。

<例四十一>女，已婚，51歲

　　　　　時　日　月　年

　　　　　戊　壬　辛　戊

　　　　　申　辰　酉　申

大運：45丙辰55乙卯65甲寅75癸丑

Ａ▶　日柱壬辰和子息戊申相比，子息氣勢較強，日主也很強
　　勢，不過還是會禮讓。大運55乙卯65甲寅，食傷在干支，似
　　乎仍在工作，而且工作很強勢，頗傷腦筋的。75後很好。

<例四十二>　　男，50，已　　（♂沒有子女♀）

時　日　月　年

壬　己　癸　戊

申　酉　亥　申

32丁卯42戊辰52己巳62庚午72辛未

A▶ 己酉日壬申時非常好，日主較忙碌(非勞碌)，大運52己巳
運相當好名利皆旺。62起就不太好，表面不錯，私下生活
不佳，要提早安頓好自己生活和費用等。

<例四十三>　　女，60歲，已婚

時　日　月　年

己　己　壬　己

巳　丑　申　亥

52戊寅62己卯72庚辰82辛巳

A▶ 己丑日己巳時，相當好，尤其名利。戊寅己卯人氣頗旺，自
己很有自制力，攻守皆佳。72庚辰起也都很好。

<例四十四> 男，24歲，未婚

　　　　　　時日月年

　　　　　　壬 丁 癸 癸

　　　　　　寅 酉 亥 酉

42戊午52丁巳62丙辰72乙卯82甲寅

A 丁酉日會和壬寅時合化木印。32歲後又回復自己丁火，變成壬水欺丁火。52丁巳運起名利皆佳，72歲後更好。只是一生多事，須多用腦去解決，不輕鬆。

<例四十五> 女，28歲，本人，未婚

　　　　　　時 日 月 年

　　　　　　壬 戊 丙 庚

　　　　　　子 辰 戌 午

49辛巳59庚辰69己卯79戊寅

A 戊辰日壬子時，戊土水氣豐厚，有事業宮丙戌的生土擋水，應該是很好，但地支辰戌相沖各有實力，幸好一邊是事業一邊是子女，日主有智慧可以處理的。老年辛巳運最好，庚辰己卯都不錯，有子女當靠山。

<例四十六>　女，53歲，行動不便坐輪椅，未婚獨居

　　　　　　時　日　月　年

　　　　　　丁　庚　己　乙

　　　　　　丑　辰　丑　巳

大運：46甲午56乙未66丙申76丁酉

A　庚辰日丁丑時，子女需要幫忙，但很孝順。46歲後的甲午乙未生活較辛苦，要66歲丙申運起才會安穩，但也是壓力很多。身體會有障礙，一切只好自己多擔當。

<例四十七>　男，66歲，離婚

　　　　　　時　日　月　年

　　　　　　癸　己　丁　壬

　　　　　　酉　巳　未　辰

大運：66甲寅76乙卯86丙辰

A　己巳日癸酉時，是不錯的老年命，只是財氣重，一切會較勞碌。大運甲寅乙卯是木火土旺地，屬官煞，壓力大，寅運名氣大尚可追求婚姻，彼此照顧，乙卯只恐金錢上較吃力，要趁現在理好財。

<例四十八> 男，35歲，未婚。

　　　　　　時 日 月 年

　　　　　　戊 辛 辛 甲

　　　　　　戌 亥 未 子

48丙子58丁丑68戊寅78己卯

A▶ 辛亥日很好，智慧高很會處理事情，但戊戌時就很明顯不好，代表若有子女，壓力將非常大。看你的大運，48歲後的丙子較無奈，要提早鞏固好事業。58歲後有轉機較好，但，官煞運還是壓力很大喔。

<例四十九> 女，38歲，未婚

　　　　　　時 日 月 年

　　　　　　丁 乙 乙 辛

　　　　　　丑 巳 未 酉

大運：45庚子55辛丑65壬寅75癸卯

A▶ 現在38歲吧，正在己亥運裡，這大運對妳來說是好的，但沖剋配偶宮，婚姻較難成，其實對象實力很好，就是個性問題。到65歲壬寅癸卯就很不錯，目前還年輕，可細心規畫的時間還很長。

<例五十>　女，本人，未婚

　　　　　時　日　月　年

　　　　　辛　己　辛　辛

　　　　　未　亥　丑　酉

48丙午58丁未68戊申78己酉88庚戌

A 己亥日，勤快又聰明的日主，辛未時較差，壓力大。再來看看大運，丙午丁未都不算好，很多事難照自己規劃去進行。戊申和己酉就不錯，或許妳善理財，讓自己年老好過，這是好現象。

四

華阿姨

心語

一　漫談傷官格的女命情感和婚姻

很多女性跟我一樣，初碰到「女性傷官格」問題時，都驚訝萬分，擔心自己有不好情感和婚姻，事實也如此喔。

先解釋傷官是什麼，「傷官」就是女性自己所生所排出的，包括思想、月經和子女等，八字有傷官的，善於外交手段之思考，對子女也較喜愛，惻隱之心特別強，行事風格獨立，不喜歡依賴他人，所以有傷官者外表冷靜，卻有很厲害的外交手婉。行事風格上也很迷人，由於看來能幹，會讓一些較保守的男人卻步，較滑頭的男士一直想來親近。這讓傷官者女性對男性情感有所迷失，常因拖延情感或是情歸非人，挫折較多，總要在真正的情緣期，才能獲得好感情，然而在一陣「美好生活」背後，總還是藏著諸多對婚姻生活的不適應，這就是傷官格女性的特質。

從上面分析，似乎傷官者的情感世界並不太美滿，其實這是一種錯誤想法，無論哪一格，官煞、印、財⋯⋯沒有人對情感

或婚姻永遠感到美滿,端看各種性格對情感及婚姻的感受,跟財格的比起來,傷官格的還算認命和看得開!

在此還要再說清楚些,什麼屬傷官格女性。

第一是出生於傷官月,夫宮並非傷官:

這樣的命盤主人性格上較獨立,對情感較執著,由於夫宮並非傷官,所以對婚姻較不會排斥。

第二種是出生傷官月,夫宮也是傷官:

這樣的女性外表孤傲,如上說的一般保守男人,自以為搭配不上,所以不太會接近,反而招來一些風流倜儻小人,進入她的感情世界,導致處處傷痕,婚後也常對婚姻不滿而自怨。

再來,五行的傷官性格也各有不同,看命盤時絕不可一概而論:

如木火傷官的甲午日,乙巳日,其中以甲午日傷官最重,乙巳日其巳火乃金之長生,金是乙木的官煞,所以還算有夫緣。

火土傷官的丙戌、丁未日,個性強悍,傷官特質嚴重,情感生活較難美滿,得亥則吉。丙辰和丁丑則因辰丑皆帶官煞,夫緣較深。

土金傷官的戊申日,戊申也是頗男性化的個性,需降低身段才能博得男性青睞。己酉,雖坐傷官,但屬溫和派,情感上不

會有太大困擾。

　金水傷官的庚子，個性堅強但行事溫和，多才藝，情感婚姻都算不錯，但怕逢戌來剋子水。辛亥也是傷官中最好的一組，溫穩多情，聰明美麗。

　水木傷官的壬寅，算是傷官中強硬派，還好寅為火土長生，官煞暗藏強旺，雖持傲固執，還不致於找不到對象。癸卯則溫柔多了，情感上不會太執著，異性也不會對其排斥，算是所有傷官中較不強勢的一個，不過不太得夫緣。

　情感是男女性生命中最重要一環，人之一生都在和情戰爭，無論結婚與否，偏偏傷官格者女性最受爭議，身為傷官格的我，奉勸屬傷官格的女性，務必放下身段，隱藏銳利的刀芒，情字這條路才會順暢，婚姻才能長久。

　還有傷官者眼光都很高，但千萬不能放在「財」字上，否則只有不歸路一條，因為傷官生財，財來養官，傷官者一旦錢多了，就會想另一個比現在更好的官煞，問題就會層出不窮，一生沒完沒了！

× × × × ×

如何判斷喜用神

八字到手，一般都習慣先確定此命盤是屬於什麼「格」，譬如「官印相生格」、「食傷生財格」、或是「炎上格」、「曲直人壽格」……等等。

再來就是衡量此命盤的日主屬「身強」或「身弱」，因為這關係到「算命」的準確度，「受財」「不受財」決定這個人逢財會「發財」或「損財」，的確是八論命裡的精髓，也是最難學部份。

其實在我看來，「格」之認定和「旺衰」之判斷，是古書在鑽牛角尖，因為陰陽五行，除原制定者（天文學家）知道這是一種天地間真實的「運轉」，是我們生長的地方，生命之消長，只是後來研究到「人類預知學」後，就被封鎖在一「積層岩」中，要定「格局」，要確認「旺衰」，卻不知這些掙脫不開的枷鎖，讓簡單易學的「五行八字」更加迷惑，學習愈深入，彷彿身上的手鐐腳銬更沈重……。

在此本人將研究心得，再次以淺顯文字分層解說強調：

看八字命盤喜忌真的非常簡單，只要你知道五行生剋，立可判斷。

原則1：干支務必分開看，但看干時要參考支，看支時要參考干，因為干是夫，支是妻，尤其看干，如「丁丑」和「丁巳」的丁火，其「火力」就差別很大，「戊子」和「戊午」的「戊土」，其土性之強弱差異更大。務必明辨。

原則2：喜用神之認定前，要先搞清楚什麼是喜用神。「喜神」來自大運或流年、流月，「用神」取之於「命盤」，命盤太偏，無用神可取，就以「喜神」總代表，如：

例一：　時　日　月　年
　　　　己　丙　丁　己
　　　　亥　辰　丑　丑

天干除日主外，有己、丁、己，日主丙火，當取「丁火」為「用神」，喜神就是甲乙木，大運流年等逢甲乙助甲神丁火，必有貴人來造福，相同的忌神就是「庚辛」以及直接傷「丁火」的「壬癸」了！

地支則看燥濕度和五行旺相。本造濕土重，取巳午火暖身最佳，記得「喜神」必需不能與此命盤任一字沖剋（干支分開看喔），若此造為：

時　日　月　年

己　丙　丁　己

亥　子　丑　丑

　　那地支雖喜在巳、午火，衡量逢巳火有亥水回剋，逢午火也有子水也回剋，而且雙丑洩火，倒不如見寅、戌更佳。至於喜神來時被命盤回剋，會產生些什麼情況？以本例來說，逢巳午運，比劫助身，會有很多朋友手足來關愛，但夫宮的子水卻不高興，討厭那些和你來往的人，讓你在生活上陷入兩難的局面。逢巳火暖雙丑，事業、手足關係親密，子息亥水回剋，代表因子女關係無法分身全心全意去照顧當紅的事業，只好能多紅就多紅，因子女關係辦不到就算了。

例二：　就是四柱全戊午。

時　日　月　年

戊　戊　戊　戊

午　午　午　午

　　四柱一象，天干全戊，取什麼？沒得取「用神」，直接以洩戊土氣的「庚辛」為「喜神」。

　　一般又喜歡以「喜金水」、「忌火土」等來做論命依據，這也是錯誤想法。此例四柱全戊土，「喜金」就只是得金來洩土

氣，讓戊土能透透氣，不再頑冥不通。卻不能見水，水一來，不管壬或癸，四戊爭水（財），反成災禍。照理「喜金」，必不「喜火」，偏偏此戊土如沒靈氣的岩石矗立在那，死氣沈沈，唯丙丁火日月光來照顧，才顯其壯麗，所以丙丁火不錯，只是火很旺，劫財旺，朋友各個都很強勢，一逢水來，必損財損友。

地支呢？午火為印，火多只能是濕土，和天干一樣以洩旺氣為佳。濕土是什麼？是戊土的私下知己，這似乎有矛盾，天干忌戊己比劫，地支卻喜辰土比劫，巧妙之處就在這裡。

有些人在工作崗位上，因自己為人四海，很不得長官緣，或是在同事間常引發口舌、嫉妒……等不利交友情況，下完班卻有一票非常談得來、尊重自己如手足的朋友，這就是天干忌比劫，地支喜比劫的狀況，所以，喜用神有一定「公式」，一定「模式」嗎？答案是絕對沒有。

八字就如同一棟房子隔四大房，每房又分上、下層，原則上爸爸、兄長、自己和長子女住地面層，大門就開在自己正面，而媽媽、弟妹、配偶、幼子女住地下樓，所有人進出都得由你面前通過。

是否讓該來的來，該走的走，那就是「主人身強身弱」的問題。

而且四大房裡，依年齡和房間距離，彼此互動關係也就不一樣，再看下例：

例三： 時 日 月 年
　　　 辛 壬 甲 丁
　　　 丑 申 辰 酉

看天干很明顯該用「丁火」，然而「丁」在年干，那是否一輩子都看父母來庇蔭自己？這時月干甲木就佔極大地位。甲木需反生丁，所以甲木要「夠力」，像鮭魚溯溪而上一樣。事實上「甲坐辰」，甲木有力的了，日主需要靠在事業上的「思考」（木為水之食傷）讓火旺，火一旺，自己更有光彩，意即當日主有用心在娘家時，娘家就會大放光明，而得「利」（火為水之財）者為旺。雖如此，終究遠在年柱，中間隔著的若是「丙火」（月干），表示氣由年來，旺在月，造福日主，那才真得父母福蔭和自己努力。此造「用神」隔甲食神，一切盡在日主思緒，其情可窺。

所以取「用神」原則很簡單，天干四字，以日主為中心，其餘三字哪個可用，就像屋中，爸爸、兄長、子女哪個對自己最有幫助就多靠近他、多聽他的「意見」，此「意見」即為「喜」也！

若「蜀中無大將」，就向外「求師」。

例四：　時　日　月　年

　　　　乙　甲　辛　庚

　　　　亥　戌　巳　申

　　天干雙金剋日主甲，乙亥木氣強旺，但亥受戌制，乙旺度要看亥被制的狀況定，而且乙是子女輩，難以助甲抗庚辛，甲前面那句「蜀中無大將」的下一句「廖化當先鋒」，還是得「用乙」，用乙大喜「壬癸水」，這正合命局所需水洩庚辛氣，又助木，官印二全。

　　來丙丁不是也很好嗎？來丙去一庚，來丁去一辛，甲木豈不更輕鬆？事實並非如此，好比，自己和很有人緣的子女以及嚴厲的父親、兄長住一起，子女（用神）會去和阿公撒嬌，尤其當壬癸水來時，子女更有活力去親近他們，而使原來嚴厲的父兄對自己寬厚，提供「好意見」，這不是滿堂喜嗎？

　　逢丙丁的狀況是，丙丁為甲乙之食傷，食傷是思想、是口舌，日主聯合孩子以「唇槍舌劍」方式去讓嚴厲的父兄「閉嘴」，哪種方式好？

例五：　時　日　月　年

　　　　丙　乙　己　戊

　　　　戌　丑　未　辰

一看就知道從土財，乙木視同己土看。唯一能用的只有「丙火」，用「丙火」喜「甲乙木」，符合木來疏土，但厚土重重，區區一甲乙木能疏得了土時，不能（O須）大運甲乙，再逢流年甲乙寅卯，其實「五行」各有其性，土是最靜的，它不喜被翻來翻去，喜歡被灌入靈氣，讓萬物（生物、植物）生長。何為土之「靈氣」？「火」也。因此本造「丙丁火」為喜用合一。

以上所說的，都以「天干」論，因為天干氣純好分析，至於地支，其喜用完全在「冷暖燥濕」及五行份量。

例一，地支濕土重，喜戌，不喜未，未會和丑打架，更喜巳、午火，巳火雖有亥水回剋，亥究竟在時支，造次力量有限。而寅又比卯好，寅為火土長生之地，卯則像鋤頭，狠狠墾土。

例二，地支全午最忌午和子，午來，性情更囂張，子來，四午爭沖，因財而亂成一團。反而寅卯等助旺增加靈氣為佳，丑、辰濕土洩火，讓心性穩定也是很好。

例三，地支土金水，一看就知缺火氣，寅巳午都是喜，卻怕未、戌喔，日主壬水，地支有些水才好，一旦濕土變燥土，日主為財忙碌，卻不能「花錢財」（比劫被制），很痛苦的。然而像子水來合申，即又顯得花錢花得沒道理（沒火代表沒思考動力），損錢就對了！

　　例四，地支喜在亥，可惜亥被戌制，全局又嚴重水，那子水是最佳的了，子與年支申合，母親給日主最大鼓勵和智慧，世上最佳的了！最忌直逢戌、未等助火短水的東東X子外，亥也是好，加強本命亥水力量。生亥子的申酉等皆吉。

　　例五，地支辰戌丑未全有，一家人總是鬧個不停，原則上仍以巳午火來提高四土之「靈氣」為佳，大家有智慧，吵架也較斯文，得申酉洩土氣，彼此各讓一步屬最佳，逢戌、未就很糟了！

　　以上嘮嘮叨叨，重覆敘述，無非是讓各位以較開放輕鬆心情，來看某些被視為「深奧難入門」的喜用問題。

　　明白喜忌，就像讓自己認清「誰是好人，誰是壞人」，能明辨是非，一輩子才能「自得其樂」，讓人生更平順。敬祝各位平安就是符！

× × × × ×

 三 學看自己八字和大運

例一：

某讀者想學看自己的八字大運，用我的方法是這樣：

貴八字：1940 年1月17日寅時

時	日	月	年
丙	己	丁	己
寅	未	丑	卯

大運：虛 8-18 戊寅、18-28 己卯、28-38 庚辰、38-48 辛巳、48-58 壬午、58-68 癸未、68-78 甲申。

　　八字命盤的看法說明如下：貴造年柱「己卯」，月柱「丁丑」，此丁火生年己土，代表妳將因事業的成就而回饋給父母，而非父母庇蔭妳。

　　八字的看法，原則上是「天干」和「地支」分開看，就像前面所分析的，然而看「天干」時得參看「地支」，如貴造中「丁火」是喜神已確定，這「喜神」力量多大呢？它要照顧「日主」，又要回饋年柱父母，它有此力量嗎？丁坐丑土，丑洩丁火之氣，所以這丁火很微弱，反哺之力只有在丙丁或巳、午、戌流年機率高，同樣的，自己本身的旺氣也是在那些年。

　　究竟何者才算真喜？那就是「用丁者，以甲乙木為喜」。你八字天干以丁為喜，稱丁為「用神」，助長「用神」之旺氣者才是喜。貴造逢甲乙年，助丁又剋住劫財，那才是名利雙收時，輪值

丙丁年，旺得如天上太陽，同時也是劫財囂張時，當火氣稍褪氣，災難就來了，就是說戊己之後的庚辛壬癸年，幸運一點的淡薄過日子，逢不好的地支扯後腿時，就是苦日子。

在此58－68的癸未運裡，癸為財，庚為食傷，食傷生財完全要靠「腦力」自立更生來生財，多還是少？去年的庚辰，辰土與命盤丑未搭配，雖無相沖，倒洩丁火之氣，諸事未盡如意，辛苦經營，今年辛巳五月中旬後會旺起來，地支一旺，天干丁火就有力氣來生養己土了。

再談命盤「地支」，命盤卯丑未寅，木氣較旺，卻無水滋潤，水來好嗎？要看什麼水，亥水來，寅卯皆可合，屬不錯，財可得；子水就不太妙，子丑合，又引起未土吃醋，家中為財事不寧靜！！見辰、丑反倒穩財，少賺而已，因辰丑皆含水財，也帶劫財土。

其實地支中卯和寅都有小剋丑、未之嫌，這點不能漠視，就是逢寅卯年時，寅卯會更強壯來欺丑未，代表娘家、子女等會在那時，製造很多事來煩自己，甚至影響到事業。

總之天干和地支要分開來看，將自己命盤放中間，大運就像日柱眼前的一條道路，流年月則如路上的氣候，然後衡量誰的力量大，大過「自己」的，代表自己會被欺壓或分解，小於「自

己」的就會被自己吸收或打敗。

58－68癸未運，財在天干，逢庚辛流年都利於財，戊己就是損財。

68－78甲申運又不一樣，正官財在帶路，甲木生丁火，喜用皆佳。地支申金洩未土，合丑土，代表自己思想靈通，而且剋住卯和寅，使他們不來干擾妳。得小心的是傷害申運的庚辛流年，以及和申相合的子水或戌土，那些流年和大運對抗，「日主」將討不到好處。

以上完全以「命理分析」著文，不是以「算命」角度，希望有助您對我的「五行八字氣流論」能更加明白其互動性。

✕　✕　✕　✕　✕

四 怎樣的八字才算有財庫

Q 到底什麼樣的八字算帶財庫，八字有帶財庫的人就有老闆命嗎？

木命人財庫在辰，戌，丑，未

火命人財庫在丑，戌

水命人財庫在戌，未

金命人財庫在未，辰

土命人財庫在辰，丑

日元所剋之五行為「財星」，辰戌丑未為四墓庫，凡「財星」所入之「墓庫」皆為所謂「財庫」。

八字有「財庫」之人，未必一定當老板，就算當上老板，也未必穩賺，必需要看日元強弱旺衰，或有無氣勢？可否任財？等等原則……

這是我本身看法，希望八字同好參與研究探討！

華阿姨，不曉得我以上論點是否有誤，請您指點，謝謝。

A　華阿姨回應：

有財和有財庫本應一體，但很多人（不富）就是兩者分開，錢財有進有出者，通常屬食傷生財，比較有「老闆命」，作老闆是否會賺錢，或是一生是否會致富，就如愚翁兄說的：「就算當上老板，也未必穩賺」，主要是要有財庫（不能被劫）。

稍修正一下愚翁所列：

木命人財庫在亥、辰、丑；未土和劫財類似，戌土則相等傷官，都難蓄財。亥中有戊土有壬印。

火命人財庫在丑。

水命人財庫在辰。

金命人財庫在未。

土命人財庫在丑、辰。

Q 亥並非十二長生的墓庫，若因亥中有戊土而認為是庫，則藏有戊土的地支還很多，如寅藏甲丙戊，申藏庚壬戊，是否也能當成庫？

再則，水命人的財庫應在戌，華阿姨應是打錯字了吧？

我這裡有個問題想請問大家，一般我們說戌為火庫，因戌中藏戊辛丁人元，其中戊土為本氣殆無疑義，但辛為金的餘氣，而丁為火的餘氣，究竟辛丁兩者孰重孰輕，實在是分不清楚，再說目前的節氣已過霜降，天氣已經開始冷起來了，早晚不加衣服易容著涼，而窮通寶鑑也說過了，霜降之後以調候為急，但是目前卻仍在戌月，若戌為火庫，但氣候實在已經開始寒冷了，那裡有一點火氣在？因此我在這裡想問的是，若看到地支有戌（如生在戌月），那到底應不應認為火旺，還是有其他看法？

A 華阿姨回應：

戌中的丁火為木的食傷，食傷不是潛藏生財的本質？

木火土一路相生，為何會有破財的傾向？

還是因為戌中辛金造成甲木傷官見官，為禍百端呢？

至於乙木的食神見辛金七殺，會有不同的結果嗎？

而亥中若藏戊土，是否又會有財印相戰的可能。

Q 亥之可以成為木之財庫，是因為亥中壬甲戊，其自我相生，水生木，木剋土，使木得以水土兩得，所以我把它列為木之財庫之一，我看過一命造，其四柱無辰戌丑未，天干亦無戊己，地支卻有三亥，實情是得少許遺產，有固定職業收入，年輕就節儉購屋……至今即時經歷過亥子兩運，從未為錢財煩惱過，如今表面上退休在家，什麼同鄉會，合夥的小公司都有車馬費收入。

除這案例外，有許多甲木人，只要有亥在月支或時支，財務狀況都不錯。

不知你可有類似案例可佐證？

另外，水之財庫，我想應該是辰戌擇一，命盤水多以戌為財庫，水不多則應以辰為財庫。這也是多年論命得來經驗。不知你同意否？

A ▶ 華阿姨回應：

戌是十二地支裡最頭痛的。戌中戊丁辛，辛在此幾乎是礦石，整個組合就是一只堅硬待燃燒的岩石，一逢午，立刻成為紅通通礦石，逢寅更奇妙，大家都以為寅中甲木能剋戌中戊土，其實，是什麼使戌土更熱更堅硬？

甲木逢戌，戌土硬且帶火，會使甲木如你說的食傷生財，但木之本性喜水，可以有火暖水，卻忌燥土使生木變旱木，我有些詞窮，五行的意境，真的很難說清楚講明白，但保持五行「自我生存」，是絕對必要的條件，譬如「木」，寧可水多木浮，生活飄蕩，也不願火多木焚，一輩子困頓。

× × × × ×

五 吵架的藝術──知進知退

哪對情侶，哪對夫妻不吵架？談此議題前先說本「吵架」的範圍，「吵」就是口少了，什麼叫口少，我解釋成這樣：

老公：我回來了，路上車好塞……，今天真的累，我洗把臉喔……。

老公：老婆，有飯吃嗎？

老婆：……

這就是口少，其中一個不說話生悶氣，加上「架」以後，就不同了。

老公：怎麼不跟我說話，生什麼氣？今天發生什麼事？

老婆：……一個叫檳榔的美眉，打電話來說你好久沒去了……。

老公：什麼檳榔美眉？我不認識……。

老婆：巷口的呀！我都見過你上次和她說小聲話，想起來了吧！

老公：啊～～那個女人最愛亂亂說……。

老婆（大聲）：什麼亂說，誰給的電話！她怎麼不打給隔壁王先生，樓下阿明，偏偏就打給我們家的「王董」？！

且住，今天真正要聊的是，「吵架」究竟代表什麼？是好事還是壞事。從我這種標榜「家庭要幸福」的角度來看，「吵架」卻是件「好事」，因為「吵架」之後的「共同利益」遠大於吵當時。

我一對夫妻朋友在路上不但吵架，且聽說差點打起來，最後雙雙到「賓館和解」了事，妙吧！我兒子和女朋友吵架，最後

也是去度兩天假做補償。

　　這「吵架」有提升感情的階梯的功效，但莫忘階梯提高後，下次再吵，那不是「好了，好了，算我錯！這星期去渡個假……」可以解決。

　　尤其是已經結了婚的人，老公回到家找不到老婆，是常有的事，因為她躲回娘家去。早期的「娘家」不是可以隨便回的，沒有正當的理由，娘家的父母兄弟是不會讓妳回去，現在呀！「媽媽就住下條街」，「我大姊就住在樓上」……吵個架，太太跑到親人家不回來，好脾氣的男人會低聲下氣去「串門子」，把妳接回來，個性倔強的，不甩妳，自己到外面吃吃喝喝回來睡大覺；不回來，就永遠不要回來！

　　所以吵架要知進退，該口少時就口少，只要一方口少了，架就鬧不起來，架不一定指動手，雙方破口大罵就是「架」的行為了。

　　我，五十多歲了，夫妻還吵嗎？告訴你們年紀愈大吵架愈對勁，因為太了解對方，需用什麼言語、什麼架式，雙方都很清楚，只要一開戰就是：

　　俗語：床頭打，床尾和。那是指年輕人，老人家是，嘴上鬥，腦裡不鬥，只要腦沒惡意，像上段的吵架，也可以吵翻天，

碰！關上大門自個兒打牌去了，也可以就像鬥鬥嘴般結束，也就是說吵架吵得離譜否，完全控制在個人的「腦海中」。

惜情的人「吵架不說重話」，說重話的人，小心「覆水難收」。

無論年輕或年老，吵吵架可以增加情誼——為了增進情誼請多多吵點架，但，火候要控制好，不要賠了夫人又折兵！！

× × × × ×

六 門當戶對—愛情與婚姻

「門當戶對」是以前有錢人和窮人的用語，隨著時代進步，自由戀愛的普遍，這個名詞只有在戲劇節目才看得到。

然而，從另一角度的「門當戶對」來衡量婚姻時，它似乎佔頗重要地位。

什麼是「門當」？就是男女雙方學歷不要太懸殊。男歡女愛在一見鍾情後就可能展開，但一旦共同生活，懸殊的教育領域和價值觀，會阻隔開雙方交往愉悅的生活，甚至彼此談事、談心的情趣。後面再舉例。

那什麼又是「戶對」？如果你學商，那你的對象最好與經貿財商有關，和一位理工學機械的來往，彼此間交集點會隨著時間而疏遠，你做你的，我做我的。我們常看國外電影裡，男教授愛上咖啡店侍女，或女律師愛上一位流浪漢等等，那些不是沒有，只是電影只演到他們結合感人的那段，往後面五年、十年的共同生活是否一路恩愛，是你我所不知的。我身邊所知，一位台大女學生因叛逆她爸爸的威嚴，和小學畢業的伙計私奔，從台北到花東鄉下，他做工，她當老師，沒幾年，女老師還是離開了他，回到台北工作任教。

我一位同事的姊姊小學畢業，長得很漂亮，和一位教授結婚，她乖巧的服侍他，至今未聽到離異的風聲，但同事姊姊和教授間的關係，就像主僕一樣，她打不入他的社交生活，他雖很有修養，僅表面與她家人點頭之交。

我另位離婚的朋友，也是在發現先生婚前編造高學歷騙她而耿耿於懷，最後終至離異。

我所舉的都是不好的，因為題目是「門當戶對」，若不巧，你正好是這標題內的一對呢？怎麼辦？

俗語：輸人不輸陣。如果妳的先生學歷（或學府）比妳高出許多，奉勸妳朝他「較弱」的方面趕快加強，因為妳要在他

的領域內跟他平手是很難，遑論「超越」。但他較弱的，譬如他史地不好，妳在這方面要多閱讀，才有機會糗他，才能達到交談的「平衡感」。像我先生50年代大學生，是學商的，而我是公立學校高商生，程度上差異不算太大，而我，數理好，邏輯觀念不錯，加上反應快，只要不讀會計、產經……，隨便聊天文地理（史地除外）、醫學、藝術……我可厲害多了！

　　雖然，我常看書，常寫作，在詩詞文句的造詣，仍沒他有深度，還好我寫文章的架構、文思，又似乎比他在行，在婚前他是家中「秀才」，婚後，反倒親友來往的書信，孩子的作文等都是我在處理。還有，他的語文能力好，英語、粵語都通，我真是「差得遠」，這「戶不對」的部份，就在「戶口」上只填他大名，意思每逢出國或接待國外客戶，我只要乖乖在旁作陪，當個精幹的小秘書就好，他也樂得在客人面前當「老大」。

　　被親密的人「瞧不起」或「看衰」，是件很嚴重的問題，因此反過來談，如果你／妳比她／他學歷高、成就好，更要小心應對，不要傷到對方的自尊心，在他／她面前「愈懂的」要越閉嘴，除非對方示意，讓你來！

　　由於門不當、戶不對所造成的後遺症很大，如果你／妳沒有很大耐性或毅力，儘量不要嘗試，小小一個不愉快，就會覺

得卑微、受欺侮……等等傷透自己心,其實夫妻的不愉快,不管你是否門當戶對,都難免有之,而心理作祟或對方故意給難堪,也不是沒有的事!

既如此,能避免之則避免,嫁個有學問的老公、討個有錢人家的大小姐,一輩子都有妳/ 你罪受!

× × × × ×

七 不要當個「全盤皆輸」的人

真的不要!

電視廣告上老說:「不要輸在起跑點」。朋友,在起跑點能贏的,就是最前面的那一個,大多數人都很平凡,「最前頭」的那一個,留給廣告裡那個模特兒,我們,平常人只要,「不要全盤皆輸」就好!

「全盤」指哪些?

家人:

父母不一定完美,手足不見得個個出眾,你不見得是家中最笨拙的,但一定要和他們保持互動,這時刻吵吵鬧鬧,下個

時刻道個歉，又是嘻嘻哈哈一家人，唯有和家人保持「互動」（即使他們是你的大包袱），你仍舊是個「贏家」。

朋友：

　　無論成長就學過程或成年就職，都要保持一、二位談得來的朋友，小學一、二個，中學一、二個，高中、大學、現在的同事……加起來就有十來個，嗯，有這麼多摯友，不必自己多出風頭，生存上已經是「贏家」，四海皆有兄弟嘛！

情感：

　　不一定要轟轟烈烈，記得有始有終，每結束一段情感當然是痛苦、掙扎，甚至憤恨難消……等等，奉勸你（妳）結束就是結束，坦然接受；是自己提出分手的要小心，要一再地好好向人道歉，要給對方療傷時間；若是對方提出的，要冷靜衡量，有可能補救嗎？如果盡能力去挽回仍不被接受，得有風度退下，給自己留點補救機會，稱「雖敗猶榮」，以後再相見，抱在他/她手裡的乖乖，還叫你叔叔或阿姨哩。當然更不能「腳踏兩條船」，或甘心去「當第三者」，「贏家」不做這種事。

事業：

　　事業是一個人身份的代表，名片上是「總經理」和「董事長」，連路邊一起吃個蚵仔麵線，都得總經理先坐，身份高低

固然重要，但想在群雄中當個「贏家」，卻是不容易。以我個人經驗來說，誠實、進取、敢擔當，願意接受高難度挑戰的人，即使職位不高，或即使他的某些案子失敗了，但在同事合夥人眼中，他有這樣的人格特質，永遠也不會被淘汰。

錢財：

「錢財不露白，多少留三分」，口袋沒錢，偶而和朋友借借，有借要有還，而且次數不能太多；若借錢給朋友，最多只能借出百分之七十，自己一定要保留三十，借錢給人，要有「收不回來又不傷感情」的心理準備，否則就少借一些，或拒絕借人。

小氣的人不受歡迎，慷慨的人雖受歡迎，但卻未必是贏家。我有位土財主朋友，最愛辦桌請客，我們卻對他敬鬼神而遠之，即使他很健談，見識頗豐，吃喝玩樂，就是交不到真正好朋友。

錢財方面要處理到成為「贏家」，收放的技巧很重要，而最大的輸家，就是整日喊窮，到處請求施捨的人。

最後提醒你，強出頭絕非「贏家」的面貌，接受挑戰前，自己當然要先有三分把握，千萬不能高估自己，弄巧成拙，否則不只被在大辦公室裡被人KO，還可能走出去後就不再回頭。

還有，等著看你失敗的人，總是躲在門縫後，一方斜眼偷

看，一方冷嘲熱諷，遇到這種人別理他。若是今天挑戰失敗被長官海K一頓，也沒關係，因為你還是能直挺挺地站在大辦公室裡；這次就算被K了，下次還是有機會，在這大辦公室裡接受新任務，這還是算「贏」了！

人情事故、情感婚姻、金錢事業以及子女朋友，人生所要控制的，無非是這些……，但這些這些……足夠一個人昏頭轉腦，如果你不清醒、不積極、「失志」、「頹喪」，那麼「失戀」、「貧窮」、「不肖子女」等等，就將佔據你的生活。人生沒人能十全十美，沒人能去控制好瞬間每件事物，也不必樣樣皆贏，只要「不全盤皆輸」就好。

× × × × ×

八　海海人生，什麼最快樂？

如果你跟我一樣，從小生活就無憂無慮，一直到現在退休，生活仍然閒散悠遊，最會去做的事，就是回憶以前美好的事件。要做到這樣，大概只有兩階段：

其一為「情感」未固定前，那種有收入沒負擔逍遙日子，

當時不覺得什麼，現在回想起來，多麼愜意。同事招手，朋友吆喝，想去哪兒就去哪兒，不必考慮誰的想法，不必擔心「那個人」在意否。甚至男女同事到餐廳喝兩小杯……真是不可多得的浪漫人生。

其二就是孩子出生後，真正的家庭生活似乎從這裡起點。孩子的哭聲、笑聲、撒嬌聲……一家三四口，生活忙碌又充實，如今翻看舊照，每張的背後都有一段甜美溫馨回憶，漫長的成長日子累積幾籮筐歡笑。

除此外，當然有諸多片段美好回憶，但，無論如何都比不上上述兩段。如果你問情感方面呢？譬如戀愛結婚度蜜月……嗯，這些都很值得去溫存，然而二三十年的婚姻生活，總難免有不協調階段，兩者間往往相互有折扣……所以難有那種無負擔的快樂感。

奉勸朋友多珍惜「單身」逍遙期，不要為沒有異性朋友而自煩（當然若是超過35歲未婚是該煩惱囉！），要珍愛子女的童年期，不要嫌孩子吵鬧多事！

× × × × ×

九 女人四十一枝花，五十一盆花

這可是我發現的。

一枝花，怎樣看都美，一盆花呀不一樣，得有花有苞有枝有葉，那盆兒還不能不搭調，一切都適配了，美不美才說得出來。也就是說，四十歲的女人單憑那份嫵媚感就夠瞧了！五十呀，皮膚要白、皺紋要少，身材不能變形，眼神不可呆滯，穿著還得有品味兒，搭配過頭像個老妖婆，弄巧成拙更不好，所以女人五十真是一盆花。年輕的你們看法如何？

讀者回應一：

華阿姨你好：

我認為女人做回自己最好，多少歲的女人就做回多少歲的女人，每一個年級的女人都有每一種美，千萬別弄巧成拙。祝華阿姨每個年級都有每一種美，心美人自然美^_^

讀者回應二：

芝蘭生於幽谷，不因無人而不芳！

花，不會因沒人欣賞就不開花。

人，總是活在別人給你的價值觀。

花，不因讚美而高興，不因批評而生氣。

人，要人讚美恨人批評。

花，不會因你看了它心情好，就要好處。

人，做事都計較好處、求代價。

花，展現自然的生命活力。

人，用很多的假面具修飾自己。

花，被踩死了不會恨你。

人，被傷害了作鬼也不會放過你。

花，……

人，……

花似乎比人美多了！又具德性…

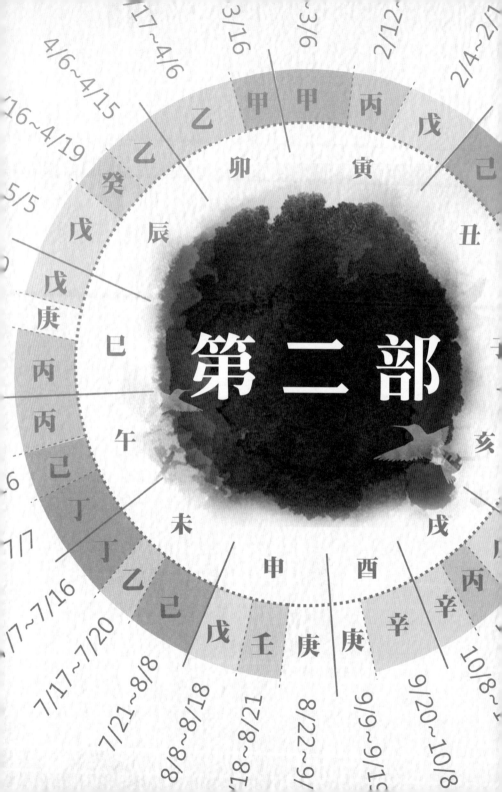

第 二 部

一

圖|解|五|行

一 十二地支藏干圖？

藏干司令日圖

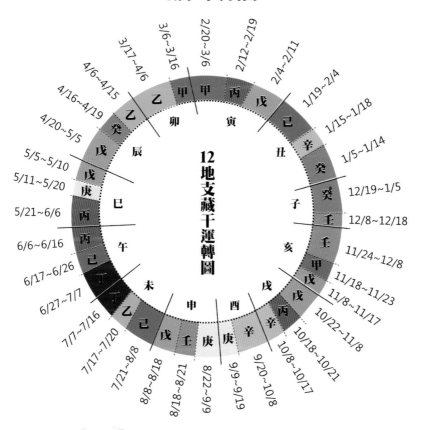

本圖〈十二地支藏干〉至為珍貴，歡迎收藏保留，本文採用陽曆。

1. 本圖是根據地球365天規劃出來，這圖形格式是為了標上日期設定。

2. 日期是根據24節氣日的陽曆，當然轉換時會有時辰誤差，可參考每年的農民曆。

使用方式

使用性很廣泛。譬如看盤時，該日主出生在6/25，過6/22就是藏干丁火，個性屬真正火日人，問及其他事物都可對照判斷，準確率相當高。

這樣說，這張圖顯示的是以一年12個月來標示日期和藏干。

× × × × ×

 ## 二 認識命盤

這圖片所代表的就是一組以〈天干〉為主，而地支(藏干)則藏於內部的運轉模式。

說明：

　　以〈甲辰〉為例，甲木藏於氣團表面，地支的辰，內藏3/6的戊土、2/6的乙木、1/6癸水，結成一〈氣流團〉。

　　這小小〈氣流團〉將和出生年、月、日、時結合成〈五行八字氣流團〉，而〈八字氣流團〉還會和流年、流月、流日的氣流團〈碰撞〉，碰撞後是〈結合〉還是〈排斥〉，事情就發生了，是喜是忌就這樣產生出來。

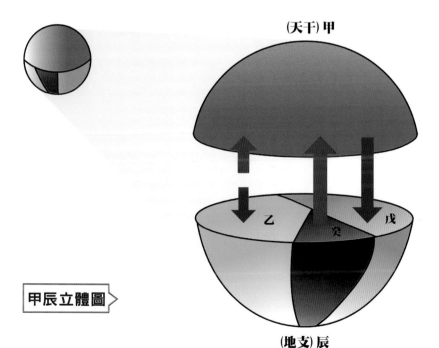

甲辰立體圖

××××× ×

三 先天基因與後天八字

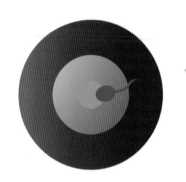

我們先從人體基因構成談起，人體基因相等於「先天」，而八字論命屬於「後天」，兩者相配合才是我們真正的「命運」，怎麼說呢？且慢慢往下看。

上過生理衛生的課程，大家應該都知道，「卵」和「精子」結合，形成「胚胎卵」，這也就是胎兒。

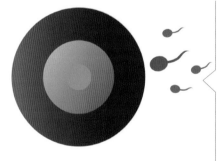

胎兒的基因由父母親各23對「染色體」組成，這23對46條染色體，就像23大冊對頁筆記本，每頁都有著複雜的程式記錄，控制身體任何一部份「成長」。

這個可愛健康的嬰兒，就是遺傳了父母健康基因，如果父母有某種疾病基因，這嬰兒也可能帶有，只是不知何時「發作」而已。

這些都不是出生後的「八字」、「大運」等所能知悉！

基因就在細胞裡，細胞充滿全身，它們有著自己活動的「韻律」，即時把這嬰兒控制在某個「溫室」裡成長，只要繼續供應營養，他一樣活得下去，並且適應那個空間的環境與命運，這樣代代相傳，那樣一直生存下去。

如果要推算他們的命運，大概得測出那空間的「成份質」，就像我們所生活的地球上的「氣流」結構一樣。

這些高矮胖瘦的外型，甚至外貌，都來自父母的基因，所以別人一看就知道：你是某某人的小孩！可見遺傳工程的「精密」，那些頂尖的科學家，正在為我們解開基因的祕密，打開這個祕密，所遺傳來的「精密特質」就會呈現在眼前，加上「後天氣流層」的數值，人類生長成長的過程，「基因這個電腦大哥」就會模擬給你看！

細胞遍佈全身，掌控一切成長機能，每種動物都差不多一樣的照著基因遺傳，而人類所謂的「命運」，掌控一生禍福的這種機制，其實全繫在「腦功能」的精密度，這和「八字」有什麼關聯呢？可不可以推論相互的關係？

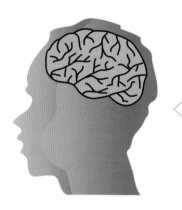

其實腦部的結構，只能用「鬼斧神功」來形容，估且不論是多少細胞組成，就分析其「部門」來說，就令科學家「傷腦筋」。

大腦內部有管成長的、管人情的、管事物的、管邏輯的、管算計的、管記憶、主「運用」的……各種功能全都有。

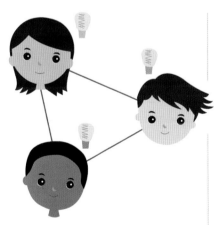

基因遺傳，使每一個人的「腦部神經發育」，大大的不相同！

這可不一定來自父母，有時是幾代人基因遺傳的結果，基因遺傳成了：「這個人算計能力特別好」、「那個人人際關係……笨笨的欸」……；一個人先天的腦部基因結構如此，出生時的後天的八字又如何？和它們相關的「大運」，「流年月」等等空間氣流「流動」相互關係又是如何？彼此相互交結成為「行動」，這個總結，就是一個人的「命運」了！

✕　✕　✕　✕　✕

四　五行氣流與節氣

現在再來了解氣層間流通的「五行氣流」，而為何五行氣流可以影響「生命」的運轉。

圖中顯示太陽系的運轉。當然她們並非一直在原地自轉或相互環繞而已，整個太陽系往武仙座方向快速移動。

他們彼此間的互動，有如一張蜘蛛網般聯繫著。

人類所生長的地球，繞著太陽運行，經過億萬年的變化，而有了如下圖般的「氣流」出現，這使得「生物」得以生存並且不斷的「演化」。

太陽和地球的距離有著不同「氣流層」流動。氣流層的聚散形成氣候，有些地方四季分明，有些則僅有夏冬兩季。

這所謂的「氣流層」所夾帶的「電子族群」，來自地球內部散發出來，以及太陽黑子散發出來的「磁場」凝聚而成。這磁場就如上圖的蜘蛛網般，牽動網內一切。

太陽和地球間充滿著「氣流層」，這些氣流隨著

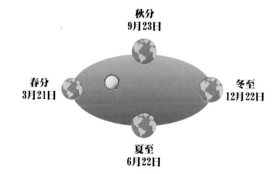

科學家根據太陽和地球的距離，計算出如上圖四個日期，這也就是一年24節氣裡的四個。

可見「節氣」並非中國人的專利，更明確的，「節氣」是根據「陽曆」而製，現行「農民曆」的節氣，應該是對照陽曆而來的。農民曆之沿革有待追查。

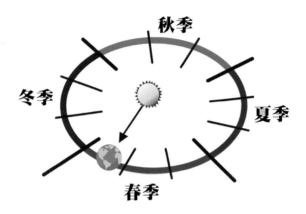

當太陽地球形成某一種「距離時」，太陽地球間密密氣流層逐漸散開，暖暖的陽光照耀在球面，地球上的雪融化了，動物們都出來了，青青的草地，逐漸形成的濃密樹葉，一切都是生命的跡象，這就是「春來了！」

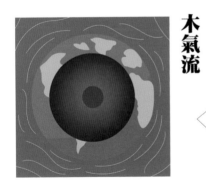

木氣流

而當地球氣候屬「春季型態」時，地球內部從熔核開始到地面土層都會起變化，代表樹木的綠色氣流散發在隸屬「春季氣候」的地區。我們稱之為「春木」。

而「春木」由一年開始的第一個節氣日2月4日「立春」起，經過3月21日「春分」到4月5日的「清明」開始接近尾聲，4月22日之後就是春土期，5月5日在立夏來前消失。

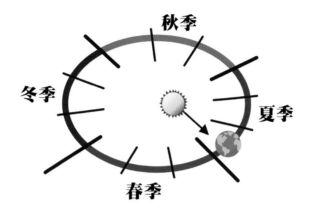

若以「春季」為標準，當太陽再接近地球面時，「火氣流」散播在「夏季型態」的區域、氣候變得炎熱，這種炎熱就像「火爐」一樣，這就是「夏季型態」。這種「夏季型態」，所散發出來的氣流像火一樣，稱為「夏火」。

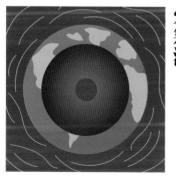

火氣流

「夏火」由5月5日的「立夏」日開始，經過最熱的6月22日「夏至」，從7/23日的大暑後逐漸降溫，8月8日「立秋」時，就退氣了！

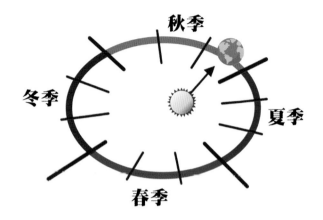

進入「秋季型」氣候時，太陽和地球距離逐漸遠離，空氣的變化隨雲層的增厚而無常，時而陽光普照，曬得皮膚痛癢，時而風起雲集，氣壓低沉，經常一陣狂風，掃落被陽光蒸發而乾枯的樹葉，這種無常，猶如一把利刃，令人心神不寧，稱為「金氣流」！

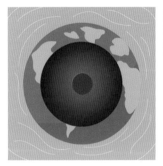

金氣流

金氣流從8月8日的「立秋」日起，經9月22日的「秋分」到10月8日的「寒露」開始退氣，當11月8日的「立冬」來臨時，金氣告結束。

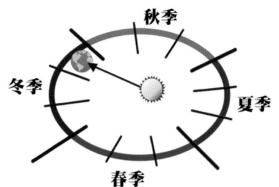

秋季

冬季

夏季

春季

由 這張圖可看出，太陽已遠離球面，白天縮短了，夜晚加長，天氣全面轉入寒冬，生物也都相繼「冬眠」，植物業經秋風的洗禮，也差不多成枯枝，大雪紛紛，大地一片沈寂。

陰森的「水氣流」籠罩球面，球面的活動似乎都停止了，然而看不到的屋內，人們心裡面，卻開始計畫下一個年度，樹木也一樣，種子深埋土層雪堆裡，慢慢孕育，靜等下一個春天。

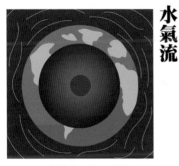

水氣流

這 「水氣流」從11月8日的「立冬」日起後，經過離太陽最高日的12月22日「冬

至」後，在1月5日的「小寒」後，逐漸退去。下個「立春」來臨時，冬水也告一段落。

木火金水及後面所分析的四季土，合為「五行」，這五行又分有「陰」與「陽」，即通稱的：陰陽五行。也就是説「木氣」分陽木氣流和陰木氣流，其餘類同。

陽 木氣、陰木氣、陽火氣、陰火氣、陽土氣、陰土氣……形成一環狀彩虹光圈，這光圈就環繞在我們所生活的地球外圍，當接觸球面的是木氣時，就會散發出類似圖面的「綠色分子」，讓地球面綠意昂然！這就是「春季氣流型」

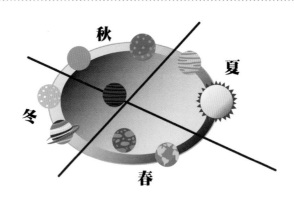

接 著，就是「夏季氣流型」、「秋季氣流型」、「冬季氣流型」，一圈繞完又繼續第二圈，第三圈……我們生活裡的歲月就是這樣，一天天一月月一季季流逝！

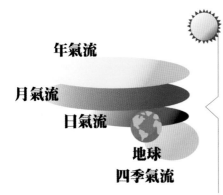

彩虹氣流圈也不只一條，範圍最大的是「年氣流團」其次「月氣流團」，和離自身最近的「日氣流團」。地球在此三層氣流包圍下運轉，同時與地球本身配合太陽運轉，所形成的「四季氣流」，相互流通推擠。

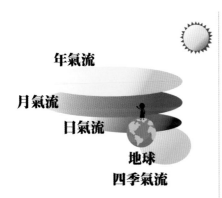

人類在地球上誕生，從出生的那天起就喝地球的「水」，吸取天上地層交流的「氣」，可以說：我就是喝這個長大的！所以我們體內有著此種天地交錯的「氣流成分」，不只這樣，人類的這股「氣流」加入天地氣流交戰，造就與天與地相爭，最聰明的生物，此生物雖小，卻萬年不死，基因一代傳一代，聰明的運用這整個地球甚至氣層圈，有一天地球毀了，這殺手必是這一萬年怪物――人類。

× × × × ×

五　五行氣流與八字

這是前面出現過的圖案，象徵九大星球間互動關係如一張大蜘蛛網，但是這張大蜘蛛網並非靜態，他們以每秒30公里速度整個在移動。

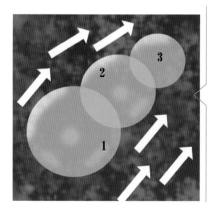

快速移動的結果就是造成一股很強氣流，氣流聚結的厚薄就看太陽與各行星間距離，其中環繞地球的氣流層屬最「適合」生物生存。

地球是活的！她一直在生長在變化，她體內和體外都和

太陽有著不可分開的交流氣息，這種關係延續到所有在地球與太陽間生存的「生存體」；水在變，山在變，生物也在不停演化。

因此，我們要說地球上任何生物的形成和消失都受著那張蜘蛛網的控制，自始地球生物形成時就有著氣流磁場的貫穿，並受其影響。

就像左圖這個人，他被層層氣流所包圍著。

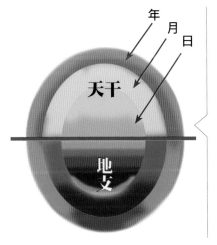

包圍在他體外的氣流就是「天干氣流」，蘊藏體內的就是「地支氣流」，左圖裡的三道色彩，代表最接近自己的「日循環」氣流；稍大範圍的「月循環」氣流，及「年循環」氣流。氣流隨「氣候」不同而有不同「氣流族群」，就是前面所提到的「春木」「夏火」「秋金」「冬水」

和「四季土」，這五種氣流於天際間的運行較單純，總是木→火→土→金→水→木……運行無阻。

地支的氣流就不一樣，它不是循環運行，而是隨地球氣候節氣之形成，由成熟的氣流、成長中的氣流及消失中氣流所組成。

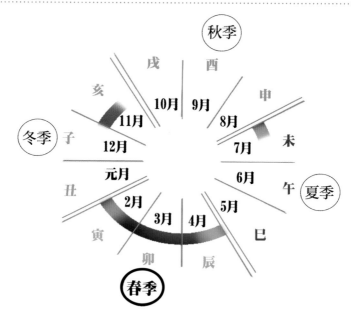

先從「木氣流」分析起，且以「綠色」來代表，木氣在春季最旺，但並不是除春季以外木氣都不存在，看左圖，「木氣流」最初形成在「亥月」，子月和丑月屬木氣之潛藏期，寅卯月木氣釋出，辰月下半月就削弱

了，巳午月火氣正旺，木氣被火引用，直到「未月」火氣退了，才又見到最後那一點綠！因此未月的土是帶有木氣的

土。

申酉戌月金氣橫行，木氣完全消失，到亥月才又孕育出幼苗來。

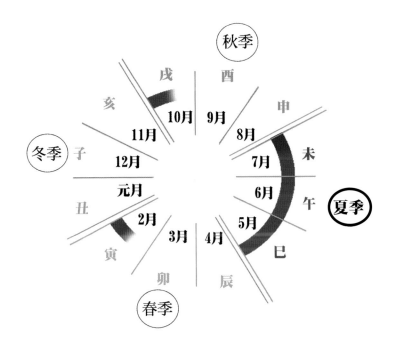

紅色代表的「火氣流」，也是一樣，由春季的寅月長出火苗，卯辰月都暗藏於底下，巳午未月散發出來，申酉金氣旺，火氣被金氣引用（金有火才能銳利），直到戌月

金氣漸退，火氣才由經由「戌土」冒出，所以十月的戌土是很熱的。

亥子月水氣濃，火氣完全消失，直到寅月才展露火苗來。

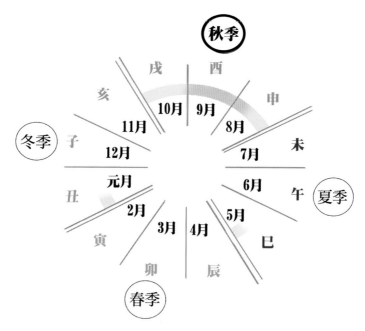

「**金**氣」旺在申酉月，在戌月就逐漸退去，所謂逐漸退去，就是戌月裡的金氣可能只佔不到百分二十，其餘被燥土，火氣分走了。這就是前面說的，

地支的氣流是分「成熟氣流」「成長中氣流」及「消失中氣流」之道裡，如「申月」金氣是主流就是成熟氣流，而土氣由未到申已是衰弱中氣流，

成長中的氣流又是什麼？就是下面要分析的「水氣流」！

因此這申月就包含65%金氣，25%土氣和10%水氣，其餘各月也一樣。

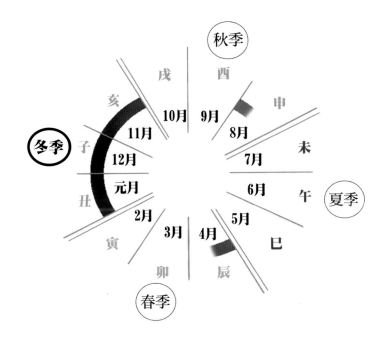

「水氣流」從申月逐漸形成，戌月屬燥土，所以水氣在十月是「斷氣月」，十一月的亥月、十二月

的子月，都是水氣旺盛期，丑月幾乎結成冰床，寅月化成水灌溉樹木，所以寅卯月水氣被木氣引走了！

夏季當然是水的剋星期，進入申月後才又重生。

四季土

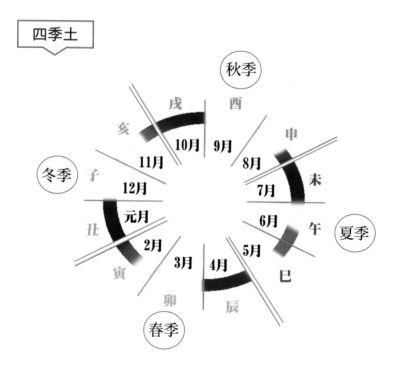

最後的「土氣流」，又與其他氣流之成長大不相同，土生在四季，稱「四季土」，由左圖可看出除了子、卯、酉外，其餘各月份皆有「土氣」。需明白的是「土氣」

是埋葬木金水火之處，它專收拾各氣之尾氣流，予以收藏孕育，使木金水火得以在自己季節有大量能源釋出。

但四季土所收藏的「尾氣流」，並非當季氣流，而是真正快消失的氣流，像春季末的「辰土」，收藏了即將死亡的「水氣流」，夏季末的「未土」，收藏了幾乎斷氣的「木氣流」，秋季末的「戌土」，就收藏了「火氣流」，冬季末的「丑土」，收藏了「金氣流」。

無論「天干」或「地支」的氣流，都深入的影響著「生命體」，包括植動物更包括「聰明多智慧」的人類，而且以「神經元」最繁密的「人體」受影響最大！

看此圖，團團氣流儘儘包圍人類身體，你能說「人體」不會是……被「圍著」走嗎？

對，人體就是被這團團氣層給「圍著」走，底下就要來說說是個如何被「圍著」走法。

× × × × ×

六　五行氣流與我

這就是「我」，我在幾聲「哇！哇！哇！」中張開嘴巴，吸進「當時」空氣中「天干地支氣流」，「我」就這樣讓不同氣流吸入體內，展開生命生存之途，年月日時八個字就這樣產生。

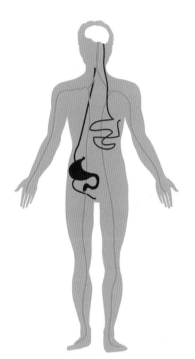

這個人不是「外星人」，是代表金木水火土等各氣流，「進駐」到身體各部位的情景。看到沒？以綠色所代表的「木氣流」充滿在骨幹裡；代表「火氣流」的紅色，分佈在心臟等動靜血管系統；代表「土氣流」的褐色進駐到腸胃等消化系統；代表「水氣流」的藍色，停留在腎臟膀胱等泌尿系統，由白色所代表的「金氣流」，於器官部份進駐於呼吸系統。頭頂上白白那一塊象徵人類「腦部」行為力，只能說進駐的氣流「剛剛好」則屬「天才」，「太少了」和「太多了」就會淪為「蠢才」！

放大上圖標出的字：「木氣」主邏輯，「火氣」主行動，「金氣」主算計，「水氣」主情誼，「土氣」主穩定。

在「木氣流」日子出生的孩子其邏輯觀念會較強，「氣流」適度者，會有很好分析辯論力，過少的就會少一根筋一樣，不點不亮，「氣流」過度者，思考方面就會呈現「膠著」，每思考某事總要牽動很多多別的事來糾葛自己，結果，模糊主題，累煩自己和身旁的人。

其他各氣流也是一樣情形，何謂多何謂少？後續再解釋。

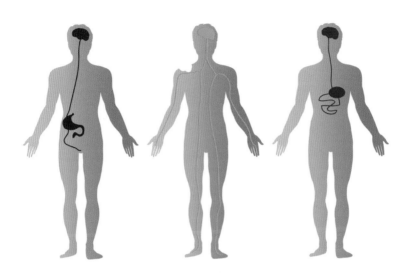

再看上圖：用綠色代表的「木氣」，進駐全身骨骼，也進入腦部的「邏輯神經元」部份；用紅色代表的「火氣」進駐心臟血管，也進入腦部的「行動神經元」裡；用土色代表的「土氣」進駐腸胃消化系統，也進入腦部「穩定神經元」裡；其餘如「金氣流」進駐身體的「呼吸系統」和腦部的「算計神經元」，以及「水氣流」進駐身體的「泌尿生殖系統」和腦部的「情誼神經元」等等。

這些氣流隨「哇哇」一聲而吸入體內，至於哪種氣強哪種氣弱，就要看當時「流年流月流日時辰」所組成的這股氣流成份如何，提醒您，先天「基因」遺傳和後天「氣流」是相互搭配的，有時互補長短，有時卻使弱的更弱，強的更強！

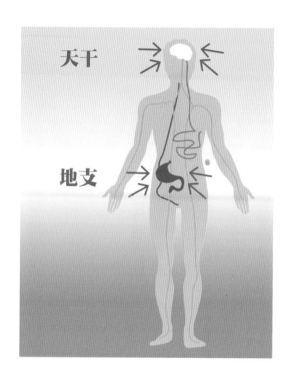

上圖所表示的意思是：「天干」之氣流通常聚集於「腦部」，因為我們的行為都是受「腦部」指揮，而「天干氣流」正是鼓動我們對外「行動」，推論「天干氣流」影響腦部，而「地支氣流」則影響身體器官等等，兩者互有關連，想想當您的「腸胃」不舒服、傳到腦部時，大腦將思考：要不要吃藥？能不能出門辦事？

當胃部老覺得空盪盪，腦部就會衍生：去吃東西！「行動」不就開始了……

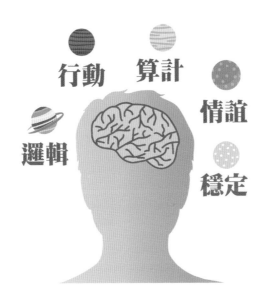

行動　算計

邏輯　情誼

穩定

　　這張圖顯示一個滿腦「火氣」的人，窮極無聊的坐不住，他的下一度行動是什麼呢？如果周遭的氣流屬和他腦裡所充滿的一樣，來了火氣，代表一票和他思想相同的朋友馬上來催他行動！假如來的是水氣呢？那可是與火氣相衝突哩！對，水能滅火，代表突然想起作業未完成，明天會挨罵，於是，心不甘情不願的拿出作業來塗鴉。木氣嘛能昇起火氣，代表他突然想起一件有興趣的工作必須去完成，他快樂的工作起來，即時有朋友來干擾，都會自行擋回去！

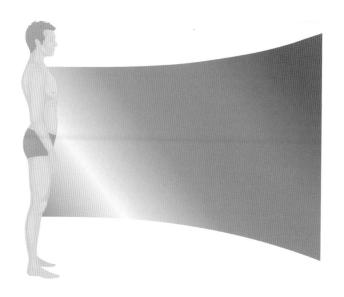

　　每個行星都有自己運行的軌道，人類也一樣，一生下來吸進那股「氣流」後，磁場方位就固定下來，以後會遵循自己的磁場方向前進。

　　看上圖，這個充滿「氣流分子」的身體，走在自己的磁場裡，依中國的五行氣流順序，他的軌道前進次序為黃色的「金」，藍色的「水」，綠色的「木」，紅色的「火」……軌道沒有盡頭，只要有生命在，運轉就一直前進……

　　這軌道並非「直直」的，它隨磁場運轉，屬活動性的，於是產生下面「互動」情形

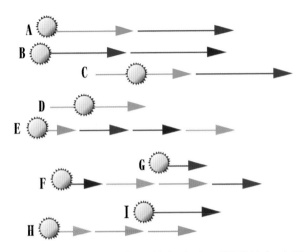

上圖列出 a 到 i 等九組「軌道」線，a 的朋友走水木火……路線，b 走木火土……路線，他們卻相隨左右，如果兩人是「異性」有可能是夫妻，是「同性」有可能是同學是工作夥伴。c 呢？是獨行俠，自個兒在自己空間前進！d 默默工作者，和年紀較長的 e 不期而遇，e 有可能是他的父親或……，f在黃色的金運和從他處過來的 g 相遇，他們的軌道並行， h 和 i 並行很久，卻到藍色水運才和i 真正「並行」，沒多久因軌道不同，又分開了！

人和人的關係無論有情，或是無情，總是聚聚離離，不為什麼，只因各人有各人的「軌道」，軌道不同而己吧！太過重情意的朋友，不妨放輕鬆一點，依隨大自然的法則，大自然就是要我們自自然然地生存，一切強求都是多餘！

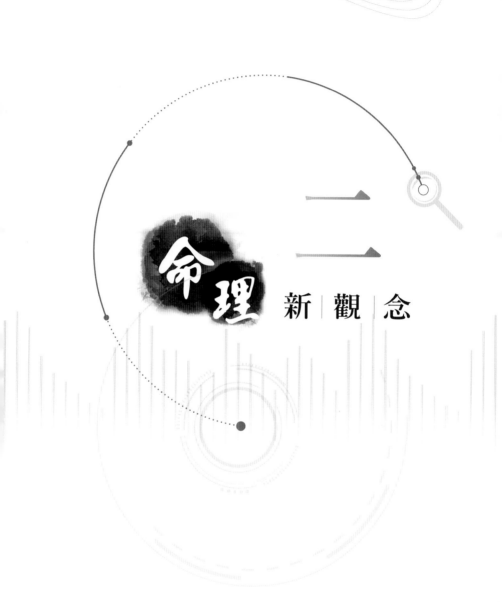

二

命理 新|觀|念

 代用字──地支

　　談談「地支」，地支？不就子丑寅卯辰巳午未申酉戌亥？！大家都說得出來呀！而且有學過的都知道地支裡有「藏干」呀！

　　在我研究裡，天干地支那22個字都只是「代用字」。地支有了藏干後其五行分別稱為：子水、丑土、寅木、卯木、辰土、巳火、午火、未土、申金、酉金、戌土、亥水。這些「代用字」雖然是毫無意義，但至少也是個「流月名稱」。然而，真正產生作用的「藏干」，從子到亥所藏的天干，正好是一年365天。

　　請聽我細說：從立春的「寅」開始，寅藏著天干甲木、丙火、戊土，「卯」藏有甲木和乙木……總共十二組，這要如何才能背起來呢？而且不是僅背住每一地支有那些天干就好，而是必須知道「今天的藏干」是甚麼。譬如今天9月16日吧，藏干是戊土，9月20日是癸水，能立即推算出來嗎？

　　上段的意思是舉凡365天，每日都有一「輪值官」，命理上稱為「司令」，9月16日這天的戊土就是司令。這跟八字又有何關係，不是有「流日」了嗎？

分析：就以9月9日干支是癸未9/16是庚寅，拿我個人丙辰日丑月來說，9月9日這天戊土司令和配偶相處並不好，因為傷官旺會老繃著一張臉。因為流日地支未土加上司令戊土，這一天傷官之氣旺到極點，會有口舌之災。今天9/16流日庚寅，對丙日的我氣勢很盛，但究竟上面有庚財，會看在錢財份上多讓步，偏偏今天司令也是戊土，這個……老太婆我對老爺雖然仍殷勤，但他還是沒好臉色。

經常有朋友懷疑我真會「通靈」，幾乎可以看穿他的一切，其實只因對「地支司令」倒背如流。可是，誰都知道要查看地支的「藏干」，真的很頭痛很難記，何況還想分辨到365天這麼的精細。

須知，每個地支都是2～3個天干組成，這2～3個天干並不是混合在一起，皆有「起始和結束日」，順著流月就這樣一串串都連接起來。而這2～3個藏干司令各幾日呢？查書本會比較精細，但我都用「約略法」。

我把每月的藏干，凡是2個的一個12天一個18天。譬如卯就是甲木前12天乙木後18天。子水藏壬水和癸水，壬水就前12天癸水後18天。那藏干3個的呢？那就把前12天分成3+9或5+7。寅木月從2月4日起前9天戊土中間3天丙火，最後18天都是

甲木。

　　那又怎知戊先、丙中間、甲最後呢？我把立春後的寅卯辰的藏干串聯起來，就可以明白其順序之奇妙了：

寅---戊土（2/4-12）丙火（2/13-15）甲木（2/16-3/6）

卯---甲木（3/6-18）乙木（3/19-4/5）

辰---乙木（4/5-17）癸水（4/18-20）戊土（4/21-5/5）

　　注意到沒？**每個月末，必和下個月初，是同一天干**，就是說流月跟流月之間，其實都是串聯的，這樣12地支就串聯成365天。

 # 二 關於陰陽五行尚有的疑慮

　　從早前背古人書本，一路研讀下來，的確獲得許多寶貴資料和知識。除了各書本的作者，對命盤的解讀不一定認同外，其他若說有「疑問」的，就是底下這兩組天干地支的合化了。

　　元素的合化，一定要有元素的本質和成分，這流傳下來的「合化」，我花很大功夫去擬出「公式」，2組干支是否合化，背

一背就好並不難，沒有信心的是，合化後的「物理現象」；也就是「行為現象」會是如何？這對論命的準不準確影響很大，以致如今每逢合化……真是「如履薄冰」！

先列出其合化：

「天干」

甲 己 合化成土

乙 庚 合化成金

丙 辛 合化成水

丁 壬 合化成木

戊 癸 合化成火

他們依序分兩列排站，稱陽為夫陰為妻。存疑的是：為何從甲乙丙丁分兩排來合化，這些都純屬「文字」，將他還原到陰陽五行，幾乎是說不通。

+木 （+） -土 = -土

-木 （+） +金 = +金

+火 （+） -金 = -水

-火 （+） +水 = +木

+土 （+） -水 = +火

合理性在哪裡？

好，就算他們是正確的，只是我個人還沒能找出所以然，但依據我十幾年來「論命」的經驗，其準確性還真令我非常困擾。

舉例：（模擬）

時 日 月 年

× 癸 戊 己

× 巳 辰 ×

日主癸巳逢月柱戊辰，這癸水被合化成丁火，癸水一旦變丁火，這組命盤也會改變，就是說，日主原本被官煞包圍膽小沒主見，一旦化成丁火，戊辰就轉為傷官，化約束為開放，只是坐巳火，個性上屬於急性。

這命盤如何算計下去？！

因此，每逢此類命盤，還是以「弱癸」來論述，經過多次與當事人的驗證，都算靈驗。「合化」這一塊，尚未有確切理論根據前，個人認為「還是少引用」！

至於地支的六合：子丑合、寅亥合、辰酉合、巳申合、卯戌合、午未合等。地支中藏干複雜，要合也是藏干在合，也是沒準則，但還不至於太離譜。寅亥屬水木，合了氣勢大，子丑合了水氣豐盛，辰酉的合，屬土金，也是一家人。

底下的「地支」四局，就不可忽視，要記下來：

1. 巳酉丑---- 金局。

2. 申子辰---- 水局。

3. 寅午戌---- 火局。

4. 亥卯未---- 木局。

命盤裡地支有任何一局，代表這股氣勢會完全控制著你個人私下的「思想」，屬喜，就一輩子都善於處理內務事，屬「忌」，就會是你私下生活的大考驗。以後命盤解說時再說明。

 三 十二日支新解

針對149組命盤做統計，分析其12地支如下：

「12日支：子7人，丑10人，寅13人，卯12人，辰11人，巳11人，午17人，未19人，申10人，酉12人，戌11人，亥16人」

先從我最在意的「戌11」人，說起，日支戌土，在性格上不但急又燥。其急燥性以10分來評量，甲戌約8分、丙戌約9分，

戊戌為10分，庚戌約6分、壬戌則5分。逢子逢亥都屬喜，尤其是亥，如果月支是亥，戊戌的急燥可降到7-8分，逢大運流年大都會是喜。如果你日支是戊土，則務必控制好自己脾氣和耐性，這屬本性，如果不控制好，若再遇未、戌，那才真是「叫天天不應」！

　　其次是「未19」人，在統計表裡排行第一，它象徵著「自我、自私」。未土藏干木火土，也是燥土。脾氣上沒戊土那麼爆，但，除非癸未，其餘都屬頑固型。未土逢亥或水土合化成木，又是見亥喜，見子水就半喜半憂，子為凍水，會澆熄未中丁火，除去了未中的火氣，是好是壞？就要衡量月支囉！

　　來個我最最愛的「亥16」人，跟午未比率上差不了多少，這16人呀，可都是「聰慧、上進、乖巧」；12地支裡「好處都歸他」！就算我老公日支不是亥，其年和時支都亥，再見己亥運，都還覺得好。因為亥中約有6/12壬水、2/12戊土、甲木4/12。6組干支：乙亥、丁亥、己亥、辛亥、癸亥。天干都是陰，是啥都不重要，重點都在那個「亥」。見寅、卯成木局，見子、辰會合成水、連未土都合化木，戊土對亥有威脅，但亥中有甲木，回剋也不太怕，若說怕，大概就是與子水結合成水局，怕水的一逢亥子水合必遭殃。有亥再加個寅木，這地支就天下無敵了。因此，你

的年支有亥，必是父母寵兒，代表幼年善於書本，月支有亥，必得長官師長重用，月支屬事業宮。日支代表配偶如父母如師長，會對自己好也很嘮叨，在時支（子息），孩子大多聰慧善良。

地支的排行看來是火土較旺，那就來談談另2個地支，「辰土11和丑土10」，為何一齊來談？因為這2個同屬「安靜、機智」的象徵，辰屬水庫，丑屬金庫。金水相生，命盤擁有這兩者，必是很冷靜沉著的傢伙。不同的是，辰土有木為人較仁慈，丑土有金，內心較會算計。辰有甲辰、丙辰、戊辰、庚辰、壬辰。屬陽，有其阿煞力鋼強的一面。丑有乙丑、丁丑、己丑、辛丑、癸丑，屬陰。比較不陽光，柔和善良。

前面說第一想看到的是「亥水」，那第二個呢？第二就是「寅木」。若說亥水是智者，那寅木就是「勇者」。你的地支是寅木，有六成以上機會是「X仔老大」型，總會在該出面受死時，第一個走出來。他可不像戌或午，寅中含甲、戊、丙，都是五陽之最，不會蠻幹，是最有智慧不怕死的鬥士。寅有甲寅、丙寅、戊寅、庚寅、壬寅，這五個人的「勇」都不一樣。簡單敘說：

甲寅（算是旱木有燥性），先跟你講一大堆道理，再問：那

你要怎樣？

　　「丙寅」（寅是丙的長生猶如師長兄弟），頭上一顆大太陽的他，會挺挺站在敵人面前：你告訴我怎麼辦，我同意，就照單全收，你們以後別再找麻煩，不然……。

　　「戊寅」個性較直，會說：給你一千元把事了了，不然馬上解決，屬立刻「亮牌」型的。

　　「庚寅」，跟他們又不同，他一定會搬出江湖上規條，像個律師，一條條說到對方無話可說，然後才掏出一千元，大家去喝酒吧！（寅是庚的火土印支地，印最擅長談判）。

　　「壬寅」（寅是壬火土財地），很會做人，一點都不誇張，請對方坐下聊聊，會分贓給對方來解決事情。有意思吧！！

　　還有一顆「福星」，就是「申金」，日支坐申金的人，似乎好處都歸他，堪稱「智多星」，尤其壬申。庚寅和甲申就差一節，尤其甲申，幾乎是看申金的臉色，這甲木不好過。丙申也是福星，申是丙的財，有亥來搭配，一輩子都幸福。戊申則也屬小聰明之類，很容易犯錯，尤其有子水這小人搭配，對日主不利，若是有巳火相伴，那就福澤綿綿。

　　另有一對死對頭，就是「卯木」和「酉金」。這兩者相見猶如老大抓老三，酉金就是非把卯木踩死不可，所以如果你日支

「酉金」，一逢卯的大運流年，就會想去驅趕、鬥對方，不管他是喜是忌。若，你地支「卯木」，見酉金可要小心應對，不要被打得鼻青眼腫。優點是，卯木者必有一巧手，酉金者為智者。

最後來談「巳火」。自坐巳火，像天賜一座土地公來安你身。五組巳火有：乙巳、丁巳、己巳、辛巳、癸巳。巳火是金的，長生之地藏有大量辛金，少許戊土和不少丙火。對乙木屬食傷（思考），對丁火是「益友」，對己土更是「暖土幫身」，對辛金絕對是「良師」，對癸水既「暖身又是財富」。最重要是，無論金木水火土，屬寒的喜歡他來暖身，就連頑強的戊戌土，都非常歡迎巳火來給予智慧，靈活那顆硬梆梆腦袋瓜！！

常言巳亥沖，其實第一要看他們是否相鄰，兩個意見不同的強人相鄰，絕不能衝動，一定要能掌控對方，那勝者必是你，若不相鄰，那日主是雙龍得珠福上加貴。

× × × × ×

 四　最準的命算家—大腦

這篇文章僅是我個人的「胡思亂想」，無法同意者請海

涵。

　　腦部是多麼複雜，掌管思想、掌管行動，他的形狀和結構來自「遺傳」，遺傳甚麼？遺傳每一區塊的大小，每一細胞的生命力，演變出各種不同思想、不同行動力的個人。

　　而「陰陽五行」有如化學藥劑，隨著磁場著附在不同區塊上，於是人人各有的「遺傳」，被後天的命盤、大運流年月影響，有著顯著的變動。

　　因此，就算命盤相同，其對外行為會相近，卻不會相同，才會「人各有命」。也因此，算命看前途，僅能檢測其「意向」作建議，不能保證必定，最準的命算家就是你自己那顆「大腦」！！

× × × × ×

五　基因工程與五行八字

　　朋友，此文是本人在停止學習2年後，於2006年第一次發表的「論文」，她完全改變大家一貫對「五行八字」的觀念。文章很長，歡迎對五行八字論命懷有疑問，或是想更深度了解「五行」

者，認真的、用心的一看再看⋯⋯

1.最偉大工程師

「基因工程」被譽為最偉大工程師，這可不是我們這些承襲古代算命術之輩拱出來，而是當今五十年來頂尖科學家給予的美譽。因為它所操控的生老病死，正是我們這些「算命的」所追求的。然而，我們大部分都是在氾「思想化」（科學家稱我們為「信仰者」），一群憑一個腦袋一張嘴巴，硬代表著推動人生命脈那隻手，信不信全在當事者，可以說毫無「根據」可言。

「基因工程」可不是這樣，他們——頂尖科學家投下鉅額研究費用，埋頭苦幹，實驗再實驗，歷經幾十年終有所獲。它們所發表的文獻，是千真萬切的事實，由於他們揭開「基因」之謎。相對的，我們這些「算命的」，越來越會「滿頭包」，怎麼說？我們又與他們何干？

「基因」揭開了生命之旅，從受精的細胞核取一點點，就能分析出此生命體健康否？聰明否？其生長速度、何時會病發、何時期會衰退⋯⋯我們這些「算命的」，不就是在搞這些

嗎？然而他們這些分析，精準無比，完全有數據，我們這些「算命的」僅憑一紙「命盤」，或是閉上雙眼，就要斷福禍生死，不覺得很好笑嗎？即時五百年前的劉伯溫大師，讓他上一堂「遺傳學」，包他回家後捲舖蓋隱居去了！

說明白了，「基因工程」就是我們這些「算命的」剋星，我們無法突破的，全隱藏在其底下，我們對它，只能忌妒，一點反駁能力都沒有，在此呼籲有興趣學命理的朋友，不要再被人家冠什麼「大師」、「高人」……科學日新月異，如果「算命術」不改弦更張，跟上科學的腳步，很快就會被恥笑：那是月球不是月亮。

幾經多次被告之：我曾經……妳看得出來嗎？即時我很努力去推演，仍找不出他為什麼會這樣！原先也總在「自己學得不夠多不夠好」在轉，自從我小弟四年前罹患肝癌短短二個月內去世，我才懷疑是與基因有關，因為我母親早年也因肝癌過世！

去年，我二弟在三月份給我電話時，我一再提醒他四五月情緒不穩，叫他一切放輕鬆，結果四月中仍然在現場無人協助下，自行搬運重物摔倒致死，這件事讓我傷心欲絕，即時我會算命又能救他什麼？如果他重操舊業整日在外奔波，我當然會

再三警告，問題出在他那時工作環境很「安全」，自此我更加對基因和磁場關係有興趣。

為了證實所想的是事實，從去年就開始研讀幾本著名基因書籍，先從「器官販賣店」、「自私的基因」、「從桃莉看以後基因工程」到「老化的基因」等等，閱讀並做筆記，為的就是想從這些精密的工程裡，為「算命術」解套，找出其相關連、或是相依附之處，因為我很確認空間裡流通的「氣流分子」，對成長中、成形中、退化中的人體，有著「發酵」功能，甚至認定這些「氣流分子」正是「細胞分子」的成長素，兩者關係猶如一為硬體一為軟體，彼此互為一組「基因成長細胞」，如此鬼斧神工的搭配，不但造就一個「人」，更造就其不平凡的「一生」。

不過，我到底僅是個「尋夢者」，對21世紀偉大科技「基因工程」所了解，只是小小皮毛而已，各位千萬不要把我當「科學家」般信任，發現本文有不合事實、不合邏輯、不合科學理念，牽強附會的，都請一一指正，這樣才不辜負我這老人家日夜辛勤，擠破腦汁硬寫出這種跨世紀破天荒理論！

當然，我深信本文的發表，對「算命術」的發展有著正面功能，期待有一天，科學家不再把我們的理念當「信仰者」，而

是他們急欲揭發的另一科學境界。我就曾在Discovery 看到相關報導，某些科學家已承認，空氣中的某些原子在人體的器官、腦部也被發現到，似乎那些「原子能自由進出大腦」，是否控制我們的思想，造成「命運」之說，則尚無人敢證實，那將使「信仰者」更加信仰，蔚成風氣，人類生活秩序將大為改變。

另外，「基因工程」是什麼，科學家何必苦苦追求之？未來的科學家不但研究基因了解基因，更進一步要「改變」基因。改變基因等於改變一個人的「命運」，對我們來說，等於改變「硬體結構」，這對我們這些「信仰者」會有影響嗎？看下去之前，請先閉目養神好好思考一番，才能判斷我以下的說法是否「有道理」。

2.「同卵異精」多胞胎的基因「減數分裂」效應

依五行氣流原理，人出生時，接受當時年月日時，匯集之氣流於體內，這股氣流中的「木氣」進駐骨幹，「火氣」進駐心臟血液系統，「水氣」在泌尿系統，「金氣」在呼吸系統，「土氣」屬於腸胃消化系統，這些都很明顯和「基因」成長就有關連，可互補長短，也可能增減器官功能。看來和「命運」似乎牽

扯不上關係，純屬個人「體質」。

譬如，同父母的多胞胎，他們的體質身體狀況應該一樣才對，偏偏多胞胎除長相可能相似外，其餘者不盡相同，體質不相同的，在相同的「氣流分子」發酵下，就演出「不同結果」，讓算命的我們，面對相同「命盤」說不出所以然來，為什麼？

最簡單的，在「同卵」和「異卵」之間的分別。首先要清楚，不管「同卵」或「異卵」，多胞胎一定是「多隻精蟲」來受精，每隻精蟲的遺傳因子不同，因此「同卵」，只不過比「異卵」多一些相似而已。論命時，對「同卵」的命盤較能溝通，異卵就差異多，更困難的是多胞胎。

我們人類遺傳結構，皆來自體內「23對（46個）染色體」，人體上任何細胞都有著這23對染色體，包括女性的卵巢和男性睪丸細胞。然而當卵巢和睪丸在製造「卵子」和「精子」時，卻單單只有各23個（非23對），如此，當卵子與精子結合後，才形成「23對」。會稱為「對」就是兩者的結合。

奇妙就是，來自由46個染色體「減縮」成23個的過程，這過程書本上稱為「減數分裂」。正常細胞分裂是一變二，二變四……分裂出來的細胞仍帶有23對染色體，唯有「生殖細胞」是將原有46個染色體縮減為23個染色體！其情形就是：引用

「自私的基因」作者的比喻,「假設23對染色體是23冊裝訂的書籍,那它們左右各有一對頁」,「減數」就好像每一對頁有100行,少掉了20行或80行,少掉的部份有可能來自父親或母親的遺傳;就在「減數分裂」中,父親的藍眼睛被忽略掉,保留母親的咖啡眼睛,以後和卵子或精子結合後,對方若是也帶有咖啡眼睛遺傳,那原本屬於現在自己非常漂亮的「水藍色」眼睛,就此失去遺傳因子。

　　因此,任一卵子或精子都是經過「減數分裂」,都帶著「不相同」的遺傳基因。

　　「同卵雙胞胎」就是同一卵子,接受了兩個經由父親睪丸「減數分裂」出來不同遺傳基因的精子,這兩組受精胚胎的遺傳基因,相同的機率約有「百分之七十五」,看似相差「百分之二十五」,其實差距仍有其高低,譬如一精蟲有遺傳到父親的好身材,另一有可能被減數掉,遺傳到母親矮個子,在和同一個卵子結合後,將來形成的「體型」就大不相同;其他如疾病、身體架構方面也一樣。

3.基因工程與五行氣流

　　當這樣的「雙胞胎」於同一天出生，接受相同「磁場運作」，也就是他們體內注進相同成份「氣流分子」，他們受氣流鼓動情形是一樣，結果仍因「基因結構差異」而有所不同。

　　「雙胞胎甲」遺傳到寬大骨架，「雙胞胎乙」遺傳到瘦小骨架，出生的這一年月若為甲寅年，進駐的氣流「木氣」渾厚，使「雙胞胎甲」在八個月大時就長得像一歲小孩，雙胞胎乙則依然小個子，毫無疑問這部份完全決定於遺傳基因，氣流「木氣強」兩人的骨幹都長得很好。

　　假設雙胞胎父親的「數理、文學」都很優秀，有可能分開來遺傳給兩個孩子，使得「雙胞胎甲」數理平平，文科較佳，「雙胞胎乙」的數理好文科平平。這時從磁場「氣流分子」的推動就看出高低，假設兩人出生「甲子」日，甲木主人得子水氣支持在求知上偏向「文學」，於是，「雙胞胎甲」得天獨厚的既有先天遺傳又有後天「氣流分子」鼓動，使雙胞胎甲在「文學」上無疑佔盡天時地利。反觀雙胞胎乙，出生在甲子日，對文學是有興趣，卻有些先天不良，接受文學薰陶時顯得耐性不大。逢壬癸水流年「水分子」較強年月，兩人成績都進步了，其中「雙胞胎甲」的文學科目更佳，幾乎不必認真讀書就可拿到好成績，「雙胞胎乙」雖是不錯，但和甲兄相比還是落後，逢丙丁

流年，食傷氣盛，乙弟的理工科上揚，甲兄則陷於理工不好文科又不專心局面。

所以，當某人的某些行為讓「信仰者」給說中了，科學家就會說：總有猜對的時候！

其實他們心理也在嘀咕：老猜準！是個什麼邪？該來追查這些「信仰者」的思考背景，這就像外星人登陸地球一樣，只能研究不能公開，否則一旦證實確有其事，那人類生活秩序將重新洗牌，那些電腦科技研究中心又要大發其財，「基因程式」加「活動分子程式」造就一生命運，如果，活動分子程式可更新的話，那每一個人不都成了被機器操縱的人！太恐怖了……

看來我們這些「信仰者」被推崇為「預言家」，已經是很美的高帽子，想要更上一層樓成為「實行家」是萬萬辦不到，無論如何，科學家們即使已找出「門道」，也絕不願誠實公開！

我們這些「信仰者」的宿命，就像古代巫婆神棍一樣，永不可能被驗明正身。但，理出一條科學與命理互通的管道，仍是我們「信仰者」的職責，因為只有不斷的提出理論，才能讓科學家們更為重視。以下將鄭重討論基因工程與磁場算命術之相關連。

4.「先天基因」和「後天磁場」論命

在算命術裡皆以「八字」為先天，大運為「後天」，現在得更改這種論調：「遺傳基因」為先天，屬於不能更改（指我們算命術者，無法去改變它），「磁場運作」則為後天，可以改變（也是指我們算命術者）。

所謂磁場論命，像「星座」以一年365天分割成12區隔，相等於將地球繞太陽一週的「磁場關係」分成十二段，再搭配以後的運轉論其運勢，八字著重於每日氣層間氣流運轉……等等，全屬「出生後的生存環境」，所以稱「後天」。後天是隨時可以改變，今天出生或明天生，只要早兩天打催生針就能達到，認真於出生日期的用「剖腹生產」更快達到。對「後天」的行運流程不好，換個環境，譬如由南轉北，從東換西，不同氣候，其磁場「氣流分子」結構不同，改變氣流「推動」角度，運勢就可能改變了。

完美的「算命術」，唯有「後天」配合「先天」才能達成，然而「基因工程」那麼細微又是那麼浩大，我們誰有能耐假裝「先知」，去說「你的先天不好，我來如何如何幫你改……?」

　　我們更沒有資格去告訴當事人：你長壽或……短壽；你身體健康或……不佳；因為這些全寫在「遺傳基因」程式裡。的確，這是我們信仰者所不能控制部份。

　　我們所為何事？就是判斷磁場氣流推動「生命體」受衝擊狀況，可以推斷出其受衝擊後的「思想、行動」，並以這些可能發生的「思想、行動」對其個人求學、求職、任官、求財……給予某些「建議」，這才是我們的「職責」。至於生老病死這「先天的軟體程式」，就交給科學家去頭痛！我們「算命的」最好離遠一點，不要胡亂下「鐵嘴」，尤其「病痛」方面，最近幾年我幾乎不敢為人「談」身體，只能像中醫師般，就八字上的乾濕寒燥，做些飲食上的建議。

　　再看，當科學家改造基因，造就了這麼一具「神勇無比鐵金剛」美少年時，發現這具活標本，根本不聽科學家「使喚」，他有自己思想，他想做自己想做的事，科學家們拿他一點辦法都沒有，這時，他們開始研究，究竟「誰」在主宰他的思想，於是請來我們這些「信仰者」，請「說說他在想什麼，他將會做出什麼決定來？」

　　經過一番「推算」整合，一致認為「他太寂寞了」，照「行運」他該有朋友來相伴，他腦理想的都是「我要出去，我要一

片天……」

於是科學家給了「他」一個「外來朋友」，果然他整個人都變的活蹦亂跳……。一些時日後，他又開始低頭不語悶悶不樂，「信仰者」告訴科學家，給他一些「動動腦」的事務，果然他非常專心的「思考」起來……。又有些時日之後，他開始向工作人員要東要西，要了之後並不一定使用，他只想「擁有」而已，「信仰者」認為他在行「財運」。

這些都將使科學家緊鎖雙眉，為什麼「你們」可以預知他的「思想」，給於他「需要」？而此同時，他們也記錄出「美少年」的各種腦波活動情形，一些時日後，這些腦波活動又重複出現，雖「強度」不完全一樣，仍有蛛絲馬跡顯現其相似處。

科學家開始察覺到：磁場是基因的「剋星」。它雖不能扭轉「基因工程」，卻是基因工程的最佳「執行者」，如果沒有「磁場」的牽引，基因工程無法發揮淋漓盡致的功效！

不知他們有否感覺到：為什麼同樣的工作有人默默無名，有人卻一夕間成名人？沒「媒介牽引」自己怎麼蹦出來？那些偉人們若不是磁場的牽引，他們能造就出「豐功偉業」嗎？

他們的問題，正是我們所長！我們將給他們一個好答案。

談談怎麼個「媒介牽引」？

　　某幾個人一起研究某「理論」，是否可行，有天終於實驗出結果，興奮之餘當場推出「某丙」為發言人，公開此一研究，果然公開後，研究室聲名大噪，最受媒體歡迎的當然是發言人「某丙」，自此他的一舉一動都受到密切注意，其他人呢？有人慶幸自己得以安寧，有人後悔發言人不是自己，現在來討論為什麼是「某丙」？

　　在眾人推舉「某丙」時，磁場運作撞擊「某丙」的「求知神經元」和「發言神經元」，促使某丙努力於學術研究有成，他的領悟和發揮力為他人之首，「發言神經元」跳動迅速，讓他勇於發言，兩者相加使「言能及意」，所以他被推出並作出完整有秩序的發言。

　　這會是科學家口中的：「猜著而已！」嗎？

　　再深入說明，假設染色體裡的第十二對（純屬假設），是控制腦神經活動，在經過「減分裂數」時幸運的，完整的被保留下來，那麼你起碼擁有著父母兩人的聰明才智，出生時進駐的氣流（再假設為水氣）讓該部位細胞分子異常活躍，即時他年幼不被運用，有朝一日，磁場運作牽引水氣流發揮功能，這位有著聰明才智基因者，將因「磁場牽引」而成為佼佼者。

　　由此可想，「磁場運作」果真存在，影響所及的，只能說是

「運」,「命」應該是屬於基因!

5.「信仰者」的不歸路

不能否認,我們這些「信仰者」正在向「科學挑戰」,但有幾人是真正追著「科學」走的?我敢說大部分「算命的」,都無知的在自己的圈圈裡轉,對著自己和崇拜者自圓其說!

我知道在罵自己的良知,所以,我必須很慎重的告訴大家:目前為止五術真的仍停留在「信仰」階段,因為我們任誰也無能力去「解」其面紗,攤開其真面目。

不要忘記真正的神算,是未來解開「遺傳工程」的學者,他們不但知道「你的智商」有多少,還有可能「除舊佈新」,讓你有副金頭腦!他們知道你的弱點,只要你付得起鈔票,這些弱點也可以換成優點⋯⋯也就是說,你可以長壽,可以變年輕,可以變聰明,可以簇擁人生最好的一切,你可以完全相信他們,他們的「招牌」是真實的,不若我們,老有被拆台的隱憂。再扯自己後腿,真的會沒飯吃,這篇文章也白寫了!因此,敬告朋友,不要在古老的園地裡轉,應隨時追著「科學家」後腳跑,該放下的是,別以為穿鑿附會說的,就是「準」的算命

術，沒有的啦，這世間沒有這等自己說了就算數的學問，提出「別人」可以吞得下去的理論才是正途！

　　最後的總結，仍不厭其煩的重述「基因」與「磁場」的關係，若說人體是硬體，那基因相等於軟體；又，若說人體和基因加起來是「硬體」，那「磁場氣流」就是軟體，硬體可以隨科技提昇而改變，軟體則隨磁場不同而改變，這兩者不只互動，可說是互為一體。

　　科學家們可以不斷去改變「硬體」，來改變人的命運，大地的磁場運作也恐怕不是他們能力所及，我們這些「算命的」生機依然蓬勃，我們不需動一兵一卒，少少一張飛機票，就能換個磁場環境，改變其一生遭遇，只要我們能跟上科學潮流，這種「俗擱大碗」的算命術仍是最受歡迎！

　　命算革命若要成功，同志們尚須再努力！

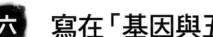 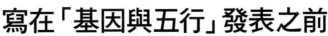

六　寫在「基因與五行」發表之前

　　我1988年開始研讀五行各類書籍，當時驚為「天物」，中國人居然可以研究出這麼一套精準「預測命運」的法則。埋頭苦讀自學1年多後，就開始幫朋友「義算」，就這樣邊學邊演練，一過就五年多，越是「資深」越是感到「詞窮」，為何？

　　我發覺自己一直反覆「套用」前輩書籍上的用詞，用到最後連自己都感到因「一再重覆」而丟臉！沮喪再沮喪，最後決定「放棄」，謝絕所有「義算」，自己也陷入極端苦悶中。那時應該是1997左右。

　　但是，真的很不甘心就這樣把它「終止」，這未免太可惜？於是開始檢討這套理論的問題到底出在哪裡？莫非計算方式有錯？也突然領悟到我只用「個位數」在運算，應該加入「乘和除」。

　　於是轉變方向，以我精讀過「五行」的基礎，尋找「五行命理」的根究竟在哪裡？理性的前輩其書中所分析的，都與大自然有關，而且都一致認為「五行八字」是先天，就因大家都捲在這漩渦裡，加上「師傳徒」的派系，這一鍋渾水就有邊沒邊的攪和著。

　　究竟「乘和除」在哪個關節呢？日夜苦思終於想到了「遺傳基因」。有了方向動力就起來了，買了很多和基因相關書籍

來研讀並做筆記，甚至配合「五行氣流」繪製運轉圖，終於將「基因」和「五行」徹底結合起來！

2001年首次再次執筆，以科學的角度，分析出所謂命運的「先天」和「後天」的區隔。這篇「基因與五行」的文章並不受歡迎，在華人點閱率最高的D網發表，放在我部落格10幾年來，這篇的閱讀名次總是排在最末，我是不會在意的，因為這篇文章有6,000多字，沒有人會想去看「既不談富貴又不論吉凶」、又那麼長的「怪文章」，當然，有緣人多少還是有。

都2019年了，隨著網路的拓展、教育的普及上網掠取好文章的風氣越來越盛，在此，再次極力推薦給對「生命和運轉」有興趣的朋友，詳讀後，必會給你在「命運福禍」的思維上產生新觀念！

15年來每一命盤，在我眼底已不僅是「文字」，而是一幅「氣象圖」，就因為這樣，推論的基礎，可以說是「固定模式」。我常說，你們可以從鏡子看到自己的長相，而我卻可以看到，藏在鏡子背後的架構圖，這不是膨脹我看盤的本事，而是告訴你們，「五行八字」的分析真的很單純，別人要上多少多少節課，讀越多越是渾沌，你只要給我幾小時就畢業了。

阿姨真的老了，不怕老只怕退化，倘使這腦袋瓜還行，會

三不五時用最簡單的語言，像說故事一樣，讓你「快快樂樂學八字」。我希望你們都懂，懂了凡事就看得開，看開了，生活就簡單化，簡單化的人，天天都會是開心的，你說對嗎？！

× × × × ×

特異功能，與人體與命運

　　我曾在Discovery看過科學家作一段測試，他們事先「安排某個人」搭乘飛機到某地，在相同時間給在實驗室的「特異功能」者某人的「經緯度」，結果他說出他所看到的一切，如飛機內設備，飯店門廳裝飾，住房內擺設……都和「某人」所搭飛機、所住飯店、房間幾乎一樣，這種「心電感應」，讓科學家大大感動，但也不驚訝於這種測試結果。

　　他們相信，某些人體的確儲存不一樣「電子結構」，所放出的「電波」較一般人「長」，長到什麼程度？這就是所謂的「功力」。

　　我的重點放在：這種人能「算出運勢」嗎？

　　以我的研究「看病」是比較可能的。因為從對方某器官所

釋放的「波長」感應其強度，判斷其是否「病態」，然後用自己「電波」去修正對方「少掉一邊的*電子」！

　　說明：電子一定是陰陽一對，失去一半後，這單獨的一半會到處亂找別的電子結合，搞得此器官部位次序大亂，非細菌性的病源常常就是這樣衍生。

　　至於像「癌症」這種屬「基因失序」，就是「細胞分子」裡有一「控制系統」，控制細胞複製成長機制，這「控制系統」被破壞後，細胞複製不受控制，無限制的成長就形成「腫瘤」，控制系統何以會無緣無故「壞了」？大部分是得自遺傳，少部份來自「飲食和生活習慣」不良，當「基因病變」其遺症就有可能是腫瘤形成。

　　有人說「特異功能」能治好「癌症」，我也不太看好，因為「細胞分子」所依賴的養分是「蛋白質」，其「複製控制系統」壞了，要由「電波」來修正，理論上說不通，唯一可能的是，當「癌細胞」還小時，將它「電死」不再「長大」，如果是照樣，也需定期電療，否則新細胞還是會在其四周繼續繁衍。

　　我們在電視上常看到某一家人，可以用身體任何一部位去「吸住」鐵的東西，以上述原理看，似乎不稀奇，較引人注目仍是那種「可以用心力去穿透空間移動物品」，也就是大陸

特異功能國寶級那些人，他們可以把瓶子裡的藥品「移出」瓶外，這才是驚人之舉，我們的國科會就有這麼一個機構專門在研究。這種轉移「時空」的感應力，被視為一種「國防機密」，利用這種方式去偵查敵方在想什麼做什麼計畫，比什麼科技都省錢又方便。

根據各類報導，經科學家證實的「特異功能」有能治病，能移動物品，能感應某特殊事務……尚未有任何「能預知人類命運」等報導，至於我等類似靈媒都是科學家眼中的「信仰者」，表面說尊重而已。

也因此，我對「特異功能」是否能「算命」持「非常保留」看法！

算命絕對與「磁場」運作有關，磁場的磁力運作會與人體內運轉產生變化，由小看大才能掌控全局。「特異功能」者的磁場運轉與一般人不同，由於磁力強幾乎形成「自我操作」型態，大宇宙的磁場能影響一般人思想的力道不足影響他們，因此他們總生活在自己的世界裡，一輩子都在和自己作戰！

如果有人說他有特異功能，能幫你「算算命」，最好抱持「客觀」態度，「察言觀色」通常成為這種人的真正「特異功能」喔！

× × × × ×

八　人體五行氣流的驗證—電磁波

　　意外的收看到「Discovery」所播出「人體異能」，關於「人體能量研究」報告。

　　科學家分別以各種角度，去測出人體內電磁波所反應出來的「電流量」。他們甚至以不同的顏色展現不同的磁波能量。

　　一位蘇聯科學家選擇在太平間上工作，他在死亡1小時的屍體的手指尖上接上「夾頭」，電線的那一頭是磁波顯示機，根據他的測試，人死後體內仍保有「能量」，這些「能量」會逐漸「釋出體外」到完全沒有。而究竟人死後尚有多少「能量」在體內，這就是他研究的重點。經過二年時間的測試，結論是：一個知道即將死亡的人，他心裡有準備，存留在體內的「能量」較少，約需釋放時間36小時，而一個意外驟死的人，則需72小時；「自殺」身亡的，得要7天的時間。現在，他只要測知屍體的釋放能量時間，就可推敲其「死因」。

這研究結果固然引起科學界注意,其實在他之前另一位科學家的研究報告更引起高度引用,這位蘇聯科學家也是其中之一。那位女科學家發明一種「照相術」,可以照出由手掌散發出來的能量,醫學界將之用在人體器官,同樣照射出不同能亮光環。

還有一位科學家,將幾組「夾頭」,分別夾在山林間的幾棵樹幹上,奇妙的,這些樹幹似乎亦會傳送某種微弱磁波。於是科學家在其中一棵樹幹上,用小斧頭用力砍出一道傷口,這時其它的樹,所傳出的「電磁波」,立即大幅波動,他稱這種電波稱「W波」,想必是wood取字首,代表「木磁波」。

我本能的聯想到,在樹木的身上發現有「木磁波」,如果給金屬類做磁波反應,亦可稱為「金(屬)磁波」;在岩漿週遭探測到的電波,稱為「火磁波」;和科學家已證實,從地層測到的「土磁波」、水中的「水磁波」。

哈!中國多少年之前,天文學家所觀察出來的天地間的五象「金、木、水、火、土」,西方人現在才在追求其真實性,幸哉!我們這些研究「陰陽五行」的,有機會從「信仰者」角色走出來了。

科學家還舉證,引述空氣中的某種的電流,可刺激人類腦

神經的某部位……。外國人對中國的「天干地支」完全不懂，他們如何想像得到，中國的「天干地支」，不僅僅當「日曆」使用而已，稍有讀書的文人，都知道「甲子」日，除代表60天的第一天，更清楚，這「甲子」所代表的「氣象」，所以創立甲子、乙丑、丙寅……，六十甲子的「曆法學家」，也絕不是單純的文字學者，正確的應該是「天文科學家」的傑作，他們將天地氣流（電流）文字化，還精確做到年、月、日、時！

在別的國家，「曆法」是國家級天文學家在搞定，1月1日到12月31日，代表的永遠是一個日子、一組可記憶的數字而已，中國人卻能編制出這種既是「曆法」，又是宇宙氣流流動的座標。將來歐美科學一一證實這些後，對中國人的智慧將更刮目相看。

該節目其中有一段報導，一位西方醫生在民國初年來到中國，想看看這個門戶不開放、封閉的、有4億人口的國家，是怎樣在施行醫術。想像中，應與非洲、印度等落後地區相去不遠。的確，當他看到中醫師為病人把脈，以藥草給病患煮來服用時，以為中醫很落後，然而當他到大醫院，看到中醫師正在給腦瘤病患開刀取腦瘤時，不禁瞠目結舌！因為病患不需任何麻醉，只需稍稍幾根細細長長的針插在幾個部位，幾位醫生在

動手術時，病患仍可一面和工作人員聊天說話。

什麼事是不可能的？西洋人現在也開始和我們學習針炙，有位獸醫以針炙給動物治病，甚至幫患有「精神錯置」的賽馬治好了病。然而到現在，他們都還找不到這個稱為「穴道」的東東在哪裡？插那根長長的針，如何能代替麻醉藥？病人不需麻醉卻能動腦瘤手術？？！！

神秘的東方文化，其實是很科學的，他們比西方人更了解天地萬物的互動，再不久，當西方科學證實五行氣流存在於宇宙間，存在於人體內，更發現二者間是互通是互斥，會影響人類思想，人類的行為，是被宇宙控制著的，那時，自以為聰明的人類又會怎麼聰明下去？發明更大的太空船，脫離操縱自己的「大氣層」？那半輩子躲在密封的太空船裡，人生又會怎樣？

回過頭來思考，人類和一棵樹、一隻猴子，甚至一條魚一樣，都是大自然的產物，應該共生存，然而人類宛如這大自然裡的「破壞王」，先是「自私」的為自己物慾享受，一再摧毀其它生物和環境，現在連外太空都開始要去污染？結果會怎樣呢？

我們在學習五行，知道五行內涵和深度，有如學習「修行」，等它不管用時，也就是當你覺得「算命術不準了」，至少我

們的內心時時在享受「大自然」流動之美！

$$\times \quad \times \quad \times \quad \times \quad \times$$

九 生命的自轉和公轉

在沒有科學資訊以前，當有人告訴你，你所站的地球正以每分鐘30公里的速度在前進，你不天旋地轉當場暈倒才怪！現在我說生命正和地球同速自轉和公轉，你做何感想？是嗎？哪兒在轉，不是站得挺挺的嗎？

哈！是體內氣流在轉，在自己體內流竄稱為：「自轉」。跟著流年流月的氣流走，稱「公轉」。自轉是有軌道的喔，稱為「大運」。每個人各有一條，它像地心引力般，牽引主人朝某一方向前進，而當八字與流年月日等氣流互動時，它僅是個旁觀者。

譬如，一組出生日是丙寅的八字氣流，假設行運為庚寅，辛卯，壬辰，癸巳，甲午，乙未六大運，大運地支的寅卯辰為「東方木」運，巳午未為「南方火」運，意即走東南木火大運。大運有如地心引力，牽引著丙寅往東南方而去！這就是所謂的

「自轉」。

流年流月是公轉，大運是自轉，他們又是如何交叉運行？

「大運」

大運是一條軌道，每十年一小節，以人類壽命可高達10-12小節。它在人類出生時，就像一條彩虹連接著嬰兒，讓這出生兒一腳一腳踩過去，隨同生命體不在了而消失。這條彩虹軌道並不如色彩般使你的人生更亮麗，這彩虹軌道是有氣象、有寬窄！以「庚寅」運來說，上層一片銀色的庚金，下層是深綠色寅木，當出生「丙寅」日的主人走進隧道後，庚金有如一塊強力磁鐵，牽引丙火對和金相同氣流互動，如八字中天干有庚辛金，或是流年流月有庚辛金，丙火將特別有興趣，不管對自己是好是壞。地支也一樣，當主人丙寅走進庚寅大運時，大運地支，將牽引日主，八字裡地支是寅卯木，或流年月是寅卯木的互動。

也就是說，八字氣流和流年流月的互動，隨著地球轉動移動，分分秒秒不停進行，而大運的引力從旁不斷拉攏，拉攏到你喜歡的氣流，讓你快樂，拉攏到壓迫你的氣流，讓你放棄自我跟著壓力走，就是這麼回事。

還有一個現象，不管每一節氣象如何，屬與主人同性質

氣流，軌道將比較寬廣，讓你走起來很順很快樂很有成就感。而相剋的氣流就比較窄，走過去時備覺辛勞，甚至走不下去，但，重要的是結局，快樂的日子之後緊接著的，很可能是人財兩失，或家破人亡；而辛苦走過後，也很可能否極泰來或名利雙收，當然也可能更悽慘。

「命運」

八字加大運就是「命運」，八字氣流是否均衡，已經是很難掌握的事，加上大運的牽引，生命的自發性到底有多少？我常在這裡感到惶恐和悲哀！

「改運」

經常有人問我：那我該怎麼辦？能改運嗎？

生命的坎坷不像生病，醫生開個藥給你吃吃就會好，生命需要去營造？經營和製造，當你覺得有痛卻不覺得苦時，你的營造就成功了！痛是一種知覺，敏感的知覺是生活的動力不能失去，苦則是一種反應，當你不覺得苦時，當下的反應會出什麼行為？又會帶來什麼結果？如何去決解問題？因應而生的各種方法是什麼？人生只有不斷的面對問題，勇敢的，樂觀的去決解問題，找出最對雙方都有最大利益的方法，這才是最佳的改運方式，你可同意？

人體內氣流有1/3控制在基因手裡，那就是隱藏的你自己，好好善用這30%本能，用意志力來駕馭100%的生命體，不管遇到什麼狀況，還是有改運的機率，不要放棄！

PS.要有新觀念+新體驗，自然會領會出，固定的、不固定的，其實都因運轉而變化。只要整個磁場都在移動，拆解它就得繼續深入研究。

記得：古人的書是種啟發，學習者務必隨著時代變遷、擁有更科學的方法，探討更多前所未見的科學知識，自己的技藝更精進，破除迷信的迷思，努力去追求真理，發揚光大才是。

共勉之~

× × × × ×

✚ 五行氣流是不滅的、是流動的

我所認知的「五行氣流」，是一種在自然界裡真實存在的氣流，是會流動的，不是固態的金木水火土。

譬如，命盤中有庚剋甲，金過來木就閃，若逢木的大運，流年流月是甲木，那木氣變強了會梗在那裡，讓金無法移動。

這時命理現象，就是當一個事件來臨了，日主會在金跟木的交戰中做選擇，這種考驗會讓日主，左也不是右也不是。這樣明白嗎？

再舉例，命盤天干有相鄰的兩個甲，當遇到土的氣流來了，兩甲就爭一土，哪個得勝？就要看地支了，甲寅絕對不化，甲辰就一定化，化之後土氣會變強，另一個沒化的，就停在自己崗位依然做自己。

「氣流」不但是會動的，還會相互牽引，更是「不滅」的。

十一 新世代的「食傷者」會扮演什麼角色？

前陣子天美國道瓊指數大跌，完全不懂股市的我，特地去查看「發生蝦密大代誌」？大跌的原來是科技業，一看是科技業，就一笑了之，這個呀明後天一定都大漲，也果真我這外行人所料的一點都沒錯。

為何？因為在我心中很多企業都是一步一腳印上來，股票上漲下跌跟其經營雖有關，但受世界潮流的追趕，一直是海

上行船。唯獨科技人，他們是可以一夜致富一夕就敗，今天敗明天又起。說他們賺的是「腦袋財」一點都不為過，這批人都是動腦不動手，當靈感一出現，經過一番細膩分析就放手大膽去做，幾乎都是滿載而歸，就算短期。

這批科技人大都食傷旺，食神者勇於創造和設計及生產，傷官者膽大心細，特別擅長行銷攻入人心打進市場。

食傷者，必是越後面時代的人越頂尖，囂張又瘋狂，獨領風騷於新世代！

他們的背後支持者又是誰？你絕不相信，非官非印正是「財」。八字財旺就是埋頭苦幹，不像印者，會對食傷碎碎念講大道理，官煞者膽小守成。財外其次就是「比劫」，食傷會利用比劫的廣結善緣，去做前線的推銷工作，比劫怕官煞，食傷陰險的背後，就是假扮官煞威嚇比劫，讓他們服服貼貼為他效忠。

若以為電子科技這群食傷者，真的打敗自古以來所崇尚的「官印」？那你就錯了，當這批食傷者知道利益即將到來時，會廣招超厲害的官印——律師會計師來保護他們的權益，這些人都必是「外人」，他們不會讓官印者，掌握他們的地盤，因為食傷者最懼怕的就是官煞，也因此，他們的囂張，往往在一夕

間化為烏有。

　　然而，食傷者可以說是新世代「打不死的蟑螂」，今天被殲滅了，只要還有一口氣在，明天，他又大搖大擺在你面前！

　　我總是稱讚食神傷官者的優良品種，殊不知他們孤傲的個性，所帶來的內心掙扎，比其他格局的都煎熬。印格意氣風發；煞者帶權威；比劫獨樂樂；財格瘋勞碌；唯食傷者若無印扶，無功無祿老來愁。

╳　╳　╳　╳　╳

命格的新觀念

　　命格為什麼要歸類到「新觀念」，而不是「漫談命格」？因為八字就是陰陽4天干和8-12個藏干的組合，哪有局限在甚麼格？雖然我有時也談「格」，心底卻很不認同，只因為大家都被古書和一般術數者影響，總都用「格」來談論命運，我也不得不隨俗。

　　因術者主觀己為陷在「格」字，所以才會在旋渦裡打轉，跳脫不出那個框框。若是把「格」拿開，一個字一個字單獨拆

解開來，八字就是八種因數、八種狀況、也是「八個主角」，這時一切「天窗」都被打開來，人生還有甚麼秘密可言？

　　「天機」一下變「天窗」，還神秘嗎？你說。

× × × × ×

 ## 說說血型與十神

在我的經驗裡，血型與十神有著相近意義：

A型的官煞多，小氣膽小謹慎；

B型的食傷多，精靈鬼怪意見多。

AB型的不是印較多，就是官煞多屬混雜型。

O型的比劫多，善友又率直。

　自己惦惦看，很準喔！

× × × × ×

 ## 命盤沒有的，要如何補救？

1.**沒比劫**：一定要告誡自己，多交朋友，多拜訪客戶，廣結
　　　　　善緣。

2.**沒食傷**：要多想多規劃，不要怕失敗，失敗為成功之母。

3.**沒官煞**：不要畏縮逃避，就是往前衝，計較會失多於得。

4.**沒印綬**：多參考書籍，少鑽牛角尖，吸取他人經驗。

5.**沒財碌**：要勤勞主動，抓住想要的，有付出必有收穫。

　　　　　　　　　　　　　　　✕ ✕ ✕ ✕ ✕

十五　當時支寅、申、巳、亥！

　　時支指老年，若為寅、申、巳、亥之一，老來必有一長，且揚名。這一長是甚麼？不是藏干，譬如寅是甲木，申是庚金……而是看「長生」，如下：

　　　　　寅—火土長生之地；

　　　　　申—水氣長生之地；

　　　　　巳—金氣長生之地；

　　　　　亥—木氣長生之地。

　　就是說，如果日主甲木，時支寅，除當甲木比劫看外，更要

以「火土」來衡量其氣勢。比劫廣交朋友，火土則是食傷生財，甲木時支是寅，在年老還會廣結親友，更會想做生意賺錢。

若時支是申，藏干庚，官煞來管，申為水長生，甲木則年老印旺，福澤綿綿；若時支是巳，食傷氣旺，活躍非常，然巳為金氣之長生，會讓甲木掌權勢；甲木時支亥，年老水印幫申外，亥乃木之長生，老來必身旺體壯。

四長生之福澤，遠大於身旺，不可等閒視之。其餘類推。

行業看月干

「月干」是事業宮，象徵外表，簡單規劃其應用類別：

是「印綬」的，適合文職會計檔案倉儲；

是「官煞」的，適合當掌櫃幕僚人事管理；

是「比劫」的，適合業務推廣公關領班；

是「食傷」的，適合設計規劃藝術統籌；

是「財祿」的，適合飲食生產線領班打理。

× × × × ×

 **四則**

（一）八字解讀大翻轉

　　最近挫折感很重，特別是分析命盤壓力特別大，怎麼說？光說離婚率的提升就是看盤的首個挑戰，以前戊戌、癸亥、甲寅……等注定會二次婚姻，現在連戊辰、癸丑、乙卯甚至丙辰都在列，我得重修「婚姻新觀念」學了！

（二）天干和藏干

　　天干是表面會牽手、會動手，但總是保留面子，藏干在地支會牽手、也會動手，都來真的，真的親密、真的吵嘴、真的動手打，所以藏干比天干可怕，要細細體會和防患。

（三）從出生年看涵養

　　一個人一生，除學業工作，在生活起居裡，最重要就是「修養」。年柱屬印的沉默寡言，保證修養好：

屬比劫的話，多好管閒事，如條毛毛蟲；

屬食傷者，聰明刁鑽，高深莫測；

屬官煞者，膽小如鼠；

屬財勞碌者，好動不得閒。

（四）貴賤

這是很不堪的字眼，我就隨俗用。八字要「貴」，首先就是水火要均衡，稱為「相濟」；低賤者就是火土過旺，命盤龜裂，或是水多氾濫，需靠大運來互補。貴者至少水火各2個，賤者也是火土各2個，而水氣旺，比火氣旺，會較好，左右均衡也很重要。取一個天平來秤一秤。

三

茶｜樓｜問｜事

解盤解人生

× × × × ×

一 職場新思維不是靠實力 而是手段？新職場解盤精選十例

新職場漫談分析與回應

例一：1978虛37

時 日 月 年

己 癸 壬 戊

未 丑 戌 午

大運：37 丙寅，47丁卯。

學歷：企管碩士

簡歷：6年貿易，1年獵人頭。

請問： 之前在貿易公司擔任國外採購，後來換跑道在獵人頭

公司服務，後來又回到貿易公司擔任國內業務。原本以

為自己可能喜歡金融業，但後來自我評估過後，可能年

紀上以及相關經驗不足，所以打消此念頭。想請問適合

轉職的職位及行業。謝謝阿姨指引方向！

分析 ▶▶▶▶▶▶▶▶▶▶

1.你出生戊午年，家人對你的工作有阻無益，最好分開住。

2. 你是癸水日，月柱算是事業宮，事業宮天干是壬水，代表跟你非常有客戶緣，地支土受午火（母宮）影響，壓力很大，經常讓你工作展不開，所以上述的分開很重要。尤其是目前37歲走「丙寅」運，木火土會搞得你焦頭爛額。

3. 以37-57，這20年都走木火的運來看，有2種行徑：一為繼續跟客戶朋友出去做生意，不要坐辦公桌的工作，因為此時日主水走火運，工作上會有很多挫折，堅持下去的原因是，至少你有朋友，有疏通情緒的管道。2016-7申酉年壓力小助力多，2018最差（戊戌火土），熬過去就好。另一條路，就是認命的做行政工作，壓力小，發展性雖遲緩，但一個命令一個動作，比較不會經常換工作，缺點是，除了工作上幾位同事外，私下的你因火土旺，一直壓抑著情緒。

4. 你想好，「求職版」多繞繞，你想找怎樣工作，再幫你分析優與劣。

回應： 謝謝阿姨的精闢地分析，我在之前服務4年的貿易公司，擔任國外採購的工作，每天都需要跟國外供應商聯絡，採購及安排進口，會需要到國外出差，並時常需要陪同供應商，隨同業務人員到國內客戶四處拜訪。離職的原因除了薪水、升

遷之外，最大的原因是擔心自己原地踏步，無法更進步。後來
到獵人頭公司服務1年，感覺挖角成不成功，真的取決於運氣
比較多，無論是雇主的固執要求，或者是被挖角的人最後關
頭，臨時改變心理。所以擔心以後如果自己運氣用完了，這個
工作會無以為繼，所以選擇回家，幫忙家裏的小公司擔任業
務。

　　但後來發現爸爸只是需要一位助理，跟爸爸討論如何
拓展業務，以及未來公司方向（這幾年業務都不賺錢勉強打
平），都沒有得到爸爸正面回應，也常常因公司的事有無謂的
爭執，跑業務也是陪同爸爸一起，我也無法決定任何事，和媽
媽討論，她也沒有辦法，因她都聽爸爸的。去年開始情緒就因
為工作感到很鬱悶，覺得每天都在混日子沒有成就感。也因為
是領家裏的薪水，沒有像之前有從別人身上賺到錢的感覺。我
很感謝爸爸，這也印證了阿姨所說的，家人對我的工作有阻無
益。目前幸好我是住在家裏的另一個小房子裏，沒有跟家人同
住，不然我的情緒下班後會沒有可以舒緩的地方。

　　看了阿姨的分析，我今晚再看了求職版上求才資訊。我擔
心我等到對行政工作感到熟悉後，依照我目前的心境，可能最
後會如同阿姨所說的，除了跟同事的互動外，私底下壓抑的情

緒還是會讓我憂鬱不開心，覺得沒有更上一層樓的感覺。所以我還是決定阿姨的第二項建議，也就是需要往外跑，跟客戶朋友接觸的工作。

　　除了業務性質的工作，我打算也看看公關公司的職務。職務內容大概包含了：客戶之公關服務，負責專案管理與業務執行。日常媒體監測、文案撰寫、新聞稿撰寫與發布新聞訊息。媒體溝通與接待。專案資料蒐集整理、進行媒體評估分析、趨勢報告及媒體研究等。不知道阿姨覺得我適不適合呢？

　　另外阿姨提到我這20年的木火土大運會讓我焦頭爛額，我現在心裏有底了。那接著的戊辰大運，有辰來沖我的月柱戌土，對事業應該會更不好對不對？接著的己巳運也是火土，不過巳火是溫暖的火，也是金的長生，會讓我有喘息的空間嗎？

回覆：

1. 無論哪一種行業公司行號，在意的固然是公司的遠程發展，以免自己老為飯碗擔心。以我看盤立場必須知道的是「工作內容」。很多人跟我說，「我現在哪裡的科學園區的××公司的××課」，卻不願清楚說自己是「倒茶」招呼來賓的，還是「喝茶」跟來賓談正題的。

2. 你的回應讓我很開心，第一，你完全抓住分析裡的重點，所

以當你選擇下個工作時,可考慮「公關公司」,並詳列工作內容。第二,你注意到就算挨過這2個丙寅丁卯運,當看似不好的戊辰來臨時會怎樣?

3.我的回應是:工作內容是首要,你的選擇是正確的!至於大運來到戊辰會怎樣?你必須想那時的你,有如一隻笑裡藏刀的狐狸,是好,絕不放過;苗頭不對,不是閃就是躲,要不⋯⋯乾脆換跑道。所以,別去想20年後的運程,人在何處?家庭是否幸福美滿?⋯⋯水來土掩,兵來將擋是也!

例二:1988 虛28

時日月年

戊甲癸戊

辰戌亥辰

大運33 己未43戊午 53丁巳

學歷:國內大學財管系

簡歷:畢業後任職汽車業,在汽車當會計近兩年時間,及在地方有線電視任職行政助理半年,後自願轉調有線電視業務剛滿一年。

請問:目前職位是否可以久任??想問未來可否轉房仲地產

業，或是業務，亦或者未來朝地政士發展，是否合適？打算今明年考取執照考運？或華阿姨建議有更適合我職涯發展嗎？謝謝！

分析 ▶▶▶▶▶▶▶▶▶▶▷

1. 從你的八字看，甲木土多，土是財，代表勤快、肯做。俗語說：勤能補拙。非常非常難得的你出生月是「癸亥」，干支都屬水，是甲木的印。印就是求知善學，一個肯求知、又肯吃苦耐勞的人，一生必不愁吃穿，尤其在事業宮，更顯現你在工作上的努力。

2. 你是財管系，事業宮的印，屬文書，朝地政士發展相當好，這工作就是要學問飽，做事勤快。

3. 28歲還在「庚辰」運，這運別過於勞祿；對考試有利，今年乙未，還是好好工作，考運得2016年後較好。有志者事竟成，只怕不來不怕晚到，加油！

例三：1986－虛30女

時日月年

庚壬己丙

戌申亥寅

大運：27丙申，37乙未，47甲午

學歷：技術學院——企管系

簡歷：4年都更公司行政助理，1年餐飲外場服務人員，不定時打工。

請問：高中時讀餐飲科，高二時在餐廳實習，深深體會服務業的辛苦，高中畢業就不想從事餐飲服務，想要繼續升學。於是下定決心半工半讀，白天在公司當行政小妹，晚上讀書，從專科到二技都讀企管系，但英文不好，也沒特別專精的部分，有一陣子自己做網拍生意，自己是很喜歡賣東西，偏偏不能維持生計，加上媽媽反對，希望我去吃人頭路。

現在待業中，父母會資助我一些生活費，只是媽媽覺得我沒工作讓她沒面子，年紀大還不快點去賺錢……所以就會每天一直唸，變成我現在沒有自信，又很煩、壓力很大，我也不想這樣，對未來很茫然，不知道自己可以做甚麼？PS.我可否找一份正職工作，副業是網拍呢？謝謝～～

分析 ▶▶▶▶▶▶▶▶▶▶

1.壬申日的女生，又生亥月，是很有氣勢和氣魄的。反觀出生年

丙寅，出生月己亥，天干火土堵住日主壬水，才會受家人壓制。

2. 現在是丙申運，婚緣會在明年，今年木火土旺，想發展頗困難，不如找份秘書、內部文書或編輯之類，先糊個口，等待時機。

3. 你屬於用腦思考型，從事網購這種私下經營頗適合，飲食就不要。要不就是做「熟食業」網購，我的好吃好喝都是網購來的。賣的東西要專業好吃，宣傳廣告也要有。我想這是，這10年最適合你的啦～

例四：1976女虛歲40

時日月年

庚壬己丙

戌申亥辰

大運：33乙未，43甲午。

學歷：教育系

簡歷：4年兼任教師

請問：何時有機會成為專任老師？會繼續留在原單位嗎？

　　謝謝華阿姨，請教您，丙申年留在原單位機會高嗎？還

是要換地方比較好呢?

回覆: 目前還是越少變動越好,以靜待變。

分析 ▶▶▶▶▶▶▶▶▶▶▷▷▷

1. 你和(例三)的命盤差10歲,卻是同月同日同時辰出生,好難得,第一次遇上這麼巧和的事,八字只差一字,就藉此機會分析兩個命盤的差異。

2. 大運部分因相差10歲,例三正在走你的前一運。而從你們命盤看,二人的需求和要求卻差很多。分歧點在「母宮」,年支代表母宮,也象徵童年的養成。她是寅年屬火土財,做事很勤快但不太善於讀書,她的童年較好玩。你生辰年,辰中有水,你跟母親如友,辰中有土屬官,媽媽較嚴,辰中還有木,是沉穩又聰明。養成不同,對人生的路選擇也不一樣,你就比較適合內向穩定的工作。寅亥合木(食傷生財),辰亥合水(官煞旺)。

3. 33歲後的流年都在木火土,雖教得很好(天干),卻不得貴人扶,倒是流年明年為丙申,入秋後成專任老師機率高,明年很忙壓力大,但私下很有貴氣,就期待看看吧!

例五：1988-虛28男

時日月年

辛庚辛戊

巳辰酉辰

大運：26甲子，36乙丑，46丙寅

學歷：大學——外文系（主修英文，副修日語）

簡歷：服替代役時，在關稅總局打雜1年，在出版社工作2個月，負責影片翻譯。

請問：從小到大學都一路成績優異，高中推甄上了大學，不知要選甚麼就讀了外文系，大學4年沒有打過工，也不用負擔租房費和生活費，全由父母出資。替代役退伍後，在表哥介紹下在出版社工作，幫英語光碟做翻譯，但去了2個月後就適應不良，家人希望別離職，偏偏對這份工作沒興趣……現在回想當初選外文系好像浪費了？（沒有考慮仔細）。離職在家直到現在，而媽媽希望自已可以去當公務人員，之前有考過中華電信與中油都沒有考上，對準備考試感到很厭煩，就不考了。阿姨可以給一點建議嗎？讓宅男如何走出去？對了媽媽很寵，是不是害了自已，謝謝～～

分析 ▶▶▶▶▶▶▶▶▶▶▶▶

1. 關於是否念錯系？我的答案是：沒有！是正確的，因為你是靠「朋友、說話」為業的。你是庚辰日出生辛酉月戊辰年，日是自己，月是事業宮，事業宮干支都是比劫（朋友），出生年是印，印不會是寵孩子，而是有耐心引導讓孩子優秀，所以你不是被寵出來的，是教出來的，要感到榮幸，所以當你還在父母麾下，你會過得很好。尤其你前10年（16-26）癸亥運，干支水氣雄厚，稱為傷官帶印洩秀，你學業上的優秀是大運帶出來，26歲後走甲子運，這又不一樣。天干甲木是財，你一心努力就是想賺錢，以錢財為仕途高低的衡量。然，地支是子水，不比亥水，很凍無法引導出智慧，所以你做什甚麼，都感到發揮不出本能，去年今年屬木火年，連子水都吸乾，八字顯得心浮氣躁。

2. 分析這麼多，就因你年輕，未來路很長。甲子運綿綿長長到36歲，你的工作會是低調沉悶的，所以當「翻譯」不管是「翻譯員」或是內部翻譯工作都正常。金水氣要明年秋天後進來，這陣子你就有啥做啥，或是找定目標就耐性學習到金水氣到。這10年不是不好，只是較「動」不起來……在

甚麼運做甚麼工作，以冷運熱身往往是最好的「養成」，當你46的丙寅運，那就是燦爛的中年運！！

3. 再提醒：你八字本身食傷（思考力）弱，學業上的風光是大運癸亥引出的，那只是長長隧道中的一段，你不能驕傲於那時段而「高估自己」，我說的可是非常非常的「真心話」，好好思考我的這番分析，光你這篇打了50分鐘夠用心吧！！

例六：1972-虛43。女。

時日月年

庚丁戊壬

子酉申子

大運：41甲辰，51癸卯

學歷：博士班就讀中

簡歷：曾取得公務人員普考資格，在公家機構工作過一年，之後在私立大學工作十餘年。

目前面臨少子化風暴，預計117學年度全國的公立大學，大一招生人數，比當年入學學生人數還多，私立大學面臨倒閉潮，想請教之後是否有轉換跑道可能？那一年可能拿到博士

學位？或者是在117學年度之前，就回家吃自己了。

分析 ▶▶▶▶▶▶▶▶▶▶▶▶

我不知你讀的是哪一系？尤其是大學讀哪所哪一科系，現在的碩士博士真是滿天飛。私立大學工作是教書嗎？還是行政？要換跑道就必須提供上述資料我才能給建議。

回應：不好意思給華阿姨添麻煩了，我唸的是圖書資訊學博士學位（以前叫圖書館學），目前在私立大學圖書館工作，並非是教職，而是擔任圖書館參考館員，但工作內容也包含教學工作，我們這一行在台灣只有三個學校提供博士學位，每一年只收個位數的學生，而且去唸博士的人都有點年紀（多是在職生，而且很多是政府高官）。

回覆：這樣我就清楚了。

你現在走「甲辰」運，天干為印，貴人貴氣，還是留目前單位好。拿到博士學位難測，因為你地支財旺，說起來家事也是你一大負擔。108為己亥機率是高一些，但沒把握，我看像這樣從小就是被「嚴管」過來的，還是當個乖乖牌，做該做的，平常多交些朋友，舒坦舒坦～

例七：1987-虛29

時日月年

乙丁癸丁

巳卯卯卯

大運：25庚子 35己亥 45戊戌 55丁酉

學歷：傳理/經濟學

簡歷：2年廣告／公關，1年流動應用程式（IT）

請問：很喜歡目前工作（現在是長期僱用），以前工作很不穩定（都是合約僱用形式），想問前程。

分析 ▶▶▶▶▶▶▶▶▶▶▷▷

　　你目前走財運，會是得意的工作，要注意的是大運是庚子，這子水很寒，你的地支有3個卯木，都要水，恐怕你私下生活會遭到不必要麻煩，能閃就閃。35歲後的己亥運就好喔~加油~

回覆：月干更正了，分析上在此運沒多大差別，只是癸水屬官，工作上你會更小心翼翼，膽子較膽小。

例八：1969-男，虛47

時日月年

壬己丁己

申丑卯酉

大運：43壬戌 53辛酉

學歷：私立高職畢業

簡歷：

1. 1984—1993年，汽車工廠總務科員。（因異動及老婆懷孕而離職）。

2. 1994—1998年，汽車業務員。（腳傷開刀停職過久，自請離職）。

3. 1999—2000年，養傷約一年多，開計程車維生。

4. 2000—2010年，在妹夫的燈光音響公司做倉管，約在2002年轉為業務。

5. 2011—2013年，認為LED照明市場有很大的商機且因倦勤，無法再容忍客戶一再的請託幫忙（議完價又增加需求，然後下一場活動再殺價，沒殺成價就換廠商，新廠商搞砸了，再回頭找我，但要我低價承辦，若說不，就被封殺）另外對妹夫也有不滿，除了畫大餅外，同樣規格及預算的活動他接，

就說有賺錢，我或其他同事接就是虧錢，所以越做愈無力，剛好朋友的公司要做LED照明的推展業務，就離職去朋友公司，但誤判市場風向認賠殺出。

2013—2015年，短暫從事保全工作，而後又回到妹夫的燈光音響公司，從事業務工作（此時妹妹跟妹夫已經離婚）。

6.但從2014年10月到現在，平均每月只有1—2個案子，接案也不順利，有些都談成了，結果又取消。眼下4月又過了快一半，一樣沒消沒息，客戶不是沒跑，一樣的跑，但是就一直打鐵撞壁。其實從1999年至今，我算是左手進右手出，賺到錢拿給太太家用，到月底再跟太太拿錢花）。

分析 ▶▶▶▶▶▶▶▶▶▶▶▶

1.當文職最適當。目前43-53的壬戌運，剛好和事業宮丁卯有沖，這期間的工作會隨著流年忽好忽壞。今年乙未助長大運的火勢，相當不樂觀。如果你要靠客戶來談事業，那得要8月之後。

2.我覺得你事業宮既為官印，做外務真的不長久，老靠上天（流年）吃飯，不如找文職委屈一陣子，等待流年扶持。譬如明年「丙申」，丙火就是偏印，加強本命事業宮丁火，就算大運是壬水，水火相濟，別有一番鬥智，勝利者會是你，因為

2017丁酉也是火印來助。

3. 天干火好，地支卻都是金，頗有相抗衡，這就是鬥智。如果在外務的商場上會因過於攻心計而吃盡苦頭，若是內務工作，那你的勝算率就大很多。所以勸你適時轉「文職」工作。

回應：請教華姨，因年齡及學歷的考量要轉職有點難，但有想過考公職，是否可以往這方向去準備？現在的企業除了地產仲介及保全業外，其他丟出去的履歷都石沉大海。

回覆：考公職……很難啊，那一大堆應屆或過屆考生比我們厲害，但一個公司的總務；人事，老闆都希望是資深穩重，這正合你的歷練，求職版多逛逛。

例九：女 1989 虛26

時日月年

乙丁癸己

巳亥酉巳

大運：24丙子 34丁丑

學歷：大學家政與家庭教育

簡歷：

　　華阿姨您好：我現在是在家帶兩個小孩的全職媽媽，跟老公一大家人住在一起，打理大家庭、帶小孩。

　　從小到大家裡對我的要求，只要好好用功念書就有成就。我從小學成績就不錯，一路到高中第一志願，也讀到不錯的公立大學，大學畢業後反而對前途很茫然，因為完全沒有實質的一技之長，有時候很羨慕高一就休學確定志向當廚師的老公（現在26歲也持續在餐廳當廚師）。

　　一想到孩子們上幼稚園了要找工作，我要從哪種性質找起呢？雖然師大畢業，也對教書沒什麼興趣。所以想請問華阿姨，我適合哪方面的工作呢？謝謝您！

分析 ▶▶▶▶▶▶▶▶▶▶

1. 你的八字相當好，第一好就是「勤」！！你把一家大小都打理得很棒，這也是好成績，你要以「持家」為榮。

2. 再者，目前的24-34丙子運也不宜工作，上火下水，這火是太陽，這水是冰塊，好好當個家主婦，私下跟家人不要像冰塊，要稍微熱情一些，你本性就非冷酷的女性呀！

3. 34後的「丁丑」，就可以找份安穩工作，祝福你~

回應：謝謝華阿姨。

　　嫁進這個家之後，我改變這個家蠻多的（一些習慣跟觀

念），小孩也帶得不錯，老公常說家裡安頓很好，讓他能放心出去打拼。雖然有時候有點懶，不過我好像真的停不下來（腦袋比行動又更多），常常做這件事情，就會想著下一件事情該怎麼做，就算事情做完，也總想著小孩今天的狀況該怎麼處理，怎麼教。

持家有時候少了一點成就感，可能沒有太多實質的鼓勵或回饋，自己又總是想得很多，永遠都覺得還不夠好，有時候真是累到自己，但我看到一點進步、別人有一點肯定，就會更努力去做好。真的真的很謝謝華阿姨的鼓勵！！！家人這部分我會加油的～～

例十：1989，女生，虛27歲

時日月年

乙壬壬己

巳寅申巳

大運20甲戌，30乙亥，40丙子

學歷：高中

簡歷：3年電子廠的作業員，早上7點做到晚上7點下班，1年宅配人員，跑外面的，工作都不知道該做什麼好，不想當內勤，只

想到處跑，工作4年了！都無法存到錢，請華阿姨解說，謝謝！

分析 ▶▶▶▶▶▶▶▶▶▶▶

1. 你這20-30的「甲戌」運，表面好，其實內部很空洞，加上你地支配偶宮和事業宮相沖，你的男友會自己內心常跟工作過不去。

2. 你地支氣勢很旺，很多事總是想大的，花錢買東西也是要高級，所以入不敷出，這是你心性得控制一下，雖說寧缺勿濫，但可以不花就盡量不花。

   下一運30-40「乙亥」，是很好的運喔，氣勢更大，隨著流年會帶給你好工作和地位，目前還年輕基礎要打好。

3. 你事業宮很有貴氣和人氣，走業務和公關都很好喔！

回應：

1. 剛分手，現在單身中，有其他人在追求。配偶宮跟事業宮相沖，已經分手了，前男友會自己跟工作過不去嗎？現在是做宅配送貨的，跑外面跑的很累，但是還滿開心的，什麼時機點合適轉換跑道？因為我只有高中學歷，之前有想要繼續升學，卻有心無力，身上也沒存什麼錢，有金錢上的壓力。

2. 華阿姨第二點講的真準！

3. 事業宮很有貴氣？不明白。

4.配偶宮跟事業宮相沖，有同事在追求我，要是我們在一起，他也會變不好嗎？

回覆：一併回答你。

1.你是「壬寅日」，生在壬申月，雖是高中生，八字氣勢很大。別擔心前男友來找麻煩，你也非弱者。

2.配偶宮和事業宮相沖，不能合作共業，自己事業也別讓他干涉，盡量公私分明，情感才能長久。

3.你30歲後自然會有貴人來相扶持，大運未到前自己要懂得進修，培養耐性和能力，將來才能承當更好的未來。

× × × × ×

 # 二 新兩性命盤面面觀十例

例一：1985男

時日月年

甲己庚乙

戌卯辰丑

配偶

1984女

時 日 月 年

癸 戊 丁 甲

丑 辰 丑 子

Q 我們時常吵架，卻一直容忍（有時覺得委屈），該怎樣相處，謝謝華姨。

分析 ▶▶▶▶▶▶▶▶▶▶

　　說說這對夫妻為何常吵架？（這類命盤經常出現，多分享。）

　　先說先生的出生「己卯」日，來問問題的：是老婆。仔細看這「己卯」地支的卯木反剋日主己土，所以呀，這位先生的配偶注定是一輩子都在跟他碎碎念，甚麼都叫他去做，先生常挨

罵很委屈的，當然先生的命盤也是好多比劫，總而言之就是都太外向不肯屈就。

再看太太出生「戊辰」，配偶宮為比劫，就是凡事把老公當同學一樣，想到甚麼說甚麼，對的說說不對的也說，不是好現象。尤其配偶宮旁是丑土也是比劫，夫妻倆好交朋友，錢財方面又都不善管理，經常指責對方！

這位太太，配偶宮坐比劫的，婚姻上不牢靠，千萬不要以為老公這不好那不好，實在是自己不像個安分的老婆，性情一定要改，否則將來不是妳拋棄對方，而是對方對妳忍無可忍。

從這例子很容易看出男女方，一開始的主動，以及婚後的雙方都各自為主，希望看到本文的人，務必都把自己性格好好改一改，尤其金錢方面更要節制，否則在這2015乙未年，將霉事連連不知所措。

例二：1979男

時 日 月 年

癸 丁 丙 己

卯 巳 子 未

2012壬申

配偶 1980女

時　日　月　年

庚　丙　辛　庚

寅　戌　巳　申

2012丁丑

麻煩華阿姨了

分析 ▶▶▶▶▶▶▶▶▶▶▶

　　你們的個性都頗強勢，男生在子水月比較忍讓，而老婆生夏天的巳火月，脾氣不小！麻煩是2012男生走「壬申」，天干「壬水」抵制了朋友客戶，事業上較保守，這也非壞事。老婆脾氣雖大，到「丁丑」這一運會改善。遇到爭執時要平心靜氣坐下來多交談。兩組命盤都算上乘，就看雙方各自如何事業歸事業，家庭歸家庭，有了這個「生命共同體理念」，人生的延續才不致斷層。

例三：1979 女

時日月年

壬丁丁己

寅亥卯未

2014辛未

配偶

1977 男

時日月年

庚丙癸丁

寅寅卯巳

2007己亥

問：夫妻求子女，謝謝華姨。

分析 ▶▶▶▶▶▶▶▶▶▷▷

　　問子女的話，說實在無論甚麼術數、甚至求神問卦都「不準」。因為「基因遺傳」因素比率高，命盤最多就是看看老年生活作為參考。譬如妳本人子息宮是「壬寅」，地支的寅木和配偶宮亥水和出生月卯木，結合成很強勢的「木局」，木是日主丁火的印，印就是一大家族，象徵妳會有一大族群和睦相處的子女。

　　老公呢？子息宮是「庚寅」，地支寅木跟配偶宮寅木、跟出生月卯木，也是結合一組「木局」，木是日主丙的印，跟妳一樣，跟一大群家族生活。

　　所以，從命盤上看一點問題都沒。身體也都很健壯，檢查

精子量看看，不然領養孩子也很不錯，你們都屬宰相肚大到能撐船，領養，不失好管道喔~

例四：1990女

時	日	月	年
庚	丙	戊	庚
子	午	寅	午

2013乙亥

配偶：1990男

時	日	月	年
己	丁	丁	己
酉	丑	丑	巳

2013甲戌

問：在婚姻相處上，有需要注意什麼嗎？

分析 ▶▶▶▶▶▶▶▶▶▶▶

　　老婆，你是「丙午」日出生在「戊寅」，丙午干支都屬火，戊寅很躁的火紅的土，所以，妳不但很急性脾氣更難領教，妳這樣火爆的個性幸好2013年步入乙亥運，這亥水是妳的救星，希望這一運妳自己要把握改變自己的機會，否則，跟誰共同生活

都一樣，缺人情缺錢財頗困頓，要提起勇氣改變自己，別以為都是別人在幸福，其實問題在自己。

至於老公，個性溫也很有思想和才華，要支持他，讓他好好發展，尤其目前的甲戌運，在外都不錯，在家就麻煩事一大堆，很令他頭痛。

回應：謝謝華阿姨。

所以首先我要改變個性，不要再那麼急性火爆衝動，不然當別人受不了的時候，很多事情就會爆發了對嗎？缺人情、缺錢財、頗困頓，是指工作上嗎？其實我現在很徬徨，個性雖急性火爆，但是卻很膽小內向，對未來真不知道該怎麼辦才好。

有時候會想說我如果一個人單身，是否會比較好。

我老公平常真的很溫和，除非是忍受不了才會爆發生氣，他工作一直都在倉管方面，一路上滿多貴人幫助，我老公也曾說過，在家裡有很多麻煩的事，他真的很頭痛。

回覆：對的，雖然你八字年和時干都是財，但地支火氣真的很旺，把錢都快燒光。脾氣要收斂錢財要守得住……就會是個快樂的「急性人」，祝福你。老公命裡有子嗣的，生男機率高，且會是很勤快的小朋友，也代表老公一直都是有財的，尤其年老。

例五：女

時 日 月 年

己 壬 壬 庚

酉 申 午 戌

大運 45丁丑

配偶

時 日 月 年

庚 乙 庚 庚

辰 酉 辰 戌

大運 40乙酉

問：夫妻要如何相處？事業麻煩了要怎麼處理！

分析 ▶▶▶▶▶▶▶▶▶▶▶▷

只能提供「相處之道」，其餘暫不論述。

你們是同年齡，同齡相處就如同學般，經常互不相讓。1970庚戌年，都有44歲了吧！應該也結婚多年，彼此個性非常熟悉了吧，你們的麻煩就在兩個字：認同。你的個性屬於擇善固執，對就是對，錯就是錯，他的個性是做甚麼都怕怕又超愛去做，才會一直讓妳氣個半死。

妳現在走「丁丑」運，財在天干（勤於外），何不把重心放

工作？！他呢正走「乙酉」，不算壞的運，至少會多些朋友，朋友對他算好的，要多鼓勵他交友，才不會讓自己一直在兜圈圈。

這樣的分析不知大智大肚量的妳，看了還滿意嗎？若再給妳一句良言：把自己當老公，就讓他當妳小三好了！心情會開朗一些嗎？

阿姨真是妳肚子裡一條大蚵蟲，有嗎？！

例六：1969男

時日月年

戊乙壬己

寅丑申酉

2012丁卯

配偶

1976女

時日月年

甲丙庚丙

午申寅辰

2009丙戌。

問：相處之道

分析 ▶▶▶▶▶▶▶▶▶▶▶▶

　　我想你跟老婆的問題，就出在她八字全陽，柔軟度不夠，頗為強勢的。你是「乙丑」日生，個性非常溫穩，配偶宮既是財，又是印，應該有個好老婆，上一運的「丙寅」，讓你做很多衝動的事……包括婚姻。目前狀況是你大她七歲，她的任性向像調皮的女兒，女兒還可理可不理，枕邊人……真的很頭大。

　　你這一運「丁卯」，會加強你個人氣勢，對她的無理取鬧加以「喝斥」，這是好聽話，說白了，你會正面對抗她，而她正在「丙戌」火土運裡，一點都不禮讓，該怎辦呢？

　　如果說……好聚好散，你覺得呢？很多事真的無解，經常得用「隔離」來處理，來改變一切，不好意思，我會不會在火上加油，若是，跟你說聲抱歉！！

　　我自己也常嘆：天下無不散宴席。所以，我……似乎都沒朋友……也只好乖乖聽老太爺的話～

回應：感謝華姨分析，華姨並沒有火上加油，只是配偶並沒有犯很嚴重的錯誤，也沒有踩到我的紅線，她就是喜歡無理取鬧並拆我的台，搞到後來，就變的不想理他，她的性格就跟華姨分析的一模一樣，而我也跟華姨講的一樣，在丁卯運後就

正面對抗，他的八字與後來行運都無正偏官，根本不甩不怕，硬碰硬，碰到後來就像陌生人，哈哈，要結婚真的要慎選對象，我的人生原本沒有後悔這兩個字，不過我娶了她，現在真得很後悔……現在雖然還沒正式分開，應該是他認為我還蠻好用的，可以賺些錢，做點家事，不妨就杵著吧，那我呢，溫穩的人，忍功算是有一流……接下來要怎麼做，真的令人頭大無解……

例七： 1980女

時日月年

戊癸戊庚

午亥子申

34甲申

配偶 1978

時日月年

辛丙丁戊

卯子巳午

38辛酉

問: 和先生婚姻，何時能平順？先生會有外遇嗎？謝謝

分析 ▶▶▶▶▶▶▶▶▶▶

　　癸亥日生子月的女生，氣勢頗大，也很能做大事，就是比較多疑心，這是子日或子月命盤的通病。而且癸亥日，因水的氣勢大，容易不把別人放眼裡，還好癸水兩邊有戊土夾著，對外方面是很含蓄、膽怯的，就是地支水氣很大，代表在家裡頗強勢，這跟幼年父母太寵愛有關。要自我檢討，對外凡事放開心胸，也要多接觸外界，對內則要「收斂」，多給於他人有自己空間，花錢方面也得量入為出！！

　　老公丙子日生，跟你相反，本身很低調，對內不敢大做為；對外則相當有氣魄，這跟生巳火月（事業宮）很有人緣，很會衝有關。這一運「辛酉」屬財運，要好好讓他放手去賺錢。老公的晚運很好，孩子跟他很match，倒是你自己坐亥水，子息宮是子水，變成配偶跟孩子合不來，依我看，是你地支實在很強造成的，切記，你們夫妻是否能長久？家庭是否和樂？全掌握在你手上，你要好好扭轉乾坤，轉敗為勝。

回應：華姨，我在事業上真的比較有野心，先生就較無野心，可是在家裡，其實是先生較強勢過我，家裡的事情及孩子，他根本都不管，而且脾氣也大，3個孩子看到他都不敢吭聲，所以不解「孩子跟他很match，倒是你自己坐亥

水，子息宮是子水，變成配偶跟孩子合不來，依我看，是你地支實在很強造成」，這句話的含意？另外「夫妻長久」都看我，我不知要怎麼做？還有請問先生是否會有外遇？

回覆：你注意看你命盤地支都是水（亥子申），就子息宮一個火，水是沖午火，代表你給孩子的壓力超大。

回應：是哦！可因孩子都怕先生，平常只敢和我互動，什麼事都和我說，每次想要改善先生和孩子的關係，都徒勞無功，我也不知怎做？

我一直有在試，但先生常會擺臉或不理孩子，我會再試看看，謝謝。另外華姨有提到「夫妻長久」要看我，可我不知要怎麼做呢？

回覆：因為老公丙子日在親情方面較木訥，你私下頗活躍……所以說要看你如何去調配。

回應：恩~真的是一大考驗，我再試看看，那先生會有外遇嗎？

回覆：不會，他沒那個膽，倒是外頭朋友沒不好，這有助他心胸開闊。

回應：是哦！華姨，我不是懷疑你說的，是因他之前有過不良記錄，所以我變的粉不信任他。

回覆：涵兒多疑心的毛病要改，要自我收斂，不然你找我看甚

　　　麼盤？

回應：好！華姨，我會努力去改變這部份的，謝謝您！

例八：1969男

時日月年

壬己丁己

申丑卯酉

配偶

1969女

時日月年

癸癸壬己

丑亥申酉

分析 ▶▶▶▶▶▶▶▶▶▶

　　男生「己丑」日個性極為溫和，出生「丁卯」月有著很強的上進心，沒填大運也沒提及問甚麼，就以議題主旨聊聊「兩性相處之道」。

　　男生的地支年支酉剋月支卯，父母家人對妳的事業相當干涉，而卯木又有侵犯配偶宮丑土的意思，就是老婆得承擔許

多責任,還好子息宮是壬申,應該是很有主見的女兒,也代表年老財務狀況滿不錯的,但婚後的家族衝突很傷腦筋。

老婆是癸亥日干支都是水,地支都是金,金水氣勢旺,是屬於大聲笑,很開朗的人,月住壬申也跟你一樣,非常喜愛文學頗為進取,也他很會干涉妳的一行一動。

簡言之,真是「龍鳳配」,要相知相惜,多給對方空間喔!!

回應:華姨,補上大運及問題,不好意思沒寫清楚。

想請問華姨,我們夫妻的財務狀況,大約何時可以改善?要如何讓我太太比較能接受我的話。請問華姨什麼是龍鳳配?

回覆:龍鳳配就是才子才女配!你的財務要進入辛酉庚申運才會較好,這運壬戌剛好衝事業宮丁卯。

回應:華姨,這也沖的太猛烈了,從去年三月父親開刀住院,出院後又確診是失智症的前中期,(期間請假約45天)一直到現在,我的業績不只是腰斬,而是掉了85%以上……

回覆:你目前45走「壬戌」,跟事業宮丁卯是干支都合,接近火氣,對「己丑」日來說是印,是學習有貴人可以衝,但「合

化」這現象很討厭，會隨流年而變化或根本不化。像今年乙未是化，明年丙申後年丁酉，地支申酉沖卯一定不化，那戌土又變回原來的躁土。事情的變化就是，原則上大運對財不利，但申酉年又對財較有利。大概就是這狀況。

回應：華姨，就是卯戌合火，丁壬合木，火出了頭，雖然對我有印，但太燥熱（木火過旺），遇到金（申酉）可以制火又生水（土剋水為財），就變成十年的大運波折多（大運的壬戌時而化，時不化，但申酉流年或地支藏干有金的流年）因金為用神，故對財務或業務來說，從進入壬戌大運時，就要學習等待及低調，是這樣嗎？謝謝華姨指導。

回覆：以你八字己丑日是頗耐火土，問題還是出在當流年申酉時，本命的申酉會加強，酉在母宮，攻擊卯木，你的事業受極大干擾，希望你不是家族事業。

回應：華姨您說：但申酉年又對財較有利。

這一句：問題還是出在當流年申酉時，本命的申酉會加強，酉在母宮，攻擊卯木你的事業會受到極大的干擾。

　　　　事業有干擾，但對財有利，這好奇怪？不是家族事

業，所以業績壓力不小⋯⋯

回覆：是說酉剋卯造成干擾，而申酉屬食傷，食傷生財對錢財
較有利。流年跟大運是否相扶也是重點，不是一進入某
個大運，說好就好說壞就壞。

例九：1963 女

時日月年

壬甲丁癸

申戌巳卯

2005壬戌，2015癸亥

1960 配偶

丙己丁庚

寅巳亥子

2011癸巳

請問婚姻運勢

和外子感情不錯，他也是位很優秀的人，但在前幾年，他
走了。請問這可從八字上看出嗎？謝謝阿姨。

分析 ▶▶▶▶▶▶▶▶▶▶▶▶

你也很優秀，領悟力非常高，只是「甲戌」本身就是躁木，

算是旱木，旱木和濕木不同，前則要雕刻才能成器皿或藝術品，後則要水來養大才養得茂盛。既是「旱木」就要有雕刻器……那就是金（刀斧之類）。金是你的丈夫，所以要多聽老公的，你子息宮是「壬申」金水好濃，象徵子女對自己很孝順，一家和樂景象。

至於老公，你都體會到他的柔情溫穩，現在這「癸巳」運對外會受挫折較多，地支巳火跟事業宮亥水相沖，你一定要給他鼓勵，讓他度過這一運，那就大功一件！！下一個「甲午運」意氣風發很有朝氣。

祝福你們相愛到老～～

回應：華阿姨，非常感謝您仔細的解釋和鼓勵，讓我有信心帶著兒子好好過日子，這對我很重要。也要向阿姨道歉，我在發問時，沒有清楚的說明，讓阿姨有些誤會。先生在2012年過世，2006開始生病，就在我2005開始壬戌大運隔年，是不是躁木又走壬戌運，就意味著配偶會出問題？

回應：阿姨，可以再讓我說幾句嗎，從三年前對生命感到困惑，很幸運找到阿姨部落格，阿姨的文章，陪我走過許多低潮，阿姨對八字的論述，非常有邏輯，而且很科學，

也使我對八字產生濃厚興趣。還有阿姨文章中流露生活的智慧，讓我有很多啟發，讓自己有些改變。總之，真的很感謝。

回覆：很抱歉沒看清問題。死亡是很難預測是無解的。

例十：女生，1981年

時日月年

庚己丙辛

午巳申酉

34 巳亥大運

配偶1981年

時日月年

辛丁辛辛

亥亥卯酉

34 丁亥

大學時代認識，十年長跑後2012年結婚。

常常因為男方感到女方不尊重他而發生口角？請問該如何相處？

分析 ▶▶▶▶▶▶▶▶▶▶▶

　　常常因為男方感到女方不尊重他而發生口角……是啊！你命盤日柱「己巳」地支是火又是長生之地，是個獨立有自信、行事極為快速，說話當然是想到就出口，跟誰結婚都一樣，個性要改，尤其命盤沒半點「官煞」，不善自我檢驗，就會問題重重，勸你把自己管好就好，別太去嘮叨他。

　　老公是丁亥日，亥的兩邊都是水木，很有智慧，雖然表面是有些「婆婆媽媽」（天干都是財），本性使然，現在又是丁亥大運，對他也還算是好，你就鬆懈自己，趁自己「己亥」運多交交朋友，分散一些心思出去，ok？

✕　✕　✕　✕　✕

 問事解心結，精華篇 10 篇

1、＜華姨問事精華＞ 甲寅日/己丑月

1971年1月29日5：30生男性

時	日	月	年
丁	甲	己	庚
卯	寅	丑	戌

大運： 3 庚寅 13 辛卯 23 壬辰 33 癸巳 43 甲午

1999年虛29歲行壬辰大運。

Q 甲己 合化 土：是不是甲應該作為土來看？

A 甲木坐寅算是強木，可以看成戊土，但要看在何處，目前你行壬辰大運，壬水挺甲木，不能當己土看。

Q 卯戌 地支六合

A 卯戌太遠不能合，寅卯暗成木局。

Q 寅戌 半合：這合與半合不知有何用？
寅戌隔濕土丑也不能合，今年卯年去丑土，這午月就可能寅午戌合，但此火局的強度，僅有真正寅午戌的七成火力。

Q 甲生丑月為官帶。應為好時，但幼小体弱多病，不符。

A 幼年時期在「年柱」，庚戌，庚金好不鋼硬加上3-13行庚寅運，身體怎可能好呢？
八字中，甲木得勢，寅卯都是對甲木的支援。
寅在妻宮卯在子息宮，要等娶妻生子後才能發揮助力，目

前僅代表自身氣勢尚佳。

Q 土多，水少。我認為，用神應為金，可以剋木又可卸土氣。但是好像不對。

A 土多，所以不能再多，再逢土流年月就是「土旺木折枝」時，意即勞碌過度。逢火年月，推動土氣，名氣大了，最後仍是土厚木折枝的結局，支逢金可以，干則不行，記得干與支是屬一組，看干要顧慮其支對干之影響，看支要注意干之屬性，譬如「甲申」看甲時，顧慮其支申對甲有幫助有毀損，看申時抬頭看甲，有如一個大蒸籠蓋，只有申中壬水能順木透氣，其餘庚和戊皆被蓋住。

今年卯年，卯能去丑土，在春季時先加重地支中木氣旺盛，到這6（午）月，引燃寅卯，地支形成火局，這月將是你感覺思考最繁複，叛逆性最高最急性子的月份，傷官旺嘛！

無論天干或地支得水最佳，目前你行壬辰大運，就是一生裡最有成就時，求學順暢，錢財更不缺，生活沒壓力。

簡單看八字就是，多的再來就不好，少的缺了更不好，「子平」就是氣勢要平衡之意。

情感方面，甲木以土為財為妻，情感在土年，逢戊己辰戌未己都會有異性緣，順不順利，就看流年月中干支中有沒有

「比劫」牽引或干擾，以你出生日甲寅來說，流年月見比劫屬「干擾」，像去年戊寅，戊在天干，明顯的有情緣出現，偏偏地支是比肩「寅」，今年的己卯也一樣，須明年的「辰」土才是真感情，而且明年是「庚辰」年，庚能阻擋「比劫」來干擾，因此明年是最佳戀愛期，至於是否適合成婚？妻宮「寅」對照流年「辰」兩者藏干並無對立或沖剋，所以，明年喜酒喝定了！

　　其餘的你自己慢慢摸索，到我網站下載「教學」文章多揣摩一段時日，有問題再來找我，不過，先提醒你八字中財旺者通常對這類「邏輯性」高的學問耐性較少，你衝著這傷官月認真學習，下月腦筋又不知忙什麼別的去，一切隨緣！

Q 謝謝華阿姨。一些評斷正是讓人佩服的不得了。另外如此生動的教育使我得益非淺，這是一個很好的例子。
再次感謝，祝一切都好。

2、＜華姨問事精華＞ 甲戌日/丙寅月

Q： 請問華姨我想學八字，請問要如何學起，我已經讀過子平命學導航，我的命理中是不是透出我對命理學（運走正印）會有興趣，我覺得很奇怪，以前我很討厭別人去算命的，但是現在我卻自己想學……我想提供我的八字，是

否可以請您幫我看看婚姻跟工作。謝謝您

時柱：	日柱：	月柱：	年柱：
辛	甲	丙	己
未	戌	寅	酉

大運：9乙丑，19甲子，29癸亥，39壬戌，49辛酉，59庚申。

回覆：

1. 到我網站去查看文章和資料，上面有介紹一些好書，能多學東西是自己的福氣。

2. 妳個性屬自主、又有些躁性的人，這對一個年屆適婚期的女人來說，婚姻上會較困難喔！幸好妳行乙丑、甲子以及癸亥運，皆有緩和妳個性的作用（代表妳週遭環境的人都屬溫和、善良之輩）。此運屬好運，今年更是好婚年（勿挑陽七、八月）。好好把握，多接近文學、佛學、命理等，因為壬戌，表面不錯，家中丈夫、孩子卻很多事（尤其逢流年未、午、寅、戌要特別小心）

3. 工作上，此時10年要多學習，自會更上一層樓，而且和老板長官等相處很好，中年運（49－69）乖乖在家當專職主婦

吧！

3、＜華姨問事精華＞ 壬寅日/戊戌月

1961-11-5 16：00男

時	日	月	年
丁	壬	戊	辛
未	寅	戌	丑

大運：11-21（2/5）丁酉，21-31丙申，31-41乙未，41-51甲午，51-61癸巳，61-71壬辰。

現年虛39歲行乙未大運。

　　壬水出生在戌月不得節氣。喜母宮丑中癸水和時支申中壬水，耐戌土擋丑中癸；寅中戊又沖申中壬。天干雙戊夾壬……所以貴八字看來氣勢大且整組陽剛氣重，但對日主個人而言有「虛胖」的感覺。有如一灘靜靜的湖水在兩座石頭山間躺著，看著底下各山頭人物展神通。

　　首先上場的是丁酉和丙申運，酉申沖寅，去掉地支的「木氣」，加重「金氣」，對日主而言算是好的，但雙申沖寅，妻宮受難也非日主之福，不是晚婚就是娶進來的老婆與家人不和，由於妻宮寅木是火土長生之地，屬陽剛氣重型，旁邊又有戊土

保護，相當威風的。

乙未運，造成丑戌未互沖，先不管乙木對日主好不好，光是這三土互刑沖就有些「天下大亂」的境遇，只有流年98-90戊寅己卯年的春天得以安靜，4月後又吵吵鬧鬧，今年8/8日到後可望平息「內戰」。明年庚辰年，天干對日主好，可得精神上助力，但地支辰戌寅申沖動，難免又是紛爭。

41-51行甲午大運。甲木可分散戊土，疏導水氣出來，也得在壬午年，水木交流方有所效果，也就是說只有壬癸這兩年在外一切較順利，但回頭望「在內」實在……「午」火與寅戌和化成「火局」，就是你的事業和太太等合成「大財團」，弄得你在上面「強強滾」。

A 一般論命者會將貴造視為「從格」，就是從火土旺勢，我比較注重個人人格感受，通常不願用「從格」來論喜忌，那常忽略其本人「自身感覺」，就好比方才論述狀況，大可說「從財旺」發大財，這種看得到用不到的財，對你個人而言一點興奮都沒有，如果日主是「癸水」倒也可以，你是「壬」是大湖海不是小水滴，怎會無視於自己感受，我不知這樣分析是不是太過分些，也許我的論點有偏差，這些尚請指教。

51-61癸巳運，天干勉強是好的，讓你在金水天干年有朋友客戶調劑心情，地支巳火原為「金長生之地」，象徵你崇尚宗教等，無奈「寅巳申」又是一場「刑沖」，Ted，按八字，你最大喜神在子息宮的「申」，代表子女對你孝順體貼，卻，你的子女宮強剋你配偶宮，是意味你的子女對你太太的管教不滿，還是，你的子女的疾病累壞太太身體？這點請告知。

（寅木是很強悍的，旁邊又有戌土當靠山是不怕申金的……）

Q 所以就麻煩你透露一些內情，我好確認我所推論的這些是否對？往後尚有指教的話，較能掌握命盤精髓。

A 我的論命方式屬於「活動」型，以八字氣流為軸，大運為輔，流年氣流為「變數」，雖然也談「喜忌」，喜和忌之間則常交叉應用，以求「平衡」為真正最佳狀況，當無法取得「平衡」時則取日主感受最好的當作「喜」。

4、＜華姨問事精華＞ 癸卯日/癸酉月

Q 華阿姨請幫忙

華阿姨您好！我是陽曆1979年10月3日申時生的女生。很

希望華阿姨可以幫忙看看我的感情和事業。我夫宮的木三方都有金，那不是凶多吉少嗎？不知明後年的感情運程如何呢？曾有人說我會不安於室，是真的嗎？謝謝華阿姨！

1979 年　10 月　3 日 15 時 35 分生　　　性別：　女　性

時　日　月　年

庚　癸　癸　己

申　卯　酉　未

大運：3甲戌，13乙亥，23丙子，33丁丑，43戊寅，53己卯

1999年 虛歲：　21 歲

A▶ 妳的八字非常好，個性溫文，求知慾高，又有情義。

妳目前13-23行朋友運，不適合交男友，23-33屬於賺錢時期，也會有情感，只怕沒好結局，所以，這期間對其情感要看淡，要抱持享受情感心態，一切勿強求，美夢未必成真！

33歲後才會有真情感。

妳問得好，夫宮卯木兩邊申和酉雙金夾殺，代表妳的丈夫處境困難，夫宮在這種情況通常有些顯示其身體不好或是有志難伸，妳43歲戊寅運起將是丈夫發達期。這樣

妳明白如何來規劃自己人生了嗎？和自己喜歡的人在一起，而他似乎不太得志，妳務必體諒和保住自己收入，中晚運終有好日子過。

Q 先謝謝華阿姨！還有一小問題希望不會太麻煩阿姨。這種夫宮被剋可否看做他不受我娘家所接受？曾看過一些古文提到這種是夫子只能有其一的格局，是不是真的呢？

A 妳夫宮被剋是被月支所剋，月支代表你的事業朋友等，但在命理上不能這樣作解釋，説你的朋友不喜歡他，而是以單一夫宮來看其週遭是否對他有利。

夫子只有其一的格局和妳的命盤相似，但妳的大運是亥子水，水能洩金氣助木氣喔，所以，妳不要太氣餒，總之，人各有命，夫星弱自己要看淡情感為要！

Q 華阿姨您好！

今年遇到一丙辰月辛酉日的男生，大家都有意思，但因為一些原因沒發展下去。他的日支和我的日支相沖，是否一定不好？華阿姨提過最重要是兩人的努力和恆心，但這種情況下，會否代表徒勞無功或雙方的付出不相等？

A 情感是一種心靈交會，戀愛是一種享受，如果事先定好目

標一點都不真實，何況妳現在並非適婚期，談「將來」，我覺得太早了，好好享受年輕的情愛，不要管他什麼八字，對妳溫柔體貼最重要。

5、＜華姨問事精華＞ 癸巳日/己丑月

Q 華阿姨，

請你幫幫我，我和拍拖四年的男朋友突然分手，他認識了第二個女子，為什麼會這樣？我一直以為他便是真命天子，究竟出了什麼事，有無有辦法解決？

我的八字：陰曆 1970 年 12 月 12 日戊時

他的八字：陰曆 1966 年 12 月14 日辰時

華阿姨，求求你，盡快回答我吧，我實在不能接受這件事，請你幫幫我的忙吧！

A 1971年1月 8 日 20 時 0 分生　　性別： 女 性

時	日	月	年
壬	癸	己	庚
戌	巳	丑	戌

1999年虛歲： 30 歲

大運：2戊子，12丁亥， 22 丙戌，32乙酉，42甲申，52癸未

　　你是很有男人緣的女生,怎麼會搞到男朋友跟別人跑了?無論情感,無論事物,都是憑藉一種緣份,這緣份也就是一種磁場現象,你的情感緣自1998年初起,就相當穩定地進行(之前的屬不穩定型),然後今年10月起,磁場現象轉換,為何你沒在今年八九月時,趕快結婚呢?

　　這11-12-1月屬於落花有意流水無情期,你最好靜待其變,明年陽2月後又回復情感期,別問我是不是他,因為每個人感情期不同,你的情感期暫時消失,代表與異性的情緣告一段落,如果他的情感期仍旺盛,當然他就會找別人,磁場運作就是如此規律,所以,不必去在意說交了幾年卻分手,結婚的夫妻都可能分手,你說是嗎?你很有男生緣,我想他還是會選擇你。我不能為你看別人的八字sorry!

6、<華姨問事精華> 辛亥日/乙亥月

主旨: 請評八字。 男

時	日	月	年
乙	辛	乙	己
未	亥	亥	酉

A 辛金生冬月，日坐傷官，身弱而論，月日透財，財星有氣，為財多身弱。

辛生亥月，亥水僅初冬，並非很寒，年支得酉，辛金不算很弱，端看大運牽引，你運行甲戌，癸酉，壬申，辛未，庚午……前三運為「金」運，助身有力，其實八字不能完全看身旺不旺，要看「平衡」，像本八字屬金水格局，略顯冷寒，即時有不錯內涵，將因無火推動而憂鬱，暗沉。因此在前三運內，是很得長上等照顧，自己嘛，很懂充實自己，但就缺那麼一點火來讓自己活躍起來，因此最好的運就屬「庚午」，其次為「辛未」。喜行幫身之運，喜丙丁火解寒。

關於這點和我上面理論是一樣，但運用上要區分天干和地支，天干的丙丁火一出現，會結合雙乙木來剋你辛金，非好事，天干仍以庚辛金戊己土為佳。

Q 華阿姨說的很對！十分感謝你的指教！

另正財代表妻子，偏財（乙）兩透，是不是表示婚姻會出現問題？

你現在是不是在另一網址上主編？ 那圖解八字很有趣。

A▶ 我忘了回覆你，真是抱歉！

偏財和正財之區分在於，正財期碰到的女性，是那種你對她好，她也會對你很好那種，讓你很容易感覺到：她對我有好感喔！偏財則是，你追她，她是有意卻不表示出來，屬於那種若即若離，讓你愛恨交集那種！

7、＜華姨問事精華＞ 辛丑日/甲戌月

國曆：88 年 10 月 16 日 未 時生 性別： 女 性

八字：

時 日 月 年

乙 辛 甲 己

未 丑 戌 卯

大運：8～17 乙亥 18～27 丙子 28～37 丁丑 38～47 戊

48～57 己卯 58～67 庚辰

B君論本命盤：

這個命不得了，雙星殺破狼組合，武曲守垣，七殺同度，文武雙全，勇謀兼備。三方四正會照主星高達七顆，氣勢萬鈞，誠乃力拔山河兮氣蓋世也。加以權祿巡逢，昌曲拱命，主不富即貴。身宮鈴貪鈴陀，若為男子，必然威鎮邊疆，萬夷拱服。

　　總的來說是個武格，而從古代觀點看來，則是宜男不宜女。就現代觀點而言，女男平等，女強人滿街都是，所以女命如此也就不必太過煩惱。有個女強人當女兒也不錯，至少後半輩子不用煩惱，比起生個庸碌的敗家子可好上太多了。此命雖強，但是輔弱不見彈？星群雖強，紫府無助，個性則偏向主觀意識極強，唯我獨尊，自我肯定，凡事事必自躬親，無法與他人群策群力而共成大業。命身一干煞忌，化權，天哭，天虛，白虎，喪門，天刑，孤辰，寡宿加上命身武曲鈴星成格等等。個性難免孤僻或者是不喜歡人群，或是合群性低，較喜歡獨處。雖然如此，外緣倒是不差，異性緣也不少。

　　所謂個性決定命運，此女未來究竟如何？端看父母所施予她的教育和愛心如何。她的個性已如上所述，有著強烈主觀性加上偏執性，戰鬥能量與戰鬥能力都非常強大，可媲美超級賽亞人，有著成為女強人的一切條件。所以從小的教育就很重要，年紀小時個性還看不太出來，等到個性養成或已定型，那就來不及了。

　　以命格來看，最好培養理工醫或高科技專業技術，法商其次，文學的話，就有點不太適性。並不是說不行，只是一干煞忌的能量若是沒有順利釋放出來的話，將會成為她身心嚴重

的干擾。尤其她的身宮無正曜，一拖拉窟的煞忌在那邊糾纏，那將會是非常麻煩的事情。因此，培養專業技術或是興趣，對她來說是非常重要的。除以上之正規教育之外，父母的言教身教也與心靈改革是不可或缺的，如果能有正信之宗教信仰來調和，將會是一件好事。教育不是我的專長，也沒有生養過小朋友的經驗，所以有關教育的言論到此打住，其他的就有賴她父母的費心。

哎呀！回想起小時候玩 Princess Maker 的情景，養一個可愛女兒的心情實在是很好的捏，想盡辦法ㄠ錢（用 PCTOOLS 改的），含莘茹苦把她養的白白胖胖，買漂漂的衣服，玩好玩的玩具，吃好吃的東東，最後來去嫁給王子，過著幸福快樂的生活……或是派她到森林去練功，最後成為大將軍……成為國王！？

啊～又阿達了！見諒見諒，以上半桶水之論命，僅供作為研究參考，切勿奉為圭臬。因為除了命盤之外，還有那更神祕的因素在影響著一個人的命運！

如此這般……

Ａ 華阿姨以八字命盤來補充，一些教育和女性的部分。

不同性別不同年齡層論命的角度都有差別，所以，我這媽

媽桑來補充教育和女性相關部分。

　　B君於個性上分析非常仔細，我很佩服，這和八字很接近，不過我也想提出一些見解給小姑娘的父母一些參考。

　　小女生個性太頑固，絕非好事，教育上建議從柔性、同情心、和睦相處等著手，鼓勵她體貼謙讓朋友，至於課業學習上，由於她常不專心，思考反應能力欠佳，自幼幫她建立良好「數字」觀念是很重要，這方面一定要很有耐心，否則將來一看到數理就怕（這點我和B君的看法差異較大，八字裡印旺食傷少，反應能力不佳）。將來仍以從事財經會統方面較佳。

　　八字中缺少「官煞」，代表目中沒「長官」，於婚姻上而言則沒「夫官」。沒夫官緣婚姻表示夫妻間相處不相讓。幸好她在28-38歲行「夫官」運，至少這10年是時好時壞隨流年而定，教育上大概就是父母要以身作則，避免讓她對婚姻有不良印象，多灌輸她女性在家庭中的地位，這得媽媽來培養。至於18-28歲的男女朋友關係並不好，他命中財旺，財旺女性總多情（應該說對男性有強烈佔有感），情感方面困事多，務必多開導她。適婚期以28歲之後為佳。

　　命運是一種磁場作用，父母在他早期本身磁性不強時，慢慢給于誘導或適當補充其「環境」，這都是有效改變其將來

命運。我十五年前學八字，那時發現我的大兒子八字缺朋友，我在這方面不斷鼓勵他，只要有朋友來都給她們百分之百「方便」，至今這票朋友已成為我大兒子有困難時的良伴，看到他生活的快樂，我更樂！

　　然而，這小女生財旺，財並不代表錢財，心性上代表「對於物質追求較強烈」，因此若太鼓勵她交朋友，反而給她不良環境，其八字中最缺的是「水」，水就是她的智慧，唯有增加她的智慧，才能解決這一切生命的糾葛。也幸好她28歲前行北方水運，父母再多予引導，相信必能給這不錯的八字，人生過程裡更圓滿。祝福她！

8、＜華姨問事精華＞ 壬申日/丙子月

Q 問同事命運：

時	日	月	年
丁	壬	丙	己
未	申	子	亥

A 現2001年虛43歲

大運：8丁丑、18戊寅、28己卯、38庚辰、48辛巳、58壬午。

　　阿姨用流年來說明辛巳。壬午的情況,可惜他往後大運又同樣走辛巳。壬午真是很苦命,地支走火應不錯,經濟情況好轉,但巳亥沖、子午沖,可能有錢較安定後,又有其他的問題了,我看他先生的八字,好像可看出他的晚年較好。

Q **同事先生的八字**

時　日　月　年

癸　壬　癸　丁

卯　辰　丑　酉

大運: 24-33 庚戌　34-43 己酉　44-53戊申　54-63丁未　64~73

　　丙午

　　與我同事的命相同,都喜木火,月時干帶癸水,劫財把正財丁火都沖掉了。地支未帶財氣,現行44-53戊申,走地支申運,申辰合水財運不佳,我想亦是要等到54以後走丁未、丙午大運才會好轉。

　　不過這位仁兄有雄心大志,雖然生意失敗,還是想東山再起,雖然口袋空空,但名片掛的是總經理總幹事,交往的也都是達官顯要,為了要與上層社會交往,還唸了學費超貴的EMBA研究所,現在在做有關通訊方面的生意,需要好幾億資金(可惜景氣不佳找不到金主)。可憐的是我同事,先生能力

強，在外派頭十足，收入也算不錯，但賺的錢都拿去還債了，我同事就要負責一家老小的生活開支，連先生的學費都要低聲下氣跟娘家借。EMBA有時都還要捐錢給學校，我同事都很想叫她先生不要唸了，但她先生堅持這種錢付的有代價，以後做大生意賺回來就可以了。我同事只求能把債務還清，平平穩穩的好好過下半生，但她先生因為曾顯要過，總是想要一夕發達回到以前的樣子，為此事兩人常常爭吵，我同事只怕，只要生意再垮一次就真的要跳樓了！

所以阿姨，我想請教你，後年癸未年對他們二人天干走劫財，二人大運地支又水氣重，會不會又有損財的事情發生呢？

A 你朋友八字，出生年食傷，通常指父母自己更生，天干己土代表有壓力，所以家境不會太好。8歲的丁丑財在干還較好，18戊寅，給壬壓力，可能早期也得半工半讀，只是頗勞碌（如妳所說）。

38-43庚辰，支成水局，錢未進帳就預支了，也很辛苦，但莫忘壬坐申，坐卯的人，再困苦都有貴人暗助。她是被亥和子拖垮的，今年辛巳，巳火財暖地支，會逐漸脫困境，但今年還不算好，其年支（父母）亥水回剋，明年壬午，午火有子水回剋，好可憐的命運。我看得熬到進48後的南

方運，那時亥水較無力（步入中年走日、時柱，但配看月柱），屬晚年較好的運。

告訴她未來很不錯，從今年5月下旬後，會慢慢好起來。

9、＜華姨問事精華＞壬子日/庚寅月

Q 陽曆男1956年2月15日0時5分（已換成標準時間）。

在新加坡出生也在新加坡住，電子工程師，1983年大學畢業後一直在同一公司工作到現在，1987結婚，1991年得子，1992得女，1995年得女，雖然跟妻子常有意見不和，但家庭生活還美滿。

父親在1980年去世，母親健在。上有2個哥哥，下有一個弟弟和一個妹妹。此造身體一向很好，皮膚比較黑。

八字及大運如下：想知道赤道熱帶的火力，對此命造到底有多大的幫助。

甲午和乙未大運有什麼不同的好壞？謝謝指教。

A 國曆1956-2-15-子男性

時	日	月	年
庚	壬	庚	丙
子	子	寅	申

大運：6辛卯、16壬辰、26癸巳、36甲午、46乙未、56丙申。

46歲起行乙未運，先前的甲午運，我想並不如意，主要在甲是王之思想，卻有雙庚回剋，就是當你為某些思考做結論後，又被庚印把它推翻，幸好你是「服職」，若是自營業，這種思維方式很容易導致事業失敗；再者，午火有雙子回剋還好午火和寅木合，就是重心在事業，即使配偶有怨言，到底是別人的公司。

至於乙未運，和甲午不同處為，乙木合去一庚，而且是「庚寅」的庚，所以過了今年的辛金氣流後，約10月10日後，事業方面會有好的轉變，類似去執行另一較有挑戰性不與錢財有關的任務。

只是未土對雙子少有敵意，是否意味該工作，使你必須和妻子離開一段時間呢？

屆時再自我衡量，若是如此，也是沒辦法的事。不過最快也要到未年（或午年戌日）才會發生。

此乙未運最忌逢未年，癸未請特別留意自己身體安危。

以上意見，僅供參考，歡迎再請教高明。

「喜神」，其實是很容易，都是被古書搞糊塗了！

如果我對「甲午」運的分析，你覺得「貼切」的話，那「乙

未」運，你可能特別注意「家務事」方面，命盤中雙子與未互給白眼（雖沒打起來！），還有你本命中申寅沖，正確應該是年「丙申」剋月柱「庚寅」，似乎代表父母與你手足不合，或與你的事業老持相反的意見。現在再加上大運未，後年癸未年，我看你得躲到深山去了，哈，開玩笑的！

　　反正有些事其來有自，你心裡多少明白，你身處熱帶氣候區域，對未和戌等會更敏感。

　　關於喜和用，我想應該更正是先取「用」神，再是「喜」神。而用神是從命盤中找，像此造「用神」取「丁火」，喜神就是「甲乙木」，如果月柱為「己丑」，那只好用「丙」，喜「金」，不能喜「水」哦！

　　關於「喜」「用」神，改天我再專文刊出，讓大家明白，取用。

10、＜華姨問事精華＞ 庚戌/己酉

Q 1957-10-5　子時　女性

時	日	月	年
甲	庚	己	丁
子	戌	酉	酉

大運：2-12辛亥，12-22壬子，22-32癸丑，32-42甲寅，42-52乙

卯。

現88年42歲行乙卯運。

A 　**情感方面**：庚金女性以丙丁火為夫，及像85-86的丙丁年就是你感情年，惜85為丙子，86為丁丑年，流年氣流火氣太弱，情愫燃不長！

大運：32-52歲走財運，以男人來講，財就是色，就是發情時期，女人也可以有，但要像男人對女人一樣，主動去追求，也就是說，妳希望有感情，可能就得主動一些。這兩年（87-88）屬於長上介紹來的對象，喜歡的就倒追一下，留意明年3/6後「春風催情生」，無論情感或婚姻都有可能，加油，人生快半百了，沒有伴可以吵吵嘴，真的很無聊阿！我對快30年的婚姻有時簡直快瘋了，真想和「那個人」散了了，但每想到從一個老男人，到換另一個新老男人，就由心底齷齪起來，更難接受的是，吵架詞彙不同，萬一吵不贏，被那個新老男人佔上風，那不就虧大了！

啊！窗裡窗外，人就是這麼奇妙動物。

歡迎來信指教，不要怕自己老不老，該擔心的是自己有沒

有用處，妳這樣認真的人不會寂寞的，有固定男人在身邊，不一定就過的快樂，我想一定有很多和我一樣想法的女人，和妳說很多男人的壞話，即時如此，妳到最後仍期望有個男人來做伴，這是正常，陰陽五行跟著地球億萬年，始終也是陰陽配才得以延續，再次給妳加油！

11、＜華姨問事精華＞ 庚辰日/ 庚申月

Q 小弟我曾經拿此八字請教五位執業相家，除了土以外其他四行都有人取為喜用，搞得我糊里糊塗，不過我比較認同用水最好，用火次之，木則不一定。如果這是對的，豈不是要到走北方運，才能大展鴻圖，由於個人對八字的認知只比初學者好一點，所以還請華阿姨用您的氣流觀點指教一番，在此先謝了！

1973年 8 月12日酉 時生 性別：男 性　1999年虛歲：27歲

時	日	月	年
乙	庚	庚	癸
酉	辰	申	丑

大運：2己未，12戊午，22丁巳，32丙辰，42乙卯，52甲寅，62癸丑。

A ▶ 氣流就是「氣團」可互通，也是互推擠，子平八字所標榜就是「平衡」，水火要均衡，土金木要適度，所以沒有所謂「喜火」，就一輩子見火就喜，而是如果火來得適量，讓整組命盤如一團跳躍的「氣團」前進，這就是代表心情好，行動雀躍，可以達這種狀況，就是「好運」。

此八字，土金成局，火氣卻不足，而見火雖好，地支的辰丑土卻不喜火，火來土燥，所以如果從喜火的角度來看，天干金旺，火來使金軟化，又有癸水可防來火過猛，所以天干見火是吉的，生活上代表專心於工作學業等。地支逢子水，得申子辰水局，原本好，好在洗去金身邊糊糊的泥土，讓金清秀（代表思路清晰，處事溫穩有耐性）。無奈卻有丑土混水局，使得當子水來時，地支一片泥層，剪不斷理還亂！

所以什麼對此八字較好？

天干以見丙丁火最好，最不好就庚辛金。

地支以見巳、午火最好，亥水其次（亥水不和丑土合），較不好的順序為：酉、申、戌、未和子。

× × × × ×

 四　**八字漫談**

1.有趣的男胎女胎

　　為何說有趣？大家都知道孩子的性別來自父親的遺傳，是由父親決定男或女，然而我幫看男女胎時卻以媽媽的時辰來著手。

　　我的看法是，雖然是父親的精蟲決定性別，但子息宮貼近日元，跟日主關係密切，孩子向來和母親較接近，我是從「親情」來判斷男孩女孩，如果子息陽氣壯或叛逆性高，會判定男生，若是陰氣重，女生居多。若時柱印旺的又是陰性很直接就判定女生，雖說有點碰運氣，還是有序可循。

　　子息宮中甲寅丙寅戊寅壬寅丙午戊午……男性居多；乙卯己卯辛卯乙丑癸丑……女生機率大。

　　以上是我一點經驗論參考就好。

2.辰戌丑未四庫

　　很多八字都會有這四庫中其中的一二個，一般都會覺得是好事。卻不知這些庫跟日主的關係才是重點，而這四庫的差別

也很大。

以木的甲木來說見辰最好，辰中有木有水更有土，甲辰就是一組很棒的干支，有知識有錢財又勤快。乙木呢？就是乙丑，丑中有水有金有土，自制力強，有錢財又有藝術。

丙火呢？也是丙辰，有土的躁氣有水官煞有木為印，最怕是丙戌，躁氣太重，個性急躁，容易判斷錯誤而躁動。丁火也就丁丑最溫和，諸事皆謙懷若谷，最怕丁未，但未中有木，對丁火還是有幫助，只是火氣過旺，也是躁動族。

戊辰有水，有木有土，對戊有錢財有比劫還有官煞管理自己，若是戊戌，麻煩就很大，躁氣強，脾氣不好是最大毛病，凡戊戌日首要注意本身個性，否則一輩子都不好過。己日的喜己丑，溫穩忠厚，又有人氣，較不好就是己未，但已經是諸較不好的庫中最無害的。

庚辰、壬辰也都是較好的金稅格局，一樣的辛未、癸未都有其缺點，不過都算溫和的喔。

綜觀這四庫，明顯就是辰丑較受歡迎，戌未是個麻煩東西，大家多體會。

3.課業好、反應好、勤勞役

　　這三種人都是受歡迎的，首先課業好善書本，記性都較棒，總記得自己哪些事該做，哪些跟我無關，這種人就是「印旺」。在他腦筋裡大都以「我」為主，別人的事少理會，在他人眼光裡是高高在上，會受尊崇，卻不好相處。

　　反應好，是傷官特性，機智、動作快，這是優點，缺點是有些懶，事不關己都不會理會，經常假裝沒看到，會讓人不太親近，但遇上疑難雜症還是優先找他處理。

　　命盤中「財旺」的，必是勤勞者，很受歡迎，但交待一件事不斷在原地轉圈圈，也很教人受不了。在職場上偏偏這樣的個性者往往較受歡迎，終究懶人多於勤者。

　　這三種人的調配就是印者搭配食傷者，有知識卻要有思想敏捷者去執行；而思想敏捷的懶者卻需要勤勞的人來替他執行任務。若能這樣環環相扣就會是一個完美的組合。

　　你想擁有好業績嗎？就組這樣一個小組吧，成功率八成以上。

4.貴氣臨身

　　很多人八字無財或財弱就以為自己窮或衰，八字在於喜

忌，逢喜的進財機會高，逢忌的生活就較辛苦。底下例子財很弱，僅母宮一點點而已，但他一輩子貴氣重，憑這貴氣就可讓他平步青雲。

時 日 月 年

壬 庚 癸 丙

午 午 巳 辰

27丙申，37丁酉，47戊戌。

八字算弱，但被壬癸夾著，地支都是火，所以這壬癸就是他的貴氣。地支辰土中一點水又透出壬癸，更顯母宮施放的貴氣讓他一輩子順暢。當然，壬癸水才是重點，喜神很明顯就是庚辛壬癸。

今年六月底獲意外之財欣喜若狂，這意外之財連我都看不出，只知七月起丁未起花不少錢在改善家裡，更新舊床淘汰電器電腦，在戊戌年的庚申辛酉更是全家旅遊，好不快哉！

大運的丙申丁酉牽引在助身運裡，這就是貴氣。天干丙丁與命盤壬癸顯示水火通吃，地支申酉比劫助身都是好現象。

47歲後的戊戌，天干水被吸收，地支火更旺，又沖母宮，貴氣就減弱了，就得好好顧好事業和家庭。

5.火局的盤

丙寅日，地支寅午戌是標準火局命盤，是很難得的。茲將互談內列於下，提供朋友參考。

Q **想請問老年運好不好，有無要特別注意的地方，感恩。**

男，38歲

時 日 月 年

戊 丙 甲 辛

戌 寅 午 酉

大運：4癸巳14壬辰24辛卯34庚寅44己丑54戊子64丁亥
74丙戌

A 你時柱戊戌，代表老年是比較孤獨，獨來獨往。54-64這一運事業上會教坎坷，中年期要打好基礎，丁亥運就很好。

Q **非常感謝華姨指點。另外，是否可以請教一下華姨，戊子大運對事業不好，而丁亥運很好，這如何從八字得知。**

A 戊子沖事業宮甲午，有一定程度傷害，丁亥，丁火助丙，亥水也不沖午火。

Q： 華姨，不好意思，末學想再探討的一點是。別人都說我火太旺，要多補點水。而子午沖，我本以為是把忌神午火沖掉，此運會偏吉祥，只是比較忙碌壓力大些而已。不過以上我都是略懂略懂胡亂編湊，望華姨勿見怪。

A 你地支有一組寅午戌火局，讓你身旺到極點，請教：你自覺從34到現在，一切都還好嗎？人氣旺盛，錢財不牢，但總是有著自己身分地位，對吧？

F 沒錯，工作運勢34開始轉好，年年晉升，現在是廠長，但沒存什麼錢是真的。

A 所以，水跟火都一樣，要有局，雖有缺憾卻是一方之霸，一但格局被破壞，真正遺憾就顯露出來。水來要夠大，像11月癸亥，干支都是水，一下子像掉下去一樣，其實那也是好的一面，只是你難以水火通吃。所以寧可不要。

F 哈哈，這真是門高深的學問，感恩。

6.特殊大運

這是最近一位朋友的命盤，很值得研究，舉例來分析其干支變化造成的人生特質。

48歲，本人。

時　日　月　年

壬　戊　甲　庚

子　辰　申　戌

8乙酉，18丙戌，28丁亥，38戊子，48己丑，58庚寅，68辛卯，78壬辰。

　　戊辰首先就是日主本身不弱，但月干是甲木，官煞貼身，似乎膽怯，然甲前有庚，庚剋住了甲，使得日主在外人際關係上常有變化，從食傷卻有官煞，被官煞欺卻又有食傷，真是做人做事難圓滿。

　　再看地支，申子辰水局，財佔滿地支，是個勞碌命者，凡事一做再做不怨其煩。然，又有個年支躁土擋住水庫，讓水不亂跑，這樣算是好事，不然日主就會像無頭蒼蠅一樣做事沒主見。這躁土在年支，管年少氣盛之時，過了15-20歲就逐漸失去控制力，堵不住水氣。

　　看起來戌像是喜，然而在18丙戌運又有變化，天干丙火生戊土，讓日主智慧大增，地支戌土剋住辰土，破了水庫，讓這組八字有著180度大轉彎，好或壞要看甚麼事，讀書求知是好的；也不再是無頭蒼蠅，會選擇事情去做，也因此個性大有

改變，情感方面變不好，人際關係也多猜忌，這段人生重要轉折期變得有點亂，老是摸不對方向，經常六神無主懷疑做不對。

28歲進入丁亥北方水氣裡，又逐漸恢復老樣子，但，丁亥仍是好的，至少天干正印學道不少正面的智慧，地支也加強勤勞本性。

本造的確特殊，特別分析給大家參考，歡迎提出看法。

7.大運、流年流月

上第一堂課，朋友在【大運】【流年、流月】跟日主的關係，很是迷茫，在這裡做一簡單解說。

【大運】是一磁場，有如一條長長隧道圍繞著你，每個人都是這樣。而【流年流月】卻是很大的隧道，每個人都在這隧道裡黏著自己大運，相互碰撞、推擠，是好是壞看個人自己感受。感覺好的就是喜，感覺不順的就是憂。

【大運】和日主的互動屬於自身感受，【流年流月】裡有很多很多個【日主】，你是跟誰有互動？這就是磁場在操作。

譬如庚申在這流年戊戌的庚申月裡就會被庚申金氣所圍繞，比劫會有較廣交際，有人事有金錢互動。又譬如乙亥日，水

氣重會洩金之氣，讓自己水氣更充足，但到底是戊戌年，就會在土和水之間推擠，造成內心的矛盾，這【日主】己亥日子就會不好過，又如果他的大運是火土就更艱困，大運是水木，木能剋土，讓水順勢而下，就是大好景象。

大運、流年經常是交叉或是順勢，這就是看盤最難的地方。

8.老爺的出生命書

老爺已走了，留下1947年出生的《命書》，那時的廟公(住持)都會算命。將該《命書》公開出來，以我跟他結婚45年，來回味回味，真的準透頂了！！

「潘江舟命相館」

1947-05-17

時 日 月 年

乙 甲 癸 丁

亥 辰 卯 亥

7壬寅，17辛丑，27庚子，37己亥，47戊戌，57丁酉，67丙申，77乙未。

六甲超乾一局真，

欣然月德貴人新，

守身財庫能如意，

長大有為發達頻，

妻配務須金石久，

庚辛二限鎮家珍。

六甲乾坤一局真→八字命盤全是水木，氣勢大，可容天地。

欣然月德貴人新→月柱癸卯，書能讀，處處受提拔。

守身財庫能如意→大學畢業後，薪俸高，生性節儉，少交際應酬。

長大有為發達頻→因英文能力好，職場都在外商，當了20幾年財管經理，受老闆們重用。

妻配務須金石久→八字劫財旺，很受異性青睞，我馭夫有術，一輩子都安分守己。

庚辛二限鎮家珍→辛丑庚子運，考上竹中又上大學，那時代很風光的。短短42個字道盡他的一生，真不是蓋的！

9.二十四節氣

　　我很少用節氣「名稱」，來區隔一年24節氣，因為他是根據黃河中下游地區種植農作物所擬定，到南方氣候各異，被流傳開來各地就跟著使用。我僅相信那24各區隔日期，至於名稱參考就好。

從網路上節錄下面這段：

　　有人認為二十四節氣從屬農曆；其實，它是根據陽曆劃定的，即根據太陽在黃道上的位置，把一年劃分為24個彼此相等的段落。也就是把黃道分成24個等份，每等份各佔黃經15℃。由於太陽通過每等份所需的時間幾乎相等，二十四節氣的西曆日期每年大致相同。

　　因為二十四節氣的產生與應用，首先是在黃河中下游地區，以後才逐漸推廣到全國各地，所以在其他地區，二十四節氣的時期或許有一些差異。

10.生命會自己找出路

這篇文章在於鼓勵「自然生產」。

　　今年元月中已足月的姪女告知預產期是二月四日，我頗為驚訝，那天出生年月屬戊戌年甲寅月，無論男女生幼年一直

到就業脾氣都很大，頗難管教，因產婦是我至親，建議她提早1—2天剖腹生產，如此會是丁酉年癸丑月，個性溫和好管教。

姪女本性聰明伶俐，是個標準現代化女性，委婉推辭我的建議，堅持讓孩子自己選日子。預產期前我忍不住又去叮嚀，她依然無動於衷，說胎兒狀況相當穩定，她很放心。

二月三日日下午突然傳來訊息說：因為胎位不正，一早就腹痛，到下午實在危險，不得不在下午三點多(申時)剖腹生產。我是又驚又喜，母女平當然是最重要，在節氣日前一天剖腹生了，完全是孩子自己找的日子時間。所以，以後還是要維持我個人風格，不鼓勵看日子生產，「生命自己會找出路」的。

11.我與五行八字

我是在38歲（1988）開始對陰陽五行感興趣，看古書抄古文，也常常幫親朋「算算命」，那時感覺「好神奇」，從古書上的命例抄過來幫人家算命「準得不得了」。豈知，文筆算可以的我在3年過後，開始感覺寫不出東西來，給我看盤的都是熟人，越感覺當時「趁一時之快」的算命，後來幾乎是亂掰。自覺很丟臉，把所有買來的書都擱置，認真於事業不再幫任何人算命！！

　　有一天我在Discovery看到一影片，描述美國有一群科學家暗中在研究「中國古時的天文科學家事如何根據月亮來制定國家穀物的收成」。在西洋國家是研究「太陽曆」，以太陽的落點角度制定「24節氣」，太陽曆和月曆在太陽自轉一周上是有差異，西洋曆用每4年的2月多一天來調整。而中國科學家用3年一次的「閏月」來調整。這影片甚至提到中國人把這種金木水火土來預測人類的命運。看完後，我非常的感動，思考好一段時間，總算又給自己擬出一個方向。

　　首先，我研讀基因學了解到遺傳才是真正的「天生八字」，而後又閱讀宇宙星球間磁場變化。體會到天地間一切「生命」全是經由「元素」轉化。如何轉化呢？我又專心研讀物理化學，直到，完全明白「所有生物」都是「不同元素」的化身，而生物之外運行的氣流推動所有生命，掌握其「生老病死」！！答案越來越明確了。明白這些，當我再度回到命理世界，每一組命盤對我來說「就是一個數理題目」，我已經可以「透視」到整個命盤的「化學作用」，再以他所遇到的難題用「物理方式」來排解。

　　整整三年多的努力，讓我對古早的中國科學家佩服五體投地！然而，目前的社會對「陰陽五行」依舊一成不變，或說自

成一派，或說沿自「鬼谷子」派，我的結論是：誤導的多，真正引導至正途的少。最後，阿姨語重心長請各位，凡對「命理學」有興趣的多多將我的文章推廣出去，期待更多的朋友退休後可以跟我一樣，多幫助在十字路口徘徊的人！！「有快樂」才是真人類，否則就跟動物一樣，吃喝拉屎生老病死隨它來。

12.討論「三刑」？

命理命理—請阿姨釋疑

時日月年

戊甲壬己

辰寅申巳

1. 此造的地支中，有年月「巳申相合」，也有月日「寅申相衝」，請問姨婆，到底是「巳申相合」解了「寅申相衝」，還是「寅申相衝」解了「巳申相合」？或是它們之間，並沒有相互的解來解去？

2. 請問姨婆，四柱中「寅申巳」湊齊了，是否就構成「三刑」——《無恩之刑》、《恃勢之刑》，還是根本就沒「三刑」這玩意兒？

答：首先，我是不相信「刑」這玩意。五行氣流就像人類植物動

物共同生活一起，其氣息相互影響，不是彼此接受就是排斥，刑好似犯人待遇一樣，不知是誰創造。

其次，此造先巳申合，尤其幼年。逐漸長大進入職場和情場就轉向申剋寅。寅有辰成伴不會太害怕申的。

問：請問姨婆，《淵海子平》這本書值得一看嗎？

答：當然，還有一本《淵海子平評註》，都很好。

問：不過《淵海子平》中有段：

「淵海子平卷一

論十二支相刑

寅刑巳，巳刑申，申刑寅，為恃勢之刑；

丑刑戌，戌刑未，未刑丑，為無恩之刑；

子刑卯，卯刑子，為無禮之刑；

辰午酉亥，自刑之刑。」

不知您的印象是否依然鮮明？我想問的是，「寅刑巳，巳刑申，申刑寅，為恃勢之刑」和「刑戌，戌刑未，未刑丑，為無恩之刑」中，這「恃勢」與「無恩」是否彼此錯置了？謝謝！

答：早期的伏羲氏算是科學家，所有理論都根據他本身的實驗，所以就算他認定太陽會移動而不是地球，我們也要肯定他，那年代的知識領域就是到那裡。

而淵海子平、三命通會、滴天髓……等等都是一堆懂文字的自己去推敲，我個人是不會去肯定那些。倒是近代的司營居士提出五行氣流，我就很能接受並加大其更多看法。簡而言之，研究學問就是純研究，認不認同在個人的認知。

以上是我的看法，還請指教。

13.四柱應用答問

問： 請教一個無知的問題，希望阿姨與大家見怪不怪。關於年、月、日、時柱有其施力的時間，比如年0-20，月20-40，日40-60，時60之後。然如果不是在這些年歲的範圍內，其他柱的狀態為何？時柱真的要到老年才會發揮作用嗎？還是平時也會有影響呢？謝謝！

答： 「八字盤」的變化多端，不是這樣硬性規定。譬如年柱20歲前，那因年干是父宮，年支是母宮，父母的職責就是撫養子女，所以影響其幼年，但不是硬性規定20歲前，且還有大運要搭配。20-40這段剛好在月柱，最接近日主，是學業尾聲也是事業的起點，40-60則是婚姻最重要階段，正值中老年，退休之後就是老年了，大致如此推演。

問：謝謝阿姨，那麼我想問的是，生下來的那個時刻，所有的
八字就備齊了，即使時柱在晚年才發揮最大的作用，是不
是有些時刻也會影響日柱。可否舉例說明呢？謝謝！

答：譬如日主癸巳，時柱是戊辰，戊辰是官煞，給日主壓力大，
代表他退休後或年老後事情很多，不得安閒。若是乙亥，
水很多，朋友多，就過得快樂。

問：謝謝阿姨的例子，這個我明白。但我想知道，是不是60歲
以前時柱不管是什麼都可以不必參考(除非是考慮與子女
關係)，只要管前三柱即可？

答：未有子女前，時柱也是一個人內心活動的一部分；未到年
老，是戊辰，仍是日主的官煞，琢磨事情時，這官煞還是要
一併考量。

問：謝謝您，阿姨。那麼，比如我的時柱是偏印與傷官，在什麼
時候需要考慮他們的影響呢？

答：偏印是表面，對外主觀強；地支是食傷，私下思考有深度，
隨時都會參與，只是在時支非主流。若是在月柱就主觀強
旺。

問：阿姨，謝謝您這樣為社團付出。我的想法其實很簡單，因
為我除了時柱有己亥，他柱都沒水。我是辛未日主，我想知

道如何善用這個己亥來幫助自己，如此而已。謝謝您的回答。我算是「讀書人」，但也面對風雨飄搖的環境。

答：妳的亥被未吸收合成半木成財氣。妳在思考事情時，總是如何做會比做什麼優先，這並無好壞之分，而關鍵在於去努力去做的方向要正確，而不是在原地打轉。

回：也就是付出要講求收穫的意思嗎？不要傻傻做白工。

14.未婚男生的娶妻撇步

地球上的生物唯有「雄性」才能活化生物，也唯有「雌性」才能穩定持續延遞生物。所以，「男生是很討厭的」，一隻鼻子到處聞聞看，有氣味的地方就會撲上。即使只是聊聊天都很滿足。男生的感情其實真情的很少，他們對「抓住異性」遠勝於情感。在五行裡就是以「被剋」的財，來衡量男生的感情世界。

究竟誰才是你的有緣人呢？這學問可大。用底下例子給你參考。

<例一>男

時 日 月 年

丙 庚 丁 丙

子 寅 酉 午

5-14戊戌，15-24己亥，25-34庚子，35-44辛丑，45-54壬寅，
55-64癸卯

1.日主庚寅，寅是妻宮，是火土長生之地，火土對甲木是一種
　活力也是「祿」，又寅氣勢滿大，跟庚金不相上下。

2.庚日的左右都是火，被壓制很厲害，父母宮坐丙午火關煞，
　家教嚴自幼就壓力大，滿委屈。妻宮「寅木」右邊酉金對寅
　威脅相當大，子息宮又是子水，會剋寅中火氣。

3.也幸好年支午火控制酉金(偏偏酉金是庚金喜神)，跟寅木遙
　合，代表多事的母親對媳婦很支持。

4.所以找對象第一關要媽媽喜歡，她們合得來(雖然媽媽對你
　也是障礙)，那這女生就差不多是了。

5.而他們的結合經常會造成日主壓力，所以婚後一定要和父
　母分開住，盡量不要讓那壓制日主的力量結合。

6.也可見未婚前你在家裡的地位不彰。何時才是追求或是被
　反追求時期？

7. 大運從15歲起走北方水氣的運，可以讓命盤降溫，一切自然
   和協。情感年則在地支亥子丑辰寅卯等流年皆佳。

＜例二＞男

時 日 月 年

辛 乙 戊 乙

巳 未 寅 巳

大運：12丙子、22乙亥、32甲戌、42癸酉、52壬申。

1. 乙未日，配偶宮「未」屬旱木旱土，老婆屬於有點急躁，不太
   用腦筋的人，別嫌她不好，是誰嫁了你都會沒主見。你乙未
   日出生戊寅月太聰明了。

2. 年柱乙巳，家族長上很盛氣凌人，月支又是戊寅，沒啥作為
   的媳婦只能盡量默不出聲沾沾這大家族的光。

3. 還好時支是巳火，子息很有光彩，剋制爸爸乙木照亮媽媽未
   土。

4. 選對象宜在申酉亥卯等流年，別挑子午未土戌土，徒增困
   擾。

5. 大運裡的乙亥、癸酉、壬申都很好。

＜例三＞男

時　日　月　年

癸　戊　庚　戊

丑　寅　申　申

大運：16辛酉，26壬戌，36癸亥，46甲子。

1. 這戊寅日，妻宮寅木是日主戊土的印的長生之地，所以這老婆是亦師亦友。

2. 唯這戊土右邊有庚申，屬食傷，日主主見強，會剋妻。所以這戊日人獨立心很強，找對象一定是「能幹」的女性才能跟你匹配。

3. 妻「寅木」既是能幹的人，那兩個申，看似她的壓力很大，不過申金藏干「壬水」，左邊丑土也有癸水，水生木寅木暗助很多，不必替她太操心。

4. 26歲大運正值婚年的壬戌，初成婚了感情並不好，逢水木流年較好，36-56 癸亥是很好的成家之運，56歲後夫妻情感更融合。

　　以上說明男生對結婚對象的考慮跟女生完全不一樣，女生僅管把著夫宮看喜忌，男生娶妻面對的有家族互動、輔助事業、教養子女……等等，全盤觀看是很重要。

　　像例一，就會勸他不要跟父母居住，給自己壓力大會喘不過氣來而頹喪。

　　男生們，找對象先諮詢諮詢呀！

睡不了的夜，

夜闌人事多！

✕ ✕ ✕ ✕ ✕

一 女大男小的徬徨！

Q 真的是很苦惱，自己也不知道怎麼辦？

認識一個男孩，一開始就知道他的年紀比我小，所以不會把他放在心上，但他的溫柔體貼，不知不覺中卻在心裡佔了一個位置，可悲的是，他也一直不知道我的實際年齡，還一直把我當成小妹妹看待，也許是我外表的關係吧！

我們之間存在著一種似無若有的感情，每次我們吵架，只要我下定決心不再跟他聯絡，命運之神就好像故意跟我作對，總是會有某種契機讓我們又再度和好。

我很清楚對他的感覺，他也表示不曾像對我如此般的對其他女生，現在，他到美國去工作，可能要三年後才回來，對這份不確定感情（他並沒有給我任何承諾），實在是想放棄了，畢竟女人青春有限，可是一位研究斗數的朋友卻又斷言我跟他此生是糾葛一輩子！

徘徊在等與不等之間的我，實在是不知道怎麼辦？我們沒有山盟海誓的濃情，可是卻又有一種說不出的牽繫，要

忘記他再去認識別的男孩子，目前是很難，我們還有聯絡，但是如果等到最後的結果是什麼也沒有，又情何以堪呢？

唉……該如何做決定……請華阿姨幫幫忙吧！

A 看到你的故事，就憶起我自己曾經有過的歲月。

當時我22歲，男生才18歲剛滿，但，我嬌小玲瓏，他高大粗獷。因同樣是外地人，很快有了依賴性，當然他是知道我的年齡。那個時代，什麼「某大姊坐金郊椅」（就是娶比自己大的女生為老婆，連到郊外都有高高金郊椅子可以坐）頗盛行。

相依為靠半年後某天，他問我要不要和他一同回家鄉「玩玩」，我，這麼敏感的人怎會不知他心意，心中是很想去，因為他在家中是老大很有地位，家境又很好，但，理智一直告訴我：不可以。

其實，這所謂「理智」在我心中掙扎再掙扎了很久，就等這時刻「自然」表達出來！我的「理智」是這樣給自己分析：同事裡有不少年紀比我大或相仿男性，男女間那種似有非有的曖昧情愛氣氛，瀰漫整個辦公室。同事之間談論的話題，或是私下打情罵俏的那種感覺，還有和那小伙

子一起吃泡麵看電影相較，就是不太一樣；夫妻是要相處一輩子的，總有感情淡下來的時候，男女間永遠存在的競爭，容許我忍耐他的不成熟嗎？

我看到父母的婚姻，看到長一輩兄姐們的婚姻，吵吵罵罵佔三分之二以上人生，吵罵間，我又能一再容忍多少？還有，我需要的是智慧處事能力等等比我強的人，我也不知那個時時都得我去「幫」他、「提醒」他的丈夫，能忍受我多久……。

我會想太多嗎？

現在看到你的文章，我才又回想起那時候，對當時的決定，一點都沒有感覺，因為，那是完全正確。雖然我拒絕了他，但並沒改變我們之間的相處方式，一樣我走到哪他跟到哪，他要去哪我很「樂意」陪他去，和他在一起是一種享受。

看了我的故事你有什麼感覺？

我雖是早期的女人，總也有著浪漫心態，我把情感和婚姻完全分開，也把共享和獨享分開，也就是說，當某種根本沒有結果的情感發生，我會把它定位在「共享」，既然是共享，就不必負擔任何情感結果，但對方也必須有此共

識，所以你説，我們沒有任何誓言承諾這應該屬於一種共享。而所謂「獨享」就是「單戀」啦，只能默默獨享絕不透漏半點口風。

另外，「婚姻」和「情感」務必要分開，當適婚的對象出現時，那些獨享共享就要結束，成為往事來回味。

至於婚姻也是一種享受，所以一定要符合自己品味，如果那一出去三年的小男生對你很有感覺，那就繼續感覺下去，但，記得那只是一份「共享」級的情感，不要對他抱持任何與婚姻有關的聯想（當然不必誰等誰），也許有那麼一天，我是説很自然的，與婚姻類似的情感展開了對象正好是他，那就讓它展開吧！

天地間有一股力量，它驅動你動情或麻木，驅動你接受或拒絕，所以，順其自然，心情放開些，心頭抓得穩，一切隨緣吧！

怎樣，有沒有好些？歡迎隨時給我信件。

× × × × ×

 二 **不要將「做愛」當「真愛」！**

我們那時代的人談戀愛是手牽手→看電影→咖啡廳，差不多這樣就可以論及婚嫁了，結婚就是為了可以早一點「做愛做的事」。如果，沒有婚約就做了愛做的事，那，這個「查波郎」得做好心理準備：快快去提親！因為那時候是沒有避孕藥，更沒有保險套。

現在的世界，一切都讓你們年輕人那麼方便，什麼賓館、什麼X車族、什麼鬼沒人的地方……。

然而，「做愛」是「真愛」嗎？你們都相信是，我卻有不同看法。「做愛」往往是一種腎上腺素上昇的「生理作用」，當生理作用結束（無論有沒有付諸行動）它就消失了，而「真愛」則是一種心靈享受，做愛只是可有可無的附帶條件。

偏偏人們在獲得「做愛」的機會後，便將之升格為「真愛」，不停的去爭取真愛，雖然順序有錯，但從肌膚之親來反求真心相許未必不好，有很多一見鐘情的就是這樣成為夫婦。不要高興，這種有美好結局的究竟佔極少數，大部份都變「情感包袱」。

　　什麼叫「情感包袱」？有過一次做愛經驗，以後每次見面都會想要做，只要某幾次見面沒做這些事，就懷疑對方「情變」，因為彼此真愛不夠，一旦被懷疑，就覺得對方好黏，太麻煩，「趁機轉舵」，哇～～一熬可能半年，可能一年，可能兩年……甚至拖拖拉拉四、五年的「愛」頓時轉化成「恨」！耗了好半天，似乎做愛是罪惡的根源。

　　真愛才是正規的舉止，可笑的是，「真愛」的壽命往往短的讓你感覺不到，反而「做愛」這種野獸本能的行為，卻是兩性間真正一輩子在做的事！

　　如果，你可以將「真愛」和「做愛」分開來處理，我想事情會單純化些。「真愛」放心底，可以在做愛時同時表達；「做愛」是生物天生的任務，但不可如動物般濫行，幾次媾合後，發現自己和對方無法培養出「真愛」，務必適時中止，婉轉告訴對方自己的感受。

　　我之所以寫這篇文章，靈感來自最近所收到的信件，十封中有八封都在談「突槌」的感情，有第三者及成為第三者的比例佔很高。在我想法裡，你們大都分不清楚情感的真與假，都隨著自己的腎上腺素高低在行事，但願看了本文後，能給情愛糾葛中的男男女女深一層思維，讓自己活在自在一點的空間

裡。

×　×　×　×　×

不要給自己添麻煩—第三者

　　最近收到一些朋友來信，要「麻煩」阿姨幫他們做抉擇，有男性在太太與情人間之抉擇。有因「男友」突然變成有婦之夫而痛苦，有痴痴等待「情人」與配偶離婚，好儘快圓自己的感情夢。

　　啊~~叫我怎麼回答這種問題，是要說「還是老婆好，情人不可靠，熱情退了，你又是一次婚變喔……」，或說「慢慢等，只要有耐心，總會等到……」！

　　我這種精明又能幹，情感充沛又豐富的女人，活到50多歲，婚結了30年，也養了兩個聰明絕頂的兒子，什麼大生意場面都碰過，很多朋友都叫我「小辣椒」，頗像天不怕地不怕的恰查某，而……最最最怕的就是「我是人家的第三者」或是有人要成為我和先生間的第三者！

　　如果先生與我之間出現了第三者（女的），我又會怎樣？

我天生嫉惡如仇又很怕煩，尤其是男女之間，所以我絕不自己去製造個第三者出現，倘若不幸，我的先生有了第三者，我會跟老公問明白，他是主動還是被動，是選擇家庭或第三者，如果是他主動，如果他表示「啊……我就被妳們所苦，不知該如何是好！」哈，那我就會請他「打包」，或自己「打包」，等他脫離「痛苦」了，我再來決定「是否回到他身邊」。

你們一定會說，阿姨妳沒真正碰上，所以大話大話的說！親愛的朋友們，那不是大話，那是各人的「個性」——我不喜歡生活在不安定的環境裡，要我面對一個對我不忠的男人，說什麼我都沒勇氣，寧可選擇退讓、逃避。我討厭給自己添麻煩，這種得等別人去解決問題的麻煩。

那，你呢？

你／妳可有給自己添麻煩嗎？和已有丈夫或已有老婆的「秘密情人」幽會時，真的有那麼刺激，不自覺羞愧心嗎？我說的羞愧不僅是自己對情感以及婚姻的不忠，還包括對自己情感格調的一種侮辱。侮辱自己的判斷力，侮辱自己的人格，更踐踏了「忠誠」兩個字。

幾乎所有成為別人「第三者」的，都訴說自己有多麼痛苦，多麼不願意……，在經過阿姨分析（暗加痛罵）後，很多朋友

都表示願意結束那段情，自己重新站起來。我也相信他們的決定，因為，既會寫信給我這種年紀又算家庭美滿的「專家級」之前，其實他們早知道我會給的答案，問問我，無非希望得到一劑強心劑而已，阿姨絕不吝嗇。

　　但願大家彼此互勉，沒有踏上這坨「屎」前的朋友，千萬別衝動，你將失去除他之外的任何支援，背後的閒言閒語有可能跟隨你一輩子；這坨屎真的很臭！而已經踩上的朋友，千萬不要自以為「香、醇」，不要整天自以為：他比愛他老婆更愛我，我是勝利者，我有希望⋯⋯，沒有的！人世間沒有永遠的「真情」，情的背後必包含忠誠倆個字，而非卿卿我我的小動作，享受忠誠，忠誠可以讓人神清氣爽，沒有雜念，沒有包袱，也就是沒有「麻煩」，沒有麻煩的生活難道不是你我所追求的？

× × × × ×

 四　總是被「愛」所傷害！

這個「愛」應該屬廣義的，包括夫妻間的愛，朋友間的愛，

父母、兄弟姊妹，甚至鄰居，清潔工……。愛又有深淺，父母對子女應該是最深的，但以「個人」為出發點，最深的愛仍在「兩性」之間。然而，你可細想過，因為有愛，所以距離拉近，距離越近的越親密；當對方突然揮出一拳時，越靠近的，會受傷愈重。

　　尤其男女之間的情感更像拳擊賽，友誼賽時，你一拳我一拳，有碰撞有笑聲，一旦有一方翻臉了認真對打起來，不管輸或贏，到最後都是鼻青臉腫！

　　我們常想，為何不能「好聚好散」？就是不能，當心中的愛沒有依靠時，恨就會自動跑出來，恨猶存，傷害就來了，其中又以男性自私的愛恨情結所造成的身體傷害最重，而女人同樣的也會揮動「傷害」的大刀，只不過她砍到的總是自己 。

　　每每在電視上看到這些傷害，我就會轉台，無論父母傷子女再傷自己，無論男人傷女人，女人傷男人……，他們之間不都有著愛？愛使他們接近，愛使他們傷害得到對方，更傷害自己！

　　我對愛的看法，儘可能留在心底深處，尤其兩性之間，愛對方愈深，要儲藏到心底最深處，寧可自我浸淫，也不要完全釋放到對方，部份傳達就夠了，這樣可避免被傷害，又可永遠

保存在心窩，當人走了，那份情永遠是你最妙享受，「傷害」是最不划算的交易！

朋友，不划算的交易就不要繼續；打不贏的戰就不要再耗費體力，牌打不出去了，攤開認輸……轉個身海闊天空，另一個愛，另一隻手正等著你……。

× × × × ×

五　離婚的夢

為什麼稱離婚是「夢」？嗯，不但是夢，還是一場惡夢哦！！

一對男女從未步入禮堂前，只要吵吵架就會萌生：我們會分手嗎？而結婚後不要說吵架，光是看到對方下班回來臉色不對，持續個三天就好，妳（女生啦，男生比較沒那麼神經質）就會暗忖：他外面出什麼事……是不是有……我們會不會離婚？……懷疑本身不會產生夢，惟有進入「狀況」才會產生夢，而且當事情演變成事實後，離婚的「惡夢」才開始。

　　更恐怖的是離婚不是脫離惡夢，往往離了婚才是惡夢的開始。談談我兩位離婚朋友的經過，以及離婚後的情況。

　　先談女人的離婚，離婚前，見面吵，不見面在電話裡也吵，吵什麼？沒第三者的吵，只因為「錢」……

　　太太：你拿錢回來生活呀！你什麼水費電費都要我去繳……

　　先生：你有錢你就去繳……

　　太太：我去繳？！拜託你像個男人好不？

　　（喀嚓，電話掛了！）

　　離婚前至少有一、二年都在為誰該「養家」而吵，夫妻倆是都能賺錢，偏偏他工作不穩定又愛亂花錢，什麼藝術品想要就買，逢假日成天「打牌」，提出離婚那段日子可真是她的夢魘，她已夠大聲公夠兇巴巴，那男人更是不甘心離婚下場，把家裡東西打爛，還去她娘家髒話連篇……。最後階段男的簡直抓狂，把太太的衣物放火燒，拳打腳踢都來。

　　「離婚」後，由於是男孩又很大了，跟爸爸一起生活，女人嘛身邊有錢回娘家當老姑娘，婚姻怕了，對身邊朋友無聊的眼光和閒言閒語也受夠了，乾脆躲到香港，就這過了近十年，白天上班晚上吃喝打牌逍遙極了！

剛開始我常說她，叫她趁年輕（快四十歲），另結新歡重建家庭，到底我是幸福中人，不明白她的婚姻恐慌症多嚴重，而她寧可選擇醉生夢死的「慈禧太后」生活，也不願過「妻服侍夫」的所謂正常婚姻。

去年中，她思鄉了，終於想返台了，得朋友介紹和一個台灣醫生認識，年初返台說要結婚，我說快五十了結什麼婚，先共同生活看看。

這「共同生活」一開始又如惡夢般纏著她，為什麼？

為的還是錢！還有「個性」。他，五十好幾，獨身幾年有自己一番生活規律。她獨自逍遙慣了，雙方在「動作」上，歧見頗大，一些小插曲透露給你們聽聽：

先生：今天不要做早餐，妳去7-11買點東西回來吃吃。

太太：要吃甚麼？三明治、壽司，那差不多八、九十元。

先生拿出一佰元給太太，太太買回來了。

太太：共88元這是發票，這是零錢12元。

我問那恰查某朋友：為什麼要給發票和找零錢？

朋友：喔，發票是證明我確實花那些錢，零錢是一定要找給他，否則明天買別的東西就得去加減，乾脆每次都算清楚。

我一手托著下巴：請問……妳在那兒身份是什麼？

她：賓妹！（比菲律賓女傭高級一點）

我：喔，那除了按月給妳生活費外，晚上的算「啥米輪」
　　（Service）啦？！

她：就這樣呀～～我這輩子真他媽的，跟台灣八字不合，
　　這裡的男人都這樣欺負我，ㄟ……如果是妳呢？

我：我……，我氣質這麼好，我替他找錢買東西？他腿
　　斷了？我跟妳講，一天我都忍不下去，不知妳葫蘆
　　賣……

　　我唸一大堆，她還是繼續過「生活」，真服了她。各位，她
可不是小女人勒，是我以前的合夥人出口業務的總經理勒，口
才機智外語都是一流！捲舖蓋走走走……我每次都催她走，她
也果真買了十幾個紙箱準備打包到沙烏地阿拉伯去工作……。
無奈逢這正官流年，那惡婆娘卻是怎麼也走不開！昨天來看
我，說她：厭倦流浪，厭倦找工作，更厭倦再重新找男人，其
實很多事，問題未必都出在對方，我自己一生氣就凶巴巴，整
天不安分想離家，最近想通了，跟你一樣做個小女人，安安靜
靜當個「先生娘」也不錯，他只是節儉一些而已，他省錢我也
有好處啊……她說著說著，我吃著吃著好久沒嚐到的海鮮大
餐……

所以，你說，男女間的事，怎麼去當「判官」。

再說另一個男的，婚前，吵的同樣是錢，他愛面子喜歡作大生意，做做做，風光好多年。紡織業崩盤後，他跟著一落千丈，家裡全靠老婆供養，兩人吵得無法生活下去，只得走上離婚之路。

離婚時已經40好幾，帶著一卡皮箱住到辦公室去，那辦公室還是分租兩張桌子的那種。我和業務去拜訪他，回來後，業務告訴我，他看到他的內褲晾在椅背後⋯⋯堂堂空中少爺級的帥哥，落此地步。最後得到的消息是，因為生意還是不起色，就和一位華僑遺孀同居，這位遺孀承接不少遺產，老大少爺可省不少力，人長得帥也有一長！

簡單說，結婚就是兩人共同生活，年少共甘苦，老來共作伴，這頭離了婚，那頭又不知如何，所以，除了對離婚後很有「把握」，像電視上那些名女人一般，確信自己一定會過好日子，否則，最好「省了」！連夢都不要做。

以上僅供參考，若遇人不淑，該散還是要散，只是對散了後的生活規劃要更積極，前面已浪費許多青春，剩下可用的只是「負成長」的歲月和適應能力！

× × × × ×

若是沒有了愛？！

若是男女間相處有一段時間了，卻逐漸感覺到──我對他（她）只有「責任」沒有「愛」時，怎麼辦？很不好辦，這種情況，在我這老管事的口裡叫：變心！

「變心」有兩種，一種是心中另有別人，本文要談的是另一種，純粹是：我對他（她）越來越……沒感覺，相見不覺得歡喜，談話沒情趣，親暱的動作，越快結束越好……如果是這樣，在婚前惟有漸漸疏遠（切記，不能有新感情），忽然約出來談談，談過之後：如果對方也默認是該了斷，那就沒事。如果對方依然愛你很深不肯分手，唯有「拖」，再拖一段時間，在拖的期間內，減少相聚，避免刺激對方，試圖彼此成為好朋友……。

情感的事，藕斷絲連也不好，所以到某一時機還是得找一「人頭」來充當自己的新愛，讓對方完全割捨，之後，再慢慢去尋覓自己理想意中人。

已有婚約的，當你（妳）開始疏遠時，爭吵就會隨之而

來。但也有一方故意假裝不在意，反而想用「愛」來挽回你的心，前者，只要你問心無愧，就是沒有移情別戀，純為彼此個性差異太大。如果沒子女等問題，不管爭吵多大，要儘管快談妥「分居協議」，因為在簽完「分居協議書」後，「冷靜的思索」才會開始。從分居協議而後又復合的，機率高達50～60%，也就是說真正離婚成功的僅3到4成。至於後者，就是對方努力挽救的，居於情感責任，自己也要給予機會，相互補救。

談到這裡，仍要回頭再來談「愛」，愛可以從一朵玫瑰花開始，也可能在少收一朵玫瑰花而淡化，甚至消失，但，愛若形成一種責任時，務必將「責任」放在「愛」之前，就像我在另一篇文章「給自己添麻煩—第三者」裡所說的，情感需要忠誠來支持，忠誠就是一種責任的表現。若是從「責任」的角度來衡量情感，或許「愛」就一直藏在其間，因此，當你在思考，「我們之間是不是沒有了愛」的同時，反向思索責任、忠誠所暗藏的愛，那種愛和玫瑰花所帶來的愛是不一樣，它不香不甜，但與日、月同光！

回應一

是這樣的，不是為了責任而愛或為了感激而愛，只是因為愛而愛的，沒有其它原因。但「愛」又是什麼呢？想過這問題

嗎？愛就是默默……「真心的」，沒有忌妒、沒有報復、更不需回報，唯有「奉獻」！這是我的感覺。

回應二

「愛又是什麼呢？」呵呵呵……我以為這個問題是：看不懂的人，想不開，看得懂得人，也想不開。而看得開的人卻想不懂了

回應三

「愛」是什麼？有天我問我先生，他有多愛我啊？他說：如果我生病需要腎臟，他會不猶豫的捐一個給我！可是我卻說不出來我有多愛他……

× × × × ×

七　當「真情」來臨時

雖然在之前的文章我不斷提醒大家，莫將「做愛」當「真愛」，不要為愛痴顛……，但當「真情」來臨時，定要好好愛惜和保護，這是不管婚前或婚後，甚至像我這麼老了都該小心。那，你們又要問，我就是付之「真情」，才會受「傷害」那麼

深……等等。本篇想來談談如何辨別「真假」情意。

　　我說過我不是專家學者，無從引用什麼詩人什麼名人的偉大言語、詩句來啟蒙各位，仍是老調，用我和身邊老少朋友的經驗提供一些「鑑別」方法。

　　首先，你/妳未和她/他正式交往前，多留意他的談吐及書信字裡行間的「用心」，另篇文章「浩浩的日記」，在浩浩的噓寒問暖又不隱藏嫉妒的詼諧上，他對小白真的是一片真情，他們曾二度出現在我面前，共同工作（為鄉下貓狗結紮），只聽得到他幽默式的進攻（我們這些老大人，各個眼尖耳敏），溫柔的聲調，而小白是含羞的躲躲閃閃，如果有機會和小白對話，我真的要雞婆一番，甚至當「媒婆」都願意！

　　也許，很多男生都像浩浩一樣，而妳感覺到也接受了，那最後還是又要跟他分離？

　　這……務必要找出原因，讓真情中斷，就像在自己手背上刮道傷痕一樣。

　　舉我大兒子和他女友的例子好了。他們在高中同學時期，一堆死黨常窩在我家，畢業後死黨裡多了個女生，但並不覺得是某人的女友，反正他們一票話來話去。到了大三後（不同大學），我兒子才開始正式追她，那些死黨男生剛開始個個都成

燈泡，後來一個個都被「見色忘友」。

　　小故事可提醒各位，「真情」要真心相對，不要女的看對方憨厚或溫和就鬧情緒耍脾氣。有修養、有智慧、有理性的好男人好女生，都不吃這一套的！又如果人家對你「真心」，而你卻把他/她的真心當成「笨蛋」，然後自己東交一個西黏一個，最後他/她似乎被你/妳耍了、拋棄了，別得意，人家他/她傷心個一年半載，定會找到好的終身伴侶，而你這個真正的「笨蛋」必自食其果，很可能被一個比你/妳更愛玩愛情遊戲的，耍了、丟了或砍了！

回應：「真愛」剛來時總是像顆水梨般，水多多但甜味少少，加溫後，自然會變成「水蜜桃」般入口即化，須知水蜜桃外表看似堅硬，內部柔軟甜膩，踐踏不得，所以，要「珍惜」，才會有真正甜到心頭的享受感。

　　　　這篇文章沒人回應，好可惜，也許你們沒有華阿姨對真愛的感受，也許你們年輕一直再受情感考驗，然而，對我們這過40的女人，對她所舉的自己兒子的小故事，卻有很深感觸！

× × × × ×

 八 充滿誘惑的「出軌」

我喜愛電影，更酷情愛世界百態，這應是女性電影觀眾的特質吧！

最近看理察吉爾、黛安蓮恩與奧利佛馬汀主演的電影《出軌》(Unfaithful)，其勾勒出來的人性對「性愛貪婪」的一面，有著極深刻的感觸，引用影評人Estella筆下的描素：《出軌》很靜，節奏很悠緩，鋼琴連綴的主旋律，清淡得讓人錯覺它在傾訴一種無可，也無不可。不應只有如此啊，我們心忖；激情很強烈，嫉妒很強烈，《麥迪遜之橋》式下不下車的掙扎也很強烈，但是如果沒有纏綿床榻的短暫熱烈和迸散的四溢鮮血，我們一時之間會不確定，《出軌》是虛渺的曇花一現，還是褪不去的永恆傷痛，和懷念？

Salon的影評指稱，黛安蓮恩的演技不但爐火純青，甚可說是全片唯一可觀之處。

其中一段劇情是女主角黛安蓮恩和情夫約會完後搭公車回去，Estella的文中寫道：

　　黛安蓮恩在公車上，想起方才耳鬢廝磨而無法抑制地奔洩開閘的情感；兩人親暱貼靠的瞬間，鏡頭完全沒有遺漏地把一切輕微的震顫呈現在觀眾面前。不管是翻書頁碰到了指尖，邀舞時殷勤地為她脫外衣，褪去衣衫的肌膚相親，還是告別時回頭輕輕鬆開緊緊交握的手。溫柔的撫觸，以及深進靈魂底邊的顫抖。

　　從這裡可以想像女主角被情慾迷戀的程度。

　　導演阿德瑞林會被認為道德上綱地「指控」外遇，對《出軌》電影某種程度地調整了後半段的調性，來探討家庭因此所遭逢一觸即發要分崩離析的危機。暈醉、激情和憤怒淡出，搖搖欲墜的假性幸福令人毛骨悚然地開始瀰漫。

　　無論電影或是真實生活，一旦陷入無可救藥的肉慾裡，那不是天堂而是地獄。就像吃了迷幻藥一樣，吃了想再吃，要戒都很難……。然而結局是撕毀人生，糟蹋靈魂，有如行屍走肉，何苦這樣對待自己？命運有部分是天意，大部分卻是掌握自己手裡，力勸步上《出軌》這死胡同的朋友，回頭是岸，不要繼續活在兩個世界裡，折磨自己和家人，到底「肉慾」的影子總有破滅的一天。

　　脫離罪惡感、不安和看不到明天的憂懼吧！

× × × × ×

九 贏了真理卻輸了感情

　　這是一篇很讓人省思再三的文章，作者是旅居美國的 MR.Ted 和我來信很久了，現將他的大作提供給大家欣賞，也許你看了之後也和我一樣……做人不要太霸道喔！

　　擁抱幸福其實很簡單，當你或妳想生氣的時候，想一想這句話，相信一定會有收穫的……輸了感情。我的脾氣一向不好，所以常在遇見事情不順遂時，便以「爭吵」來宣洩情緒，解決問題有時還會牽連身旁無辜人。直到高二，聽老師說起她和師丈間的一個小故事，我才如夢初醒。老師是個辯論高手，同時也是位淚進女子，每每夫妻倆一吵起架，師丈只有搖頭嘆氣的份。因為即使師丈知道自己是對，卻因為老師的強詞奪理，只好承認錯誤，總覺得受到了傷害。有一次在唇舌槍戰後，師丈氣不過終於說了一句：就算妳贏了真理卻輸了感情那又如何？

　　這句話帶給我很大的震撼。因為吵架令人失去理智，總想

不擇手段爭到贏，即使是無心的，也有可能莫名其妙地踩到了別人痛處而不自知……當我仔細思考過後才想起每當和在乎的人吵架後，即使吵贏了心理也不好受。於是，我這才慢慢改變自己的心態，心情不好時，便先遠離戰區讓心情沉澱一下；久而久之，發現自己的吵架次數變少了，而且也不容易生氣了，心情也愈來愈愉快呢！

其實，每當生氣時，大家都應該想想這句話——就算贏得了真理卻輸了感情，那又如何？除非，你打算從此與他老死不相往來，否則還是停下來想一想吧！我相信，每個都不是真心想傷害別人，千萬別讓自己的無心之過，造成別人心裡永遠的傷痕。＜人生探討＞幸福（文章來源：MR.Ted 許）

擁抱幸福其實很簡單，「人生最終的目的，在求幸福；而幸福就是不受阻饒的活動。」——亞里斯多德。不受阻饒的活動，其實就是「自由」的同意字，那麼，是不是可以說，自由就是幸福？我相信可以。

在一間民藝館裡，小女孩問媽媽：「那是什麼啊！」，「喔！那是繡花鞋「那是給洋娃娃穿的嗎？」

「不！以前中國女生都穿這樣的鞋，媽媽的奶奶、外婆都穿過。」「那麼小怎麼穿啊！」怎麼穿？我久久的凝視著玻璃櫃

內那一半架子半舊繡花小鞋,思維不覺飄向渺遠的記憶河流,停駐在一雙扭曲變形如粽子般的小腳上……一樣好奇多問的小女孩望著盤腿倚在床上抽煙袋的祖母;「奶奶,纏腳痛不痛?」

「當然痛嘍! 火辣辣的痛,錐心刺骨的痛,往死而痛,每天晚上抱著腳哭……」

「那你為什麼還要纏呢?」「由不得我啊! 我們那年頭的女人,什麼事都由不得自己啊……不像你們這麼命好,可以唸書識字,又有一雙大腳丫,多好……」在一長聲喟嘆中,奶奶瞇起眼,吐了兩口煙,圍繞在無聲嘆息中。很多年來,一直很難忘記奶奶那一臉落寞。那一聲長嘆,包含了多少身不由己,多少無奈的悲哀? 多少無聲的控訴? 直到很久以後,我才漸次體會到,有一雙大腳丫,不但好,而且……是多麼的……幸福……。

多年前赴大陸旅行,在火車上遇到四個年輕學生,知道我們打台灣來的,便很熱情的聊了起來。起先,他們驕傲的表示,祖國有多進步,現在的日子有多好,人人有飯吃……言詞間帶著幾分炫耀和得意。及至談到出國旅行,他們原本飛揚的表情,立刻弱了下來,臉色也變得黯淡。「還是你們好,想上哪就上哪,多好……」在那一瞬間,突然覺得有股巨大的暖流在胸

中橫過。原來，想上哪兒就上哪兒是一種幸福，而我從來不知道。

幾個朋友到阿里山看日出，清晨5點32分，當金橘色的陽光通過雲層，由山峰升起時，眾人興起一片歡呼，而小章卻掩面而泣。眾人笑他是濫情，沒見過世面，不過是看個日出，何至如此？眼淚也太廉價了吧！小章一點也不生氣，只仰起爬滿淚水的臉，徐緩的說：「我來之前，中風兩年的爺爺跟我說，他上過阿里山兩次，都沒看過日出，叫我一定要睜大眼睛好好看個清楚。爺爺說：很多景觀是可遇不可求的，就像人生際遇一樣……我第一次上山就欣賞到這麼美的日出景，實在好幸福，好幸福……」沒有人再開口了！

有個富翁，什麼都有，卻總悶悶不樂，老覺得還少了點什麼。一日，他經過市集，看見一個衣衫襤褸的乞丐，便很輕蔑的扔了一個小錢，並調侃說：「像你這樣一無所有的活著，還有什麼意思？」「喔！大人，我雖然沒錢、沒勢，可是，我有一樣您沒有的寶貝。」「哦！你有什麼寶貝？我可以出高價向你買，快說！快說！」「只怕你買不起！」「笑話！我不信天下有我買不起的東西。」「這樣東西它不賣的，因為它不能賣，它是一種感覺……就是幸福。」

　　擁抱幸福其實很簡單，是我們把它物化，類型化了！幸福只是一種內在心靈感覺，在某一剎那，心中的某一根隱密的弦，忽然被牽動，泛出圈圈甜美的滿足感，那便是幸福。每個人的感情世界，都有如隱密的宮殿，年齡越增加，門戶的防備越森嚴，於是，要進入其中，要被撥動，便越不容易，於是，常常覺得不快樂，離幸福越來越遠……而當一個人覺得幸福離自己而去時，便會想藉著獲取更多的物質擁有來填補。結果，常常是擁有的越多，越覺空虛，越不快樂。在生活中，有太多微不足道的小事，在在地觸動著我們，只是被我們忽略掉了，我們總「以為」，追求幸福是件大事，一個大目標，一些大收獲，結果卻離幸福越來越遠……。獨自去看早場電影，在小攤吃碗陽春麵，再叫一盤臭豆腐，然後搭公車回家睡午覺，對我而言，是幸福。帶狗狗去散步，看牠興奮地奔跑，銀灰色地捲毛在陽光下閃閃發亮，那麼健康，那麼美麗，心中充滿著說不出地愉悅，我知道，那也是一種幸福。在公車上，讓位給一位長者，老太太連聲「謝謝」，叫我好生溫暖；想到自己尚能站立的雙腿，不覺有種幸福感浮了上來。各位朋友，幸福不是生長在深山峻嶺上的仙草奇花，它就像存在你身邊那些不起眼的小花、小草一樣，只要你彎下身，只要你張開手臂，只要你敞開

心，就能將它擁抱入懷，真的，就這麼簡單。

心若改變，你的態度跟著改變；

態度改變，你的習慣跟著改變；

習慣改變，你的性格跟著改變；

性格改變，你的人生跟著改變。

在順境中感恩，在逆境中依舊心存喜樂，認真活在當下。

× × × × ×

 # 到底要如何才能跳脫情感的枷鎖

　　這兩個月來超過200個命盤，最大的感觸是大多數女性朋友都還在感情圈裡打轉。緣份未到的苦苦的等，等到35、40甚至45都還在等……阿姨，我要等到何時？

　　有剛滿20歲的小女生跟我說：阿姨我這輩子不打算結婚，你看我的人生該怎麼計畫？

　　有交往多年的男友，而他的男友還另有女友，她在等什麼？

　　有著固定的男友，自己卻難抑心中私慾不斷想著別的男

人……阿姨我該怎麼辦？迷濛的世界，我的那一半在哪裡？

我是印格、我是財格、我是傷官格、我是比劫格、我是官煞格，我的婚姻路會是怎樣？

婚前的情感問題，婚後的情感變化……阿姨，我好後悔當個女人，當個男人「拍拍屁股走人」一切問題都解決，男人多好？！

退隱命理有3— 4年時間沒幫朋友看命盤，這次的復出純粹是隨部落格「回應」和「留言板」的產生，不得不重執舊壺，於是又開始碰觸如此多問題。

其實在我退隱這段期間我仍不斷自習「情感」和「婚姻」命盤和大運的變化，期望可以突破一般「舊式理念」，就是女性逢官煞才能有情感才能有婚姻。其實，逢「印」的大運或流年依然有異性緣的存在，而是你該怎麼做？！該如何突破「劫財運」讓異性緣進來，甚至「傷官運」照樣可以結交好的對象。

我下了很大功夫在這上面，也在這次復出後應用在各位的問題上，相信有得到我回覆的朋友都感覺到了！

兩個月來我很高興自己的復出，200個命盤我想至少有100位真正受惠了，如果你們有感覺到受惠，那就是我立誓回

饋社會的一點收穫。所以朋友們，我守著部落格等待你們的到來，只要問題別太多只要你是真心誠意想獲得解答，阿姨一定盡心盡力！

　　快七十歲的我不知還能為你們服務多久，我只抱著來一個服務一個，只要能幫助你們跳脫情感的束縛讓自己開開心心走完情感大道，阿姨就心滿意足！

╳　╳　╳　╳　╳

十　如何做個佔優勢的女人

　　當然，我不是什麼專家學者，只能就我自己身邊一堆朋友綜合起來，提供不同環境的不同作法，好讓充滿婚姻憧憬的妳在兩性鬥爭中佔「優勢」。

A. 假如妳是富婆

　　「錢能使鬼推磨」，如果妳用點心，推對了，自然會有細緻粉末出來，做出美味糕餅。由於妳是富家女，平常在家應有盡有，自己也有能力愛怎麼打扮，怎麼花就花，那在婚前與男友交往期間，不必刻意讓自己看來節儉平實，取得對方的好感或

信任。

在婚前我覺得「我是什麼就應該表現出什麼」，因為如果他愛妳的人，他在擄獲妳的心後，會慢慢告訴妳由奢入儉（假如他非富家子弟），那時，如果妳也挺喜歡他，就得配合他慢慢入狀況，讓他感動，而如果妳像我一位富家朋友一樣，大言不慚的說：你管你自己的就好，我喜歡，也有能力過這樣的日子。二種作法都可以讓妳佔優勢。

前者是，妳愛他所以配合他，委曲了妳，如果他不知珍惜一再大男人作風，嘿，一腳踹開他，再回頭去過妳的豪華生活，學命理的我是這樣想：人各有命，委曲求全，違背命理造化，不見得是好事。

後者，當然強勢囉！我生來就是寶貝女，幹嘛配合你吃苦，但原則是妳可不能花他辛苦賺來的錢去奢侈喔，更不能拿自己的錢砸他的自尊，妳買妳的高貴用品，約會吃飯，出外遊玩，他的財務能力有限，各樣會較經濟型，妳既然愛他，就得「尊重」他的能力範圍，偶而妳大方請「豪華客」那不在此限，切記，莫傷人自尊。再者小心，那喜歡妳向他砸錢的男人，非好貨！

至於「婚後」，那很複雜，且聽聽某朋友經驗。在交往期

間她就去過他那窄小的家，對方是獨生子，另有二姊，嬌生慣養的她哪習慣小鳥窩。父母在婚前送她一層裝潢不錯公寓，現在是小倆口住新公寓（男方父母自認比不上人家，只能讓孩子做主）；因為住的是女方提供的房子，這有志氣的男人結婚後反而很不自在，二人新婚就為家用品的奢或儉吵嘴。朋友和我聚餐時求教於我，我當時也是滿口袋鈔票的富婆，我這樣建議：拿房子去貸點款，不要多，佰多萬就好，貸到了放媽媽家，跟老公說以後每月攤壹萬多，五年後房子就是「我們」的，讓他出錢買自尊。

房子的問題解決了，然後是與婆家關係。在此我要告訴眾家媳婦，對一般老人家最好的禮物就是「折現」，不要一年給三、五次，每次三、二仟，要嘛，母親節，讓老公包一個大包的給她，媳婦嘛，只要過年再包個更大包的，她就樂不可支。又如果公婆生活困難，需要生活贊助，可別自己拿生活給他們，這奉養人不是妳，大好人，大孝順人永遠不要自己扮演，一定要讓「老公」去出風頭，他在家人面前一條龍，在妳面前才會一條蟲，這就是妳的優勢。

B. 如果妳不富有

「不富有」的意思就是，家裡供應妳受完教育，走出校門後一切看自己。時下男女朋友絕大部份都是走出校門必需靠自己的，我兒子他們也是要這樣去開創人生。

由於二人經濟狀況都差不多，妳又如何取得優勢？我想，在婚前表現自己不隨便、有主見，象徵家教好、能力強、格局大等都是非常重要。秘訣仍是：逢二人互動問題，要以他意見為優先考量。其他，如朋友、工作等，立場要清楚，肚量要大，但對方如一再違反常態交友無度或行為不當，不惜壯士斷腕，寧可早早斷一根小手指以絕後患，也不要將來「斷臂」給自己一輩子痛苦回憶！

有這樣的婚前交往模式，婚後必能同甘共苦，女性才能爭得持家的「絕對權」，男人則不踰常規的去發展事業。

對男方家庭的態度與前段的建議差不多，另外在耳邊給妳一些悄悄話：儘可能不在先生面前與婆家人有口角，他們也許沒教養，會當面跟妳說些不甚禮貌的話，可以一笑置之的，就不理他！損妳自尊的，不用客氣，回嘴過去，不過，如果是長輩，最好閃了。即使有那麼多不愉快，記得：避免在心愛的老公面前提起，或訴說他們的不是，頂多是隨口說說就算，因為，

他是幫不了忙，不管幫妳或幫他們。

　　凡事都算「自己」的帳，自己處理得了，這婚姻便成功，妳就是佔優勢，老是怪先生不能去解決，婚姻和情感都會折損，那，妳就是劣勢！

　　這部份的結語大概就是：二人平起平坐，但日常事務要分開負責，各人家庭問題各人去解決，偉大的妳當背後的常勝軍就好，不要讓他管自己娘家事，也別雞婆去管他家事。

C. 假如妳家很窮，須負擔娘家生計

　　這種狀況下，妳得比前述兩種狀況的人更勇敢更有毅力。戀愛期間，就要處處節儉為上，即使他很大方慷慨，也要時常提醒他：少花一些，多留點錢給我們未來的家庭用。

　　也當然要讓他了解妳對娘家的負擔很重，要記得：儘可避免用他的錢來解決自己窘境，偶而借用「有借要有還」，因為對方若是有修養，幫過就算，沒氣量的，幾十年後都會拿它當笑柄來奚落妳，所以，窮是我家的事，你愛的是我的人。

　　至於婚後，娘家仍需自己接濟，婚後用他的收入來維持二人的共同開銷，這沒什麼好丟臉或被他取笑，即使他有這種心態，也大可不理會，因為妳並未矇騙他什麼，窮並非罪惡，不

敢擔當唉聲嘆氣才是罪惡根源。

骨氣是窮者強勢的表現。

以上幾種狀況提供給女性朋友參考，「優勢」就是優勢不是「強勢」，不要弄巧成拙喔！

× × × × ×

 # 切莫當「性」奴隸

我今天收到一位女性朋友來信，訴說現在男性的「性」觀念，好生驚恐，好生害怕，但願這位朋友所訴說的幾位男性是極少數，否則，妳們現代的女性真要遭大殃了。我要貼出〈不要用「做愛」當「真愛」〉之前，還相當猶豫，該不該貼出，你們會用什麼眼光來看那篇文章及衡量我這個老古董，今天看這位朋友的信後，才恍然大悟：我真是故宮裡的老古董，還頗有年代的！

先告訴女生們，「性」原本是享受，但必須要有「愛」，如果僅是「喜歡」對方而已，千萬不要被什麼氣氛、什麼耳語就輕易和對方「上床」，要知「上床容易下床難」。那個男人若因

為妳不肯然後就去找別人，就讓他去，別人說不定比妳更難搞定，如果他去找那些不三不四女人胡搞，「各人造業各人擔」，沒我們的事，自己平安就好。

阿姨我要告訴各位好女孩，我自己的孩子，我一票朋友的孩子，幾乎百分之九十五以上全是好男孩（奇怪，我們這票人全都生「查甫」），各個「煙斗」又好脾氣，課業人品皆佳，這代表阿姨這年齡層所生養的小孩（目前20～28歲）受好教育的很多，只是目前都是在軍中、研究所、博士班，或就業不久。而一天到晚在外面閒逸遊蕩那些男生，如果是在這年齡層內，大都沒受完整教育，因此，女生們，有耐性些，好青年在陸續出籠了！

再告訴「男生」，現在社會上的女生，真的很會打扮，各個惟恐多穿不怕少穿，身體暴露的行為和曖昧的動作，真的是讓你們「小生怕怕」。我這老太婆，信箱帳號華阿姨的，都有人來信「賣身」，真是哭笑不得。

阿姨要奉勸你們的是「拉鍊」扣緊一點，兩情不悅出在「個性」，出在「三人行」都能諒解，出在「兩性不合」，那是很沒水準的事，尊重愛憐惜情，才能製造好的「做愛」氣氛，不要自告奮勇去當什麼「X炮族」，……亂沒水準！好男人要有好體

魄，修煉成丹，將來才有好後代（我這樣說合邏輯嗎？）

嗯……真擔心你們這一代，你們有在擔心自己嗎？？

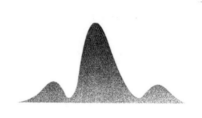

國家圖書館出版品預行編目資料

華阿姨五行氣流解人生 / 鄭麗華 著 . -- 初版 .
-- 臺北市：博客思，2019.07
面；　公分 (星象命理系列；6)
ISBN　978-957-9267-12-0　　　　　　　(平裝)
1. 命書　2. 生辰八字

293.12　　　　　　　　　　　　　108006000

星象命理系列 6

華阿姨五行氣流解人生

作　　者：鄭麗華
編　　輯：沈彥伶
美　　編：林小龍
封面設計：林小龍
出 版 者：博客思出版事業網
發　　行：博客思出版事業網
地　　址：台北市中正區重慶南路 1 段 121 號 8 樓之 14
電　　話：(02)2331-1675 或 (02)2331-1691
傳　　真：(02)2382-6225
E—MAIL：books5w@gmail.com 或 books5w@yahoo.com.tw
網路書店：http://bookstv.com.tw/
　　　　　https://www.pcstore.com.tw/yesbooks/
　　　　　博客來網路書店、博客思網路書店
　　　　　三民書局、金石堂書店
總 經 銷：聯合發行股份有限公司
電　　話：(02) 2917-8022　　傳　真：(02) 2915-7212
劃撥戶名：蘭臺出版社　帳號：18995335
香港代理：香港聯合零售有限公司
地　　址：香港新界大蒲汀麗路 36 號中華商務印刷大樓
　　　　　C&C Building, 36,Ting, Lai, Road, Tai,Po, New,Territories
電　　話：(852)2150-2100　　傳真：(852)2356-0735
出版日期：2019 年 7 月 初版
定　　價：新臺幣 680 元整 (平裝)
ISBN：978-957-9267-12-0